당신이 만나야 할

단 하나의
논어

당신이 만나야 할

단 하나의
논어

혼돈의 시대, 생의 처음이자 마지막 고전

판덩 지음 ─ 이서연 옮김

미디어숲

2천 5백 년 전의 고전,
새롭게 태어나다

애써 노력하지 않아도 기억되는 유년 시절의 편린^{片鱗}들이 있다. 춘추 시대의 사상가 공자와 그 제자들의 언행을 기록한 유교 경전 『논어^{論語}』 는 그 기억의 조각 중의 하나이다.

"나는 매일 세 가지로 자신을 반성한다. 吾日三省吾身."

어렸을 때 살던 집 거실에 걸린 조잡한 장식화 속에 적혀 있던 『논어 ^{論語}』에 나오는 말이다. 제대로 된 의미를 깨닫지도 못했을 텐데 나의 뇌 리에 똬리를 틀고 있는 이유는 뭘까? 잊힐만하면 다시 만나게 된 인연 때문일까?

중학교에 들어가서 『논어』를 다시 만났다. 이번에 만난 공자는 교과서에 있었다.

"계씨가 전유를 정벌하려고 하니季氏將伐顓臾."

역시나 무슨 뜻인지 잘 몰랐다. 2천 년이 넘는 세월 동안 동아시아 인문주의의 원형이 되었던 사상가 '공자孔子'라는 비범한 인물을 몰랐을 리는 없었다. 하지만 유가儒家의 성전聖典이라고도 불리는 『논어』의 의미를 그 시절의 내가 이해했을 리는 만무했다. 교과서에 수록됐으니 그저 건성으로 읽었을 뿐이다.

그 후로도 『논어』와의 만남은 계속됐다. 대학교 3학년이었던 1995년, 나는 다시 『논어』를 만났다. 하계 방학 캠프에 참석한 홍콩의 한 대학교 학생 대표가 나에게 물었다. "논어 읽어봤어?" 중학교 때 읽어봤지만, 난 이렇게 대답할 수밖에 없었다. "아니, 읽어도 이해하기 어려울 것 같아서." 그 친구의 "난화이진南懷瑾이 쓴 『논어강의論語別裁』는 이해하기 쉬울 거야."라는 말에 귀가 솔깃했다. 그의 말대로 정말 『논어』를 쉽게 이해할 수 있을까? 개학하자마자 나는 학교 도서관으로 달려가 난화이진 선생의 『논어강의』를 빌렸다.

유교, 불교, 도교의 경전을 두루 통달한 난화이진 선생은 한자문화권을 대표하는 석학이다. 『논어』를 해설하는 난화이진 선생의 모습은 소탈해 보였다. 선생은 "배우고 제때 익히면學而時習之"이라고 진지한 말투로 설명하지 않았다. 그의 화법은 이해하기 쉬웠다. 강의는 이렇게 시작했다.

"천하는 원래 두 팔보다 가벼운 것입니다. 그런데, 세상 사람들은 어째서 옥구슬 같은 것만을 중요시하는 것인지 天下由來輕兩臂, 世上何苦重連城."

나는 첫 부분을 읽자마자 머릿속이 명징해짐을 느꼈다. '원래『논어』가 이렇게 재밌는 이야기였던 거야?' 난화이진 선생은 원문의 해석을 시작으로 그 이야기가 생겨난 시대적 배경과 상황, 그리고 공자의 관점 등을 모두 알기 쉽게 설명하고 있었다.

나는 책을 끝까지 다 읽고 난 후에야 난화이진 선생의 책『논어강의』가 쉽게 이해됐던 이유를 알게 됐다. 이 책은 난화이진 선생의 강연을 그대로 기록한 강의록이었기 때문이다. 대화체로 편집돼서 편하게 읽히기도 했고 생동감이 느껴졌다. 선생은 친구에게 말하는 것처럼 꾸밈이 없고 친숙한 말투로 강의를 이어갔다. 난화이진 선생의『논어강의』의 가장 큰 장점은 바로 이 소탈함과 친밀함에 있다. 많은 사람이 선생의 강의를 통해서『논어』에 입문했다. 그만큼 선생의 강의는 대중적인 영향력이 지대하다.『논어』는 그렇게 서서히 나의 삶 속에 침투하기 시작했다.

학사 학위를 받은 나는 공영방송국에 입사했다. 방송국의 규모는 엄청났다. 몸집이 큰 회사에서 일하는 직원은 자신의 노력이 결실을 맺지 않으면 깊은 무기력감에 빠지게 된다는 것을 알게 됐다. 당시 나는 혼신을 다해 프로그램을 제작했다. 하지만 나의 작품이 언제 방영될지는 알 수 없었다. 당연히 나는 상사로부터 인정을 받지 못했다는 실망감에 휩싸이게 됐다. 심지어 나는 상사가 나의 존재 자체를 모르고 있다는 생각마저 하게 됐다.

그렇게 무기력하게 직장 생활을 하던 나는 한 달에 일을 하는 시간이 기껏해야 2주라는 사실을 알게 됐다. 시간은 남아돌았고 수입도 낮았다. 하지만 주거비용이 많이 드니 당연히 스트레스가 심해질 수밖에 없었다. 생계에 대한 불안은 나를 깊은 두려움에 휩싸이게 했다. 그리고 내가 무능하다는 생각이 독버섯처럼 마음 깊숙이 퍼져나갔다.

'직장을 잃으면 어쩌지? 프로그램이 다시 방영되지 못하면 어쩌지? 빌린 집에서 쫓겨나면 어디서 지내지?' 쌓여가는 불안감에 뜬눈으로 밤을 지새울 때도 많았다. 한마디로 우울증 초기 증상을 겪었다.

무라카미 하루키가 그랬던가? 야구장에 갔던 날 푸른 하늘로 솟구치는 홈런볼을 보면서 소설을 써야겠다는 생각이 들었다고. 그런 식으로 어느 날 갑자기 내 머릿속에 『논어』가 떠올랐다. '다시 읽어볼까?' 남아도는 시간에 잡생각에 빠져 있느니 차라리 독서를 하는 게 낫겠다는 생각이 들었다. 나는 『논어』를 해설한 책들을 1년 동안 파고들었다. 그렇게 나는 『논어』라는 깊은 심연에 빠져들게 되었다.

시대에 따라 '『논어』 읽기'의 방법은 다르다. 한漢나라 시대부터 위진魏晉, 당唐나라, 송宋나라, 명明나라, 청淸나라, 그리고 근대까지 많은 학자와 작가들이 『논어』와 관련된 해설서와 창작물을 썼다. 나는 많은 사람이 『논어』를 해설한 책들을 탐독했다. 무도인이 도장 깨기를 하듯 한 권한 권 『논어』 해설서들을 읽어 내려갔다. 그러던 어느 날 나는 『논어』에 대한 학식이 깊어진 내 모습을 마주하게 됐다. 공자는 강인했다. 용감했다. 그리고 동시에 친근했고 다정했다. 한마디로 공자는 빠져들 수밖에 없는 매력을 가진 군자였다.

공자의 『논어』는 사람 마음속을 파고든다. 그 감동은 나이 불문이다. 어떤 난관에 부딪힐 때 공자는 『논어』를 통해 해답을 제시한다! 공영방송국에서 내 능력을 펼치지 못하고 있다는 생각에 괴로워하는 나를 지켜준 공자의 말은 바로 이것이다.

"군자는 도를 도모하지, 먹을 것을 도모하지 않는다.
君子謀道不謀食."
"군자는 도를 걱정하지, 가난을 걱정하지 않는다.
君子憂道不憂貧."
"다른 사람이 나를 알아주지 않는 걸 걱정하지 말고, 내가 다른 사람을 알아주지 않는 걸 걱정해야 한다.
不患人之不己知, 患不知人也."

공자는 먼 곳에 있지 않았다. 내가 겪고 있는 고통과 근심을 공자도 겪었다니! 나의 문제들은 나 혼자만의 것이 아니라 아주 오래전부터 모든 사람이 겪어 온 고통이었던 것이다. 나의 고통은 고작 집세와 업무에 한정되어 있었다. 하지만 공자가 살았던 춘추전국시대에는 생사가 걸린 일들이 많았다. 그렇게 생각하는 『논어』에 대한 깨달음이 황홀하게 느껴졌다. 나와 조상들이 『논어』를 통해 진솔한 모습으로 마주할 수 있었던 것이다. 내 몸 안에 흐르는 피는 조상으로부터 물려받은 것이다. 조상의 사상이 나의 문제를 해결할 수 있고, 나도 조상의 생각들을 이해할 수 있다는 믿음이 생겨난 것이다.

『논어』를 읽고 나는 근심에 잠을 이루지 못하는 일이 없어졌다. 심지어 방송국에 사표를 제출했을 때도 초조함이나 불안함에 휩싸이지 않았다. 내 마음이 평온함을 되찾을 수 있었던 이유는 공자의 말 덕분이다.

"아침에 도를 들으면 저녁에 죽어도 좋다.
朝聞道, 夕死可矣."
"급작스러운 상황에서도 반드시 어질어야 하며, 곤궁한 상황에서도 반드시 어질어야 한다.
造次必於是, 顚沛必於是."

저자 판덩

제1편 | 학이 學而 배움, 그 위대함에 천하가 숙연해진다

제6편 │ **옹야** 雍也 지나침도, 모자람도 없이

제9편 | 자한 子罕 공자, 그리고 그의 아름다운 제자들

제 1 편

학이

學而

배움,

그 위대함에 천하가 숙연해진다

학이시습지 學而時習之

변화될 내일을 위해
논어를 펼쳐라

∞

공자가 말하길 : "배우고 제때 익히면 즐겁지 아니한가? 친구가 먼 곳에서 찾아오니 기쁘지 아니한가? 사람들이 알아주지 않아도 화내지 아니하니 군자답지 아니한가?"

子曰 : "學而時習之, 不亦悅乎? 有朋自遠方來, 不亦樂乎? 人不知而不慍, 不亦君子乎?"

자왈 : "학이시습지, 불역열호? 유붕자원방래, 불역락호? 인부지이불온, 불역군자호?"

『논어』의 제1편 제목은 '학이學而'이다. 공자의 후세들은 『논어』를 총 20편으로 구성했다. 그리고 첫 문장에 나오는 단어를 제목으로 삼아 20개의 소제목을 달았다. 첫 문장은 누구나 학창시절에 한 번쯤은 들어 본 적이 있는 익숙한 문장이다.

공자가 이른다.

"배우고 제때 익히면 즐겁지 아니한가? 친구가 먼 곳에서 찾아 오니 기쁘지 아니한가? 사람들이 알아주지 않아도 화내지 아니하니 군자답지 아니한가?"

직역하면 이와 같다. '지식을 배운 뒤 복습하고 사용해 보면 좋지 않 겠는가? 뜻이 맞는 친구가 멀리서 찾아오면 기쁘지 않겠는가? 다른 사 람이 나를 알아주지 않아도 화내지 않는다면 군자답지 않겠는가?'

옛사람들은 책을 쓸 때 주제를 담은 문장을 맨 처음 쓰는 경우가 많 았다. 평범해 보이지만 이 문장은 진실을 담고 있다. 배움은 사람의 평 생 동안 계속 정진해야 할 일이다. 제때 올바르게 배우라는 말이 첫 문 장에 배치된 까닭은 바로 배움의 중요성이 그만큼 크다고 강조하는 것 이다.

송나라 재상 조보趙普는 "『논어』 절반으로 천하를 다스릴 수 있다."라 고 말했다. 조보는 많은 공을 세운 송나라 개국공신이지만, 그가 공부한 책은 『논어』 하나였다고 전해진다. 혹자는 한 나라의 재상이 어떻게 책 을 한 권만 읽었겠냐며 그 사실을 의심한다. 조보가 정말 평생에 걸쳐 공부한 책이 『논어』 하나였는지는 중요하지 않다. 조보의 이야기는 그 만큼 『논어』의 중요성을 설파한 것이라고 받아들이면 그만이다. 일종의 과장법일 수 있다.

『논어』의 중요성에 대한 나의 생각은 조보 보다 더 크다. 나는 '『논어』의 절반이 아니라 한 문장만 알고 있어도 천하를 다스릴 수 있다'라고 생각한다. 그 누가 『논어』의 절반을 외울 수 있겠는가? 『논어』의 한 문장이라도 머릿속에 각인되도록 '주문'처럼 외워보자. 그럼 난제를 만났을 때 답을 얻을 수 있다.

공자의 말로 다시 돌아가자. 문장에서 '아니한가?'라고 번역된 '불역不亦'의 의미는 무엇일까? 공자는 간단히 설파하면 될 말을 왜 독자들에게 물어보듯 말했을까? 우선 자신에게 질문을 던져보자. '나는 배우고 제때 익히는 일이 즐거운가?' 대답은 '아니'다. 배우는 것, 즉 공부가 마냥 즐거운 일은 아닐 것이다. 공자도 대부분의 사람이 '배우고 제때 익히는 일'을 좋아하지 않는다고 생각했던 것 같다. 그래서 그는 "이 또한 즐거운 일이 아니겠는가?"라고 역설적으로 독자들에게 되물으며 배움의 세계로 반갑게 초대하는 것이다.

내가 운영하는 '판덩독서'에서 나는 종종 이런 질문을 받는다.

"선생님이 읽어주는 책을 매일 듣는데도 어째서 제 삶은 더 좋아지지 않는 걸까요?"

이유는 분명히 있다. '배우기'만 하고 '익히지' 않기 때문이다. 배운다는 건 지식을 이해하는 것이고, 익힌다는 건 배운 지식을 꾸준히 응용하고 시도하고 실천하는 것이다.

『예기禮記』에 이런 말이 있다.

"널리 배우고, 자세히 묻고, 신중하게 생각하고, 명확하게 분별하며, 성실히 실천해야 한다.
博學之, 審問之, 愼思之, 明辨之, 篤行之."

학습의 중요성을 다섯 단계로 설명한 문장이다. 여기에서도 마지막에 '행行'이라는 한자를 통해 배움의 실천을 강조하고 있다.

평상시 우리가 마주하는 배움에 대한 어려움을 두 가지로 생각해 볼 수 있다. 첫 번째는 아예 배우려 하지 않는 경우이다. 하지만 애석하게도 공자는 이런 상황에 대해서는 다루지 않았다. 『논어』는 주로 스승인 공자와 제자들이 대화한 내용을 담고 있다. 이미 배우고 있거나 배우겠다는 마음을 가진 제자들과 토론하면서 배우지 않는 경우를 이야기할 필요는 없었을 것이다.

두 번째 상황은 배우기만 하고 응용과 실천을 통해서 자신의 것으로 만들지 않는 경우이다. 배운 지식을 자신의 것으로 만드는 데 걸리는 시간은 사람마다 천차만별이다. 짧은 시간 안에 원하는 결과를 얻지 못하는 사람일 경우, 배워도 도움이 되지 않는다거나 배움이 삶을 바꾸지는 못한다고 생각할 수도 있다. 쉽고 빠른 지름길로 가고 싶은 초조한 마음이 있기 때문이다.

배움에 있어서 초조해하는 사람들에게 공자는 말한다. '결과에 연연해하지 말고, 단숨에 목표를 이루려 하지 말고, '배우고 제때 익히는' 과정 자체를 즐기는 마음가짐을 가져야 한다'고 말이다. '어려움을 해결하는 과정에서 즐거움을 찾는 것'은 캐럴 드웩 저자의 『마인드셋』에서도 언급한, 핵심을 이루는 내용이다. 평생 배우며 성장한다는 마음가짐을 갖게 되면 실수와 좌절도 하나의 학습 과정으로 받아들이고 배움의 재미를 즐길 수 있을 것이다.

"배우고 제때 익힌다."로 시작되는 이 문장이 〈학이〉에서 첫 번째로 등장하는 이유가 또 하나 있다. 인생의 어려움에 대처하는 방법을 명쾌하게 알려주기 때문이다. 어려운 문제에 마주쳤을 때, 갑자기 인생의 흐름에 변화가 생길 때, 열심히 노력했는데 사람들에게 인정을 받지 못했을 때 등 여러 가지 요인으로 인해 괴로울 때 공자는 이를 대처하는 방법을 알려준다. 공자의 대처 방법은 단 한 글자이다. 바로 '락樂, 즐거움'이다!

공자가 말하는 즐거움은 문제의 핵심에서 벗어나기 위한 것이 아니다. 그리고 누군가를 비웃는 냉소나 남을 얕잡아보는 자극적인 블랙 유머식의 즐거움도 아니다. 『량수밍 선생이 말하는 공자와 맹자梁漱溟先生講孔孟』에 나오는 공자의 즐거움은 '구하지 않음'에 있다. 즐거움은 외부를 향해 있지 않다. 그렇기 때문에 억지로 힘을 쓰고 자기 자신을 설득하거나 싸우며 괴로워할 필요가 없다. "즐겁지 아니한가."라는 공자의 말에서 즐겁다는 것은 '자연스럽게 생긴 즐거움'을 말한다. 이렇게 생각해 볼 수도 있다. 이겨내기 힘들었던 과거의 괴로움 속에도 즐거움이 숨어 있지는 않았을까? 만약 우리가 즐거움의 사용법을 알게 된다면 학습의 어려움, 협력의 어려움, 다른 사람이 알아주지 않는 것에 대한 불만도 자연스럽게 해결될 수 있을 것이다.

다음 구절을 살펴보자.

"친구가 먼 곳에서 찾아오니 기쁘지 아니한가."

먼 곳에 사는 친구가 찾아온 일에 기분 나빠할 사람은 없을 것이다. 하지만 내 유년 시절의 아버지의 모습은 좀 유별났다. 아버지는 집에 손 님이 찾아올 때마다 공부에 방해가 되고, 일상의 생활 리듬이 바뀐다며 못마땅해하셨다. 친척이나 친구가 찾아오게 되면 무언가 대접해야 하 니 경제적으로 넉넉하지 못했던 아버지는 지인이 찾아오는 것이 마냥 반가울 수는 없었을 것이다. 우리가 살고 있는 이 시대는 공자가 생존했 던 시대보다 훨씬 풍요롭다. 그런데도 사람들은 먼 곳에서 친구가 찾아 올 때 주로 두 가지 이유로 기쁘게 생각하지 않는다.

하나는 생활 리듬이 깨지는 것, 다른 하나는 찾아온 손님을 대접하기 위해서 시간과 에너지를 쏟아야 한다는 것이다. 공자는 다른 사람으로 인해 자신에게 생긴 변화에 대응하는 방법을 이야기한다. 일단 친구가 먼 곳에서 찾아왔다는 것은 '나와 마음이 맞아 친해지고 싶어 하는 사람이 있다'는 뜻이다. 괜히 지레 겁을 먹고 불편해야 할 필요는 없다. 마음이 맞으니 그 친구는 나의 개인적인 상황을 공감할 수 있을 것이고, 상대방이 불편해할 일들도 알아서 피할 것이다. 또 만약 불편한 일이 생긴다면 그것을 솔직히 말해도 이해해 줄 수 있을 것이다.

공자의 세 가지 말은 우리의 인생을 관통하고 있다. 먼저, "배우고 제때 익힌다."는 공자의 말은 공부의 어려움에 대처하는 방법을 설명한다. 다음으로 "친구가 먼 곳에서 찾아온다."라는 문장은 사람과 협력하고 대응하는 법을 알려준다.

마지막 문장을 보자.

"사람들이 알아주지 않아도 화내지 아니하니 군자답지 아니한가."

이는 수련의 경지를 설명해 준다. '배우고 제때 익히는 것'은 개인의 학습, '친구가 먼 곳에서 찾아오는 것'은 협력 방법, '사람들이 알아주지 않아도 화내지 않는 것'은 수행의 결과이다. 공자는 한 사람의 인생에서 마주칠 수 있는 모든 어려움에 대처하는 방법을 한 번에 설파한 듯하다.

어떻게 해야 할지 모르는 일을 만나거나, 방법은 알지만 할 수 없을 때는 '배워서 제때 익히고'라는 구절을 떠올리자. 외부와 협력하는 과정에서 문제가 생기면 '친구가 먼 곳에서 찾아오니 기쁘지 아니한가'에 담긴 뜻을 생각하자. 마지막으로 일을 완벽하게 해냈는데도 불구하고 다른 사람이 이해해 주지 않을 때는 '사람들이 알아주지 않아도 화내지 아니하니 군자답지 아니한가'라는 〈학이〉의 문장을 마음속으로 암송해 보자.

우리가 이 세 가지 문장을 항상 마음에 새기고 살아간다면 삶에서 가장 어렵고 피할 수 없는 문제를 만났을 때 당황하지 않을 것이다. 담담한 마음으로 문제를 받아들이고 헤쳐나가는 모습이 바로 군자의 모습이다.

군자무본 君子務本

거대한 변화는
미미한 습관에서 시작된다

∞

유자가 말하길 : "그 사람됨이 효도할 줄 알고, 공경할 줄 알면서 윗사람을 거역하기를 좋아하는 사람은 드물다. 윗사람을 거역하는 걸 좋아하지 않으면서 난을 일으키길 좋아하는 사람은 없다. 군자가 근본에 힘을 쓰는 것은 근본이 세워져야 도가 생기기 때문이며, 효도하고 공경할 줄 안다는 것은 바로 어짊의 근본이다!"

有子曰 : "其爲人也孝弟, 而好犯上者, 鮮矣. 不好犯上, 而好作亂者, 未之有也. 君子務本, 本立而道生, 孝弟也者, 其爲仁之本與!"
유자왈 : "기위인야효제, 이호범상자, 선의. 불호범상, 이호작란자, 미지유야. 군자무본, 본립이도생, 효제야자, 기위인지본어!"

먼저 공자의 제자들에 대해 간략히 알아보자. 유자^{有子}는 공자의 3대 제자인 유약^{有若}을 말한다. 공자보다 대략 33살 아래였던 유약의 외모는 공자를 닮았다. 공자가 죽고 난 후 사람들이 공자를 그리워할 때, 유약

당신이 만나야 할 단 하나의 논어

은 공자처럼 행동하며 단상에 앉아 강연을 했다.

『논어』에는 공자 외에도 두 명의 제자를 일컬을 때 한자 '자子'를 사용했다. 유약이 바로 그중 하나이며, 다른 한 명은 증자曾子라 불리는 증삼曾參이다. 자로子路, 자공子貢, 안회顔回 등의 나머지 제자들은 '자'를 사용하지 않고 원래 이름으로 불렸다. 후세 사람들은 『논어』를 편찬하던 유약과 증삼의 제자들이 자신의 스승을 존경하는 의미에서 공자와 같은 한자 '자子'를 뒤에 붙였을 것이라고 추측한다.

자, 이제 본문으로 들어가자. 유자가 말했다.

"그 사람됨이 효도할 줄 알고 공경할 줄 알면서 윗사람을 거역하기를 좋아하는 사람은 드물다."

문장에서 '드물다'로 번역된 '선鮮'은 '아주 적다'거나 '거의 없다'라는 뜻이다. 따라서 첫 문장은 '집안에서 부모에게 효도할 줄 알고 형제들을 공경하며 우의를 지키는 사람이 윗사람을 거역할 수 있겠는가? 그런 경우는 거의 없을 것이다.'라고 해석할 수 있다.

다음 문장을 보자.

"윗사람을 거역하는 걸 좋아하지 않으면서 난을 일으키길 좋아하는 사람은 없다."

이 구절도 앞 문장과 같은 맥락이다. 집안에서 가족들을 위하는 사람이라면 직장에서도 상사를 존경하고, 책임감 있게 일을 처리할 덕목을 갖추었을 것이다. 직장 동료들과도 원만하게 지낼 사람이기 때문에 조직에서 '난'을 일으킬 가능성도 극히 적을 것이다. 여기에 쓰인 한자 '난_亂'은 믿음을 저버리는 배신과 배반을 뜻한다.

다음 구절은 간단하지만 힘이 있다.

"군자는 근본에 힘쓴다."

이는 군자는 일할 때 반드시 근본을 세운다는 뜻이다. 여기에서 말하는 '근본'이란 무엇일까? 유약이 생각한 근본은 효도와 공경을 바탕으로 한 가정윤리였다. 그래서 이 구절은 가정의 윤리를 바로 세워야 비로소 도道가 생길 수 있다는 뜻을 담고 있다.

다음에 이어지는 문장 "근본이 세워져야 도가 생긴다."는 건 무슨 뜻일까? 공자는 "아침에 도를 들으면 저녁에 죽어도 좋다."라고 말했다. 당시 학문을 공부하는 사람들이 추구하는 목표는 바로 '도를 깨닫는 것'이었다. 그렇다고 해서 '나는 도를 깨달으려 하는 사람이니 더 수준 높은 삶을 지향한다.'라고 오만하게 생각한다면 오히려 '근본'과 멀어지게 된다.

"근본이 세워져야 도가 생긴다."는 구절을 제대로 이해하려면 큰 나무를 떠올려봐야 한다. 가지와 잎이 무성한 큰 나무로 자라기 위해서는,

먼저 뿌리가 땅속에 튼튼하게 뻗어 있어야 한다. 이런 논리로 사람이 가장 중요하게 확립해야 할 근본은 '효와 공경'이라 할 수 있다.

'효과 공경'은 인생사에 가장 단단하게 뿌리 박혀 있어야 할 근간이기 때문이다. 부모는 자식을 사랑과 애정으로 대하고, 자식은 부모에게 효도하며 형제자매와 우애를 지킬 수 있어야 한다. 이런 의미에서 나는 인간관계를 맺을 때 부모 관계가 어떤지를 반드시 알아본다.

'판덩독서'에서 자식에 대한 사랑의 의미를 생각하게 만드는 『독이 되는 부모Toxic parents』라는 책을 추천한 적이 있다. 저자인 수잔 포워드Susan Forward는 어린 시절 가정환경이 한 사람의 삶 전체를 결정하지는 않지만, 매우 중요한 영향을 끼친다고 설명한다. 불우한 가정환경은 성장기 아이의 성격과 인성에 지대한 영향을 주고, 더 나아가 성인이 된 이후 사회생활에서도 어려움을 겪게 한다.

내가 아는 어느 선생님이 이런 얘기를 했다.

"사람이 살면서 마주하는 인간관계는 두 종류인데, 하나는 부모와의 관계이고 다른 하나는 다른 사람과의 관계이다."

다른 사람과의 관계는 부모와의 관계의 반영이기에 부모와의 관계가 좋지 않았다면 다른 사람과의 관계도 좋지 않을 가능성이 크다. 유약의 말도 이와 맥을 같이한다. "효도하고 공경할 줄 안다는 것은 어짊의 근본이다."라는 말은 부모와 자식 간에 지켜야 할 예의 중요성을 말해주는 것이다.

세상의 모든 일은 가정에서부터 시작된다. 그렇기에 모든 일의 원인은 외부가 아닌 내부에서 찾아야 한다. 만약 가족들과 관계가 좋지 못하다면 이를 자신의 가장 시급한 수련의 과제로 삼아야 한다. 그래야 다른 사람과의 관계를 개선해 나아갈 수 있다.

'가화만사성家和萬事成'이라는 말도 있듯이 가정이 화목해야 모든 일을 잘해 나갈 수 있는 것이다. 부모로부터 사랑을 받은 아이들은 훗날 성인이 되어 사회생활을 할 때도 잘 헤쳐나갈 수 있는 됨됨이를 갖게 될 것이다.

『아주 작은 습관의 힘Atomic Habits』이란 책에서도 기본의 중요성을 이야기한다. 사회생활에서 가정이 가장 기본이 되는 것처럼 한 사람의 태도에 가장 근간이 되는 것은 '습관'이다. 우리 행동의 결과는 작은 습관이 쌓여서 이뤄지기 때문이다. 더 이상 아무것도 할 수 없을 것 같이 좌절했을 때 조금씩 작은 일들을 시도하면 엄청난 변화가 일어난다.

'철의 여인'이라 불렸던 영국 총리 마거릿 대처Margaret Thatcher 역시 습관의 중요성을 이렇게 역설했다.

"생각을 조심해라, 말이 된다."
"말을 조심해라, 행동이 된다."

"행동을 조심해라, 습관이 된다."

"습관을 조심해라, 성격이 된다."

"성격을 조심해라, 운명이 된다."

매일 반복되는 작은 습관을 조금씩 고쳐나간다면, 시간이 흐른 뒤 우리는 완전히 다른 인생을 살 수 있게 될 것이다. 사람들은 몇 달 혹은 더 길게는 1년 안에 우리의 인생이 바뀌기를 기대한다. 조바심은 인생에 있어서 독버섯 같은 것이다. 만약 작은 일들과 작은 습관들을 5년, 혹은 10년 동안 꾸준히 실천한다면 분명 멋진 인생을 살 수 있을 것이다.

오일삼성오신 吾日三省吾身

마음을 향한 세 가지 질문,
그대는 답할 수 있는가?

∞

증자가 말하길 : "나는 매일 세 가지로 자신을 반성한다. 다른 사람을 위해 일을 도모하면서 충실하지 않았는가? 친구와 사귀면서 믿음이 있지 않았는가? 전수한 것을 익히지 않았는가?"

曾子曰 : "吾日三省吾身. 爲人謀而不忠乎? 與朋友交而不信乎? 傳不習乎?"
증자왈 : "오일삼성오신. 위인모이불충호? 여붕우교이불신호? 전불습호?"

학문에 열중했던 증자의 성품은 정직했다. 공자는 증자의 됨됨이를 다음과 같이 말했다.

"증삼은 미련한 사람이다參也魯." 이는 증자의 어리석음을 지적한 말이 아니다. 증자가 미련해 보일 정도로 정직했다는 표현이다. 언뜻 어수룩해 보이는 증자는 안회처럼 총명하지 못했고, 자공처럼 말도 잘하지 못했지만, 그의 말에는 항상 정직함의 힘이 깃들어 있었다.

첫 문장을 살펴보자.

"매일 세 가지로 자신을 반성한다."

그는 매일 자신을 돌아보며 세 가지, 혹은 그 이상으로 삶을 반성했다. 자신을 돌아보지 않는 것은 가장 경계해야 할 태도이다. 우리는 항상 자신을 돌아보고 반성할 수 있어야 한다.

『비판적 사고Critical Thinking』의 저자는 비판적 사고의 가장 높은 수준을 '자기반성'이라고 설명한다. 비판력이 부족한 사람은 타성에 젖어 매일 좋지 못한 습관에서 헤어 나오지 못한다. 사람들은 타인은 비판적으로 관찰하면서 정작 자신을 되돌아보는 일에는 관대하다.

본격적으로 증자의 세 가지 질문을 살펴보자. 첫 번째 질문이다.

'다른 사람을 위해 일을 도모하면서 충실하지 않았는가?'

이는 사업에 관한 것이다. 여기서 '충실忠하다'는 건 최선을 다해 열의와 성의를 쏟는 것을 말한다. 다만 사업 분야에서 최선을 다한다는 데에는 전제가 하나 있다. 전문성이다. 나는 일본 창업자 마스다 무네아키Muneaki Masuda의 '츠타야 서점Tsutaya books'을 경험하면서 전문성이 밑바탕이 되는 '충실하다'의 의미를 이해하게 됐다. 마스다 무네아키는 서점을

'책을 읽는 장소'로만 생각하지 않았다. 츠타야 서점은 1층에서만 책을 팔고, 2층은 전문 직원이 배치된 영화관과 음악 감상실을 운영한다. 각 분야의 전문적인 지식이 있는 직원들은 고객의 호기심을 충족시켜 주며 관련 서적을 소개한다. 어떤 분야에서 열의와 성의를 쏟으려면 마음만으로는 부족하다. 전문성이 밑바탕이 되어야 고객의 기대에 부응할 수 있는 것이다.

그렇다면 근로자에게 '충실하다'는 것은 어떤 모습일까? 상사가 지시한 업무에 최선을 다하려면 어떻게 해야 할까? 매일 야근을 하면서 모든 에너지를 쏟아야 할까? 단순히 오랜 시간 일한다고 최선을 다하는 것은 아닐 것이다. 이렇게 자신의 모든 에너지를 쏟다 보면 과로로 인해 병에 걸릴 수도 있다. 이는 회사 경영자나 근로자 모두 손해인 셈이다. 증자가 말하는 최선은 몸을 고생시키는 것이 아니라, 적극적으로 업무를 처리하려는 정신적인 태도를 말한다. 지나치게 긴 근무 시간은 직원들을 생각 없이 기계처럼 일하는 좀비로 만들 수 있다. 반면 직원들이 '일의 효율을 내기 위한 방법은 무엇일까?'라고 적극적으로 고민한다면 일의 완성도는 높아질 것이고 근로 시간은 단축될 것이다. 증자가 말한 충실함[註]은 창업자의 입장에서 생각하고, 사장이 자신에게 일을 맡긴 목적이 무엇인지를 이해하는 것에서 출발한다.

일본에서 가장 존경받는 3대 기업가로 꼽히는 이나모리 가즈오^{Inamori} Kazuo의 첫 직장 생활은 화려하지 않았다. 작은 회사의 말단 직원이었던 그는 청소 업무를 담당하며 푸대접을 받았다. 하지만 그는 실망하지 않고 '어떻게 하면 청소를 효율적으로 할 수 있을지' 매일 고민했다. 그리고 편리한 청소 도구 몇 가지를 발명해 냈다. 아무리 단순하고 하찮은 일이지만 회사 업무를 자기 일처럼 생각하는 자세를 갖고 있었기 때문에 가능한 일이었다.

'충실히 다른 사람을 위해 일을 도모'하려면 '생각하는 자세'가 필요하다. 몸은 생각을 따라오기 마련이다. 이나모리 가즈오처럼 사장을 대신해 회사가 처한 문제를 고민하고, 사장의 요구를 파악해야 한다. 앞에서 얘기한 마스다 무네아키처럼 고객이 정말 무엇을 원하는지 간파해 내야 한다. 이것이 바로 충실함을 바탕으로 '생각을 갖고 일하는 방식'이다.

직장인들이 출근길을 도살장에 끌려가는 것처럼 느끼는 이유는 뭘까? 매일 직장 상사의 요구와 지시를 수동적으로 받아들이려는 태도 때문이다. 생각이 다른 곳에 가 있으면 몸을 쓰는 일은 너무나도 재미가 없다. 그리고 일에 흥미가 없으니 몸은 피곤하기만 하다. 그러니 자신이 사장이라는 생각을 하고 출근을 해 보자. 자기 사업체의 일을 좀비처럼 처리하는 사장은 없을 것이다. 회사에 대한 주인 정신은 회사는 물론 자기계발을 할 수 있는 밑바탕이 된다.

증자의 두 번째 질문이다.

"친구와 사귀면서 믿음이 있지 않았는가?"

이는 인간관계에 대한 고민이다. 친구를 사귈 때 '믿음'은 필수 덕목이다. 그리고 대부분의 사람은 자신들의 신뢰성에 문제가 없다고 생각한다. 설사 다른 부분이 부족하더라도 약속은 잘 지킨다고 믿는 것이다. 그런데 약속을 지킨다는 건 정말 쉬운 일일까? 몇 가지 사례를 살펴보자. 첫 번째로 하기 싫은 일을 부탁받았을 때의 반응이다. 대부분은 체면이나 껄끄러운 관계가 형성되는 것을 피하기 위해 청탁받은 일을 해주겠다고 쉽게 약속한다. 그리고 정작 그 일을 해야 할 때는 여러 가지 핑계를 대며 미룬다. '미안해, 내가 요즘 너무 바빠서 도저히 시간이 나지 않네. 어떡하지?' 아마도 이런 답변은 누구나 몇 번씩 해 봤을 것이다.

두 번째로 능력 밖의 일을 약속하는 경우다. 창업을 시작한 한 친구가 "내가 돈을 많이 벌면 벤츠 한 대 뽑아줄게."라고 의기양양하게 말한 적이 있었다. 이때 옆에 있던 다른 친구가 웃으며 그에게 물었다. "그럼 나는?" 대답은 똑같았다. "너는 BMW!" 물론 진담은 아니었을 것이다. 하지만 농담이라도 함부로 내뱉었다가는 신용에 문제가 생길 수 있다. 몇 년이 지나 그 친구들과 다시 만날 기회가 생겼다. 창업을 시작했던 친구는 사업을 접었다. 친구들은 예전에 농담조로 이야기한 자동차 이야기를 꺼냈다. 그때는 별 게 아니었을지라도 그렇게 쉽게 호언장담하는 태도가 사업을 성공시키지 못한 요인 중의 하나라고 생각했다.

세 번째로 자기 자신이 약속을 지켰다고 착각하는 경우다. 상당히 많은 사람이 이렇게 생각하는 경향이 있다. 하지만 상대방은 달리 생각하니 문제가 발생한다. 서로 다르게 생각하는 이유는 약속에 대한 서로의 판단 기준이 다르기 때문이다. 대게는 이렇다. 자기 자신은 느슨한 잣대로 평가하고, 상대방은 엄격하게 평가한다. 그래서 서로 다른 잣대로 약속의 이행을 평가해 문제가 생기는 것이다. 따라서 약속을 지킬 때 그 기준을 과도할 정도로 높게 설정하고 자신이 신용을 잘 지킨다고 단정하지도 말아야 한다.

증자의 마지막 질문을 살펴보자.

"전수한 것을 익히지 않았는가?"

이는 두 가지로 해석해 볼 수 있다. 첫 번째는 공자가 가르쳐준 지식을 자신의 것으로 만들려 노력하지 않았냐고 질문하는 것이다. 이는 바로 앞에 소개한 '배우고 제때 익히다'와 일맥상통하는 공자의 가르침이다. 공자가 전한 지식을 제자들이 '배우고 제때 익히지 않았다'면 '전수한 것을 익히지 않은 것'이라 할 수 있다.

증자는 공자만큼 많은 제자가 있었다. 공자의 손자인 자사子思도 증자 밑에서 공부를 했다. 배움에 대한 증자의 생각은 공자보다 더 멀리 나아

학이學而 | 배움, 그 위대함에 천하가 숙연해진다

간다. "전수한 것을 익히지 않았는가?"라는 질문은 제자가 아닌 스승인 자기 자신을 스스로 반성하는 것으로도 해석할 수 있다. 가르치기만 하고 실천을 하지 않으면 무슨 소용이겠는가? 스승이 모범을 보여야 제자들에게 제대로 된 가르침을 전달할 수 있다. 자신이 가르친 내용을 스스로 익히려 노력하고, 그 내용을 토대로 자신을 단련하려는 사람이 진정으로 좋은 스승이라 할 수 있다.

가르침을 업으로 삼은 자가 아니라도 배운 것을 익히는 일은 누구에게나 중요하다. 우리 모두는 항상 누군가의 스승으로 살아가게 된다. 부모는 자식들에게 가장 가깝고, 가장 친밀한 스승이다. 고로 부모는 아이들에게 한 말들, 가령 남을 속이지 말고, 배움에 충실하고 친구들과 사이좋게 지내야 한다고 가르친 것을 자신도 지키고 있는지 물어봐야 한다.

사업을 하는 사람들에게도 '전수한 것을 익히는 자세'가 중요한 것은 마찬가지다. 리더십을 다룬 『사람을 이끄는 힘What to Ask the Person in the Mirror』의 저자인 하버드 비즈니스 스쿨의 로버트 스티븐 캐플런 교수는 경영자가 직원에게 업무를 지시하기 전에 자신이 먼저 그 업무를 직접 해 봐야 한다고 말한다. 회사를 경영하는 많은 사람이 리더의 직책이나 돈, 관리 업무에 집착하면서, 정작 기본기에는 소홀한 경우가 많다. 어떤 업무를 지시하고 전수하기에 앞서 회사의 리더가 업무에 대한 기본기가 충실하다는 모습을 보여야 직원들을 이끌 수 있다.

나는 지금껏 살펴본 증자의 세 가지 반성을 '마음의 세 가지 물음'이라 말하고 싶다. 우리는 매일 자신에게 세 가지를 물어보아야 한다. 비즈니스 측면에서 우리는 적극적인 생각을 가지고 일을 제대로 처리했는지 물어야 한다. 인간관계에서는 약속을 지키고 다른 사람의 입장에 서 이해하려 했는지 물어야 한다. 마지막으로 수양의 측면에서는 다른 사람에게 한 요구를 스스로 지키며 더 좋은 사람으로 변하려 노력했는지, 즉 가르치면서 동시에 스스로 익히려 했는지를 돌아봐야 하는 것이다.

학이學而 | 배움, 그 위대함에 천하가 숙연해진다

경사이신 敬事而信

모든 일에
'경외심'을 가지면 생기는 일

공자가 말하길 : "천승의 나라를 다스리려면 일을 경외심을 가지고 믿음 있게 처리하고, 재물을 절약하고, 사람을 아끼며 적절한 시기에만 백성을 부려야 한다."

子曰 : "道千乘之國, 敬事而信, 節用而愛人, 使民以時."
자왈 : "도천승지국, 경사이신, 절용이애인, 사민이시."

'천승千乘의 나라'는 전차戰車 천 대를 보유한 나라를 말한다. 당시에 전차는 3명이 탈 수 있었고, 1대의 전차는 72명의 보병을 이끌었다. 그리고 물자를 공급하는 보급병 25명이 그 뒤를 따랐다. 그러니 전차 1대가 대략 1백 명의 사람을 인솔했던 셈이다. 따라서 천 대의 전차를 보유한 나라는 10만 명의 병력을 보유한 나라를 의미한다. 춘추전국시대에 10만 명의 부대를 거느릴 수 있는 나라는 강대국이었다.

자, 이제 대략 배경 설명을 했으니 문장을 살펴보자.

"도천승지국" 구절의 첫 한자 단어 '길 도道'는 발음이 비슷한 글자를 쓰는 통가자通假字로 '다스릴 도導'를 의미하기도 한다. 종합해 보면 첫 문장은 전차 천 대를 보유한 강대국을 다스리려면 '일을 공경하고 믿음 있게 해야 한다'라고 해석할 수 있다.

다음 구절인 "경사이신"에서 '경敬'은 성리학에서 많이 다루는 한자이며 '경외심'을 말한다. 성리학에서 경敬을 자주 언급하는 이유는 일을 할 때 경외심이 부족해 좋지 않은 결과를 초래한 사례가 많기 때문이다.

주周나라 유왕幽王이 장난으로 봉화를 피워 제후들을 농락해, 나라를 멸망의 길로 접어들게 한 일이 있다. 그런데 기껏 왕의 봉화 장난으로 나라가 멸망하는 것이 가능한 일인가? 주나라가 망한 진짜 이유는 유왕이 국가의 대사를 놀이처럼 생각했기 때문이다. 그는 자신이 천자天子인 만큼 모든 사람을 농락해도 된다고 쉽게 생각했다. 그래서 제후들을 놀리기 위해 봉화를 피워 거짓 구조신호를 보냈고, 이는 쓸데없는 병력 낭비를 초래하고 말았다.

경외심이 부족해 대중의 분노를 일으켰던 일은 현대에도 비일비재하다. 프로 축구 경기를 관람하던 축구 팬들은 선수라기에는 너무 뚱뚱한 사람이 경기장에서 뛰는 모습을 발견하고 어리둥절했다. 경기 해설자와 아나운서도 당황했다. 잠시 뒤 내막이 밝혀졌다. 그 뚱뚱한 선수는 구단주였다. 프로 축구 경기를 가까이에서 직접 경험해 보고 싶다는 이유로 구단주가 자신의 이름을 선수 명단에 등록했던 것이다. 경기가 끝난 후 관중들은 분노에 휩싸였다. 돈이 많다는 이유로 선수 명단에 자신의 이름을 등록한 것은 프로 축구에 대한 모독이라고 모두가 입을 모았다. 하지만 구단주는 법적으로 문제가 없다는 이유로 관중들의 분노를 무시하며 끝내 사과하지 않았다.

국가를 다스리는 것은 다른 일보다 더 많은 경외심이 필요하다. 최대한 엄숙하고 진지하게 나랏일을 처리해야 한다. 국정을 살피는 관리들은 어깨에 짊어지고 있는 책임의 무게를 더 깊이 느껴야 한다.

조비^{曹丕}의 고사를 살펴보자. 위^魏나라 왕 조조는 장자인 조비와 똑똑하고 문장이 뛰어난 조식 중 후계자를 누구로 간택할지 고심했다. 결국 장자라는 명분으로 조비가 선택되었고, 자신이 왕위 계승자라는 사실을 접한 조비는 너무 기뻐 후원에서 덩실덩실 춤을 췄다. 그러자 충직한 한 신하가 그에게 말했다.

"주군께서는 얼마나 막중한 책임을 짊어지셨는지 모르시는 겁니까? 왕위 계승자가 되었으니 더욱 신중하게 행동해야 하며 함부로 웃어서는 안 됩니다. 주군께서 웃으시는 건 천하를 다스리는 일을 놀이로만 생각하거나 개인의 체면과 명예를 높이는 일로만 보기 때문입니다. 천하를 다스리는 건 결코 개인의 일이 아닙니다."

비교적 단순한 업무를 처리하는 직업을 가진 사람 중 많은 사람이 자신이 하는 일에 대해 경외심을 갖지 않고 있다. 때로는 자신의 업무를 수치스럽게 생각하는 사람도 있다. 일본 대기업의 창업주인 가기야마 히데사부로가 쓴 『머리 청소 마음 청소』라는 책이 있다. 연간 매출액이 1조 원에 육박하는 회사의 창업주가 전국의 학교와 공원 등의 화장실을 청소한 일이 알려져 더 유명해진 책이다. 그의 '화장실 청소하기' 운동은 경영인들과 자영업자 등 동참자가 10만 명을 넘어서기도 했다. 그는 고민이 있거나 슬럼프에 빠져 있는 사람들에게 어지럽고 지저분한 주변 환경부터 정리하라 말한다. 청소를 하다 보면 복잡했던 자신의 마음도 정리된다며 '청소의 무한한 힘'을 역설한다. 아주 사소한 일부터 정리하는 작은 실천이 복잡한 머리와 마음을 정리할 수 있다는 것이다. 그는 아주 작은 일에도 경외심을 가지고 대했다. 대기업 창업주가 화장실 청소 하나에도 정성을 쏟는다는 사실은 많은 이에게 감동을 주었다.

"경외심을 가지고 믿음 있게 일을 한다."라는 첫 문장은 나를 다스리는 첫 번째 원칙이기도 하다. 여기서 '믿음信'은 신하와 백성 사이에 공동의 목표를 갖는 것을 말한다.

전국시대 진秦나라 정치가 상앙商鞅은 권력을 잡은 뒤 변법을 실행하기 위해 백성들의 지지를 얻으려 했다. 상앙은 이를 위해 재밌는 이벤트를 마련했다. 함양성 남문에 3장 높이의 기둥을 세우고는 누구든 이 기둥을 북문으로 옮기면 황금을 주겠다고 했다. 기둥을 옮기는 일은 너무나도 쉬웠다. 이런 하찮은 일로 정말 황금을 줄 리 없다고 생각한 백성들은 이벤트에 응하지 않는다. 그러던 중 누군가가 시험 삼아 기둥을 북문으로 옮겼고, 상앙은 실제로 그에게 황금을 하사했다. 그러자 백성들은 상앙을 신뢰하기 시작했다. 이런 단순한 일로 백성과 상앙의 신뢰 관계가 구축된 것이다.

이어서 나오는 "재물을 절약하고 사람을 아낀다."는 문장도 회사의 중요한 관리 방법이다. 여기서 '재물을 절약'한다는 것은 회사 기금을 경제적으로 관리해 회사의 현금 흐름을 양호하게 유지한다는 뜻이다. 급속도로 성장하는 기업 중에서 대출이 기하급수적으로 늘어나 결국엔 도산하는 경우를 많이 볼 수 있다. 회사의 재물을 절약하지 않았기 때문이다. 남의 돈인 은행 자금을 빌려 막무가내로 투자하다가 수중에 돈이 남아 있지 않다는 사실을 뒤늦게 발견하는 것이다. 고대의 로마가 망한 이유도 지나친 사치 때문이었다. 스페인과 포르투갈 왕조도 모두 부유한 나라였지만, 지도층이 전쟁에만 돈을 써버리고 투자할 생각은 하지 않았다. 이에 점차 국력이 쇠퇴했고 결국 네덜란드와 영국에 패권을 넘겨주어야 했다.

다음에 나오는 문장인 "사람을 아낀다."는 것은 백성을 대하는 마음 자세를 말한다. 이 문장을 듣고 반문하는 사람들도 있을 것이다. "사람이 중요한 건 당연한데 굳이 강조할 필요가 있을까?"하고 말이다. 하지만 역사를 돌이켜보면 사람의 중요성을 쉽게 망각하는 지도자들이 많다. 중세를 '암흑기'라 부르는 이유는 그 시대의 지도자들이 신의 뜻만 추구하고, 사람의 생명을 중요하게 생각하지 않았기 때문이다. 중세 유럽의 왕들은 걸핏하면 죄인들을 화형시키고, 능지처참하며 광장의 사형식을 구경거리와 오락거리로 삼기도 했다. 왕권이나 신권에 도전하는 사람들에 대한 본보기를 보여주려 했던 것인데 이와 같은 왕의 공포정치가 날이 갈수록 심해지자 백성들은 왕을 두려워하기보다는 그의 잔인성을 힐난했다.

인간의 폭력성에 대한 역사를 다룬 『우리 본성의 선한 천사The Better Angels of Our Nature』의 작가 스티븐 핑커Steven Pinker는 인류의 휴머니즘에 대해 말한다. 저자는 과학적인 방법론에 입각해 역사적 사례와 데이터를 보여주며 인류는 지금까지 무수히 많은 폭력적인 사건을 겪어 왔지만, 폭력의 양은 점차 줄어들었다고 설명한다. 그는 인간의 선한 본성은 다른 모든 성향보다 강하기에 세계도 점차 인도주의적인 세상으로 진화했다고 말한다. 인간에게는 마땅히 다른 사람의 생명을 존중하는 선한 본성이 살아있다는 것이다.

공자는 2천여 년 전, "재물을 절약하고 사람을 아껴야 한다."며 인간의 선한 본성을 키우라고 말했다. 한 나라의 지도자들은 어떤 정책을 제정할 때 먼저 백성들이 어떻게 느낄지를 생각해 봐야 한다. 백성의 궁핍한 삶을 모르는 어떤 왕은 이런 말을 하기도 했다고 전해진다. "밥을 먹지 못했으면 고기 죽을 먹으면 되지 않느냐?" 물론, 극단적인 사례이지만 백성의 고통을 알지 못하는 위정자들은 현실과 동떨어진 정책을 펼치게 된다.

"재물을 절약하고 사람을 아낀다."는 문장이 가진 시대적 의미는 지금도 통용된다. 회사 경영진들은 일을 결정할 때 직원들에게 어떤 영향을 미칠지를 고려해야 한다. 경영진이 재무제표만 보고 회사의 원대한 이상만 강요하면 직원들은 회사를 떠나게 된다. 회사와 경영자와 직원들 모두 성장해야 성공할 수 있다.

마지막으로 "적절한 시기에만 백성을 부려야 한다."는 문장을 살펴보자. 고대의 나라들은 규모가 비교적 작고 인구도 많지 않았다. 만약 궁을 확장하고 싶은 군왕의 마음속에 백성이 없다면 아무 때나 백성들을 동원할 것이다. 농번기에 막무가내로 백성들의 노동력을 동원해 궁궐을 짓게 한다면 그 나라에는 기근이 생기게 된다. 공자는 백성의 노동력을 사용하지 말라고 한 것이 아니다. 농한기에만 백성을 동원해 토목공사를 진행해야 하며, 백성에게 먹는 문제는 아주 중요한 만큼 백성들의 기본 생계를 침해해서는 안 된다는 의미이다. 이 문장의 핵심은 나라의 지도자가 마음속에 휴머니즘 정신을 가지고 백성들의 고충을 고려해야 한다는 점에 있다.

지도자의 자질은 무엇보다 중요하다. 공자와 맹자는 줄곧 윗사람이 백성을 중심에 두면 국가가 발전할 수 있다고 주장했다. 더욱이 공자보다 더 급진적이었던 맹자는 군주를 전복시킬 수 있는 대상으로까지 여겼다. 백성을 위하지 않는 군주는 폭군이나 다름없으니 쫓아내도 문제가 없다는 생각이다. 맹자보다 부드러웠던 공자는 전차 천 대를 보유한 강대국을 다스리는 사람은 나랏일에 경외심을 가지고 믿음 있게 하며, 재물을 절약하고 사람을 아끼며, 적절한 시기에만 백성들의 노동력을 동원하고, 평시에는 백성을 혹사하거나 나라의 재정을 낭비해서는 안 된다고 지적했다. 이 점은 지금 이 시대에 기업을 운영하는 사업가에게도 해당된다. 창업자는 현금 흐름의 중요성을 인식하고 재물을 절약하고, 직원들의 성장을 생각하며 사람을 아껴야 한다. 우리 모두 함께 마음속으로 읊어보자. 훌륭한 리더의 덕목들이다.

"세상만사 모든 일에 경외심을 갖자! 다른 사람들에게 신뢰감을 주고, 재물을 절약하자. 그리고 사람을 아끼는 마음을 갖자."

온, 량, 공, 검, 양 溫, 良, 恭, 儉, 讓

공자의 오덕五德을
얻으면 천하를 얻는다

∞

자금이 자공에게 묻기를 : "스승님께서는 한 나라에 도착하면 반드시 그 나라의 정사를 듣는데 구해 들으시는 것입니까? 아니면 주어서 듣게 되시는 겁니까?"
자공이 대답하길 : "스승님이 온, 량, 공, 검, 양으로 얻으시는 것이다. 그러니 스승님이 구하시는 것은 다른 사람이 구하는 것과는 다르지 않겠느냐?"

子禽問於子貢曰 : "夫子至於是邦也, 必聞其政, 求之與? 抑與之與?"
子貢曰 : "夫子溫, 良, 恭, 儉, 讓以得之. 夫子之求之也, 其諸異乎人之求之與?"
자금문어자공왈 : "부자지어시방야, 필문기정, 구지여? 억여지여?"
자공왈 : "부자온, 량, 공, 검, 양이득지. 부자지구지야, 기저이호인지구지여?"

공자의 제자, 자금과 자공이 당시의 시대 분위기를 느낄 수 있는 이야기를 나누고 있다. 이 대화를 기록한 문장은 『논어』에서 가장 유명한 것 중의 하나로 손꼽는다.

소인의 마음을 가진 자금子禽은 군자의 마음을 추측하는 내용의 질문을 한다. 자금은 실용주의적인 관점을 지닌 인물로 스승인 공자를 대단한 사람이라 생각하지 않았다. 자금은 공자와 사이가 가까웠던 자공에게 다음과 같이 질문한다.

"스승님이 정鄭나라, 위衛나라, 제齊나라 등 다른 나라를 방문하면 권력을 가진 사람들이 함께 국사를 의논하고 사회의 갈등을 해결할 방법을 묻는데, 스승님이 구해서 듣는 것입니까? 아니면 다른 사람들이 자발적으로 찾아오는 것입니까?"

지금 시대 상황에 맞게 대화 내용을 각색해 본다면 다음과 같을 것이다. "교수님의 성과를 홍보하는 담당자가 따로 있습니까? 아니면 교수님 스스로 기업가들을 찾아다니며 본인의 연구를 뽐내는 것입니까? 기업가들이 정말 교수님을 존경하는 것이 맞습니까? 그렇지 않다면 어째서 기업가들이 교수님의 방문을 매번 환영할 수 있습니까?"

공자의 경지를 이해하지 못했던 자금의 질문에 자공은 뭐라고 대답을 해야 옳을까?

언변이 유창하고 외교적 수완이 뛰어났던 자공은 이렇게 대답했다.

"온, 량, 공, 검, 양으로 얻으시는 것이다."

사람들이 공자를 존중했기 때문에 그에게 가르침을 청하고 국사를

상의하려 하는 것이지, 금전을 제공하거나 파벌을 사용하거나 자신을 홍보해서 얻어낸 것이 아니라는 이야기이다.

공자는 온, 량, 공, 검, 양한 사람이었다. '온溫'은 온화하다는 뜻으로 극단적인 행동을 하지 않는 것을 말한다. 유명해지고 싶어서 극단적인 방법을 사용하는 사람들이 있다. 가장 쉽게 남들 눈에 띄는 방법은 다른 사람을 비방하는 것이다. 사회적으로 존경받는 사람을 비판하면 사람들의 시선을 더 강하게 끌 수 있다.

'량良'은 선량하다는 의미이다. 다른 사람을 상냥하게 대하며 적대하지 않는 것을 말한다. 그리고 '공恭'은 공손하다는 의미로 함부로 허풍을 떨거나 앞에 나서지 않는 것을 뜻한다.

여러 나라를 돌아다니던 공자가 위나라에 갔을 때의 일이다. 위나라 군주 영공靈公이 공자에게 용병술과 전투 방법에 관해 물었다. 공자의 대답은 이러했다.

"군대 일은 아직 배우지 못했습니다(軍旅之事, 未之學也)." 공자는 제사와 관련된 일만 공부해서 싸우는 일을 알지 못한다고 말했다. '공'은 이렇게 모르는 것은 솔직하게 모른다고 말하는 것이다.

'검儉'은 검소해서 사치를 부리거나 가식을 부리지 않는 것을 말한다. 그리고 '양讓'은 겸양하다는 의미이다. 공자는 정적과 첨예한 갈등을 빚은 적이 거의 없었다. 공자는 사람들이 자신을 비방하거나 무시하거나 신뢰하지 않아도 아무 말도 하지 않았다. 그저 그 자리를 떠나 다른 곳으로 이동했을 뿐이다. 공자는 자기 삶의 리듬을 가진 사람이었고, 무엇도 구하지 않았다. '온, 량, 공, 검, 양'의 의미를 살펴보니 다음과 같은 말이 떠오른다.

"군자는 온화하게 지내며 천명을 기다리고, 소인은 험하게 행동하며 요행을 바란다.

君子居易以俟命, 小人行險以僥幸."

공자의 행동과 품행은 '온화하게 지내며 천명을 기다리는 군자'와 닮았다. 온화함, 선량함, 공손함, 검소함, 겸양함을 지키는 것을 원칙으로 삼아, 매일 자신의 일을 묵묵히 해나가자. 무엇을 얻을 수 있을지는 천명에 맡기는 것이다. 이것이 바로 군자의 모습이다.

공자는 우리가 상상한 것보다 더 많은 것을 이루었던 사람이다. 그리고 공자는 그가 뜻하는 바를 성취하기 위해서 자신의 원칙을 배신하지 않았다. 자존심을 지키면서도 자신이 하고 싶은 일을 할 수 있었던 공자는 어떤 과업을 이루려면 인간의 한계를 확장하고, 시야를 넓혀야 한다는 것을 우리에게 가르쳐준다. 여러 나라를 돌아다니며 풍부한 경험을 쌓은 공자는 이렇게 자신의 원칙을 배반하지 않고 온화함, 선량함, 공손함, 검소함, 겸양함을 유지하며 뜻하는 바를 이룰 수 있었다. 역사는 그의 이름을 기억하고, 미래에도 그러할 것이다.

공자의 능력과 성품을 익히 알고 있는 자공은 자금의 질문에 대한 답변을 또 다른 질문으로 받아친다.

"스승님이 구하시는 것은 다른 사람이 구하는 것과는 다르지 않겠느냐?"

이 질문에 자금이 무슨 말을 더 이상 할 수 있겠는가?

두 제자의 대담을 제대로 이해한다면 우리가 어떻게 살아야 하는지를 알 수 있다.

논어의 이 구절은 나에게도 큰 영향을 준 문장이다. 우리는 항상 자신에게 충실하고 더 좋은 사람이 될 수 있도록 매일 노력해야 한다. 그리고 나머지는 순리에 맡겨야 한다. 외부의 욕망은 항상 존재한다. 충분한 재물과 명성을 다 가진다고 해도 내면의 욕망은 사라지지 않을 것이다.

온화함, 선량함, 공손함, 검소함, 겸양함은 개인에게 가장 값어치가 높은 덕목들이다. 눈앞의 이익을 위해 우리는 내면의 것을 버려서는 안 된다.

공자의 이러한 처세원칙은 노자의 말과 일맥상통한다. 노자는 이렇게 말했다.

"자기 몸을 뒤로해도 몸이 앞서고, 자기 몸을 소외시켜도 존재한다.

後其身而身先, 外其身而身存."

조급해하며 무엇이든 싸워서 얻으려 하면 결국에는 씁쓸한 결말을 맞이하게 된다. 싸우길 좋아하는 사람은 마음이 항상 초조하고 부정한 수단을 쓰기 쉽다. 그리고 목적을 달성하기 위해 태도를 자꾸 바꾸다 보면 적이 많아지는 법이다. 공자의 행동은 시야를 더 넓히는 것이었고, 이는 노자의 원칙과도 같았다.

거무구안 居無求安

욕구는 채워질지언정,
욕망은 채워지지 않는다

∞

공자가 말하길 : "군자가 먹을 때 배부름을 구하지 않고, 서주할 때 편안함을 구하지 않으며, 일을 민첩하게 하고, 말은 신중하게 하며, 도가 있는 사람에게 찾아가 잘못을 바로잡는다면, 배움을 좋아한다고 말할 수 있다."

子曰 : "君子食無求飽, 居無求安, 敏於事而愼於言, 就有道而正焉, 可謂好學也已."

자왈 : "군자식무구포, 거무구안, 민어사이신어언, 취유도이정언, 가위호학야이."

힘이 넘치는 문장이다. "먹을 때 배부름을 구하지 않고, 거주할 때 편안함을 구하지 않는다."라는 첫 구절은 기본적인 의식주 문제에 대한 해답이 되기에 충분하다. 배고픔을 면할 수 있고, 튼튼하고 안전한 곳에 살 수 있다면 충분한 것이다.

당신이 만나야 할 단 하나의 논어

공자의 시대에는 먹고 입고 자는 기본적인 생활이 쉽지 않았다. 공자가 가장 아꼈던 제자 안회도 가난으로 인해 제때 끼니를 챙겨 먹지 못할 정도였다. 허름한 집에는 그릇조차 없었다. 음식은 잎에 말아서 먹고, 물은 표주박에 담아서 마셔야 했다. 그래도 그 시대에는 그 빈곤을 우울하게 여기지 않았다. 마음의 평온을 찾았기 때문이다.

공자가 말한 "먹을 때 배부름을 구하지 않고, 거주할 때 편안함을 구하지 않는다."라는 문장은 물질에 집착하지 말라는 점을 알려준다. 우리는 어떻게 물질세계의 속박에서 벗어날 수 있을까? 많은 청년이 나에게 이런 말을 한다.

"지금 저의 유일한 목적은 집 대출금을 모두 갚는 거예요. 대출금을 다 갚기 전에는 다른 건 생각하지 않을 거고, '어짊'이 뭔지 배울 생각도 없어요. 자기계발서 같은 책들도 다 필요 없고, 그냥 돈 버는 법을 다루는 책만 많이 읽고 싶어요."

공자는 우리에게 '만약 배불리 먹고, 편안한 집에 살기를 바라며, 물질적인 것만 생각한다면 배움에 소홀하게 된다'고 한다. 젊은 시절은 배우는 데 열중해야 할 시기이다. "먹을 때 배부름을 구하지 않고, 거주할 때 편안함을 구하지 않는다."는 문장을 마음속에 새기고 자신을 격려한다면 소비주의의 함정에 빠지는 걸 피할 수 있다.

자본주의 사회의 근로자들은 안락한 집과 자녀 교육을 위해 노동력을 쏟으며 앞만 보고 달려간다. 하지만 아무리 달려가도 결승점은 보이지 않고, '지금까지 얻은 것이 삶의 전부인가?'라는 회의감에 젖어 든다. "거주할 때 편안함을 구하지 않으며"에서 '구하지 않는다'라는 말은 '추구하지 않는다'는 것이다. 그리고 '구함'은 욕망이다. 욕구는 충족될 수 있지만 욕망은 영원히 채워질 수 없다.

　가령 우리는 좋은 집에서 살고 싶어 한다. 그렇다면 '좋다'는 것은 무엇을 의미하는 걸까? 32평 혹은 45평 아파트에서 사는 사람들은 별장을 갖고 싶어 할 것이고, 별장이 있는 사람들은 드넓은 정원을 원할 것이다. 이처럼 욕망은 끝이 없다.

　"먹을 때 배부름을 구하지 않고, 거주할 때 편안함을 구하지 않는다."는 것은 물질적인 측면에서 이상적인 조건에 이르지 못한다 할지라도 학습을 시작해야 한다는 의미이다. 편안한 집에 거주하고 풍족한 생활을 할 수 있을 때까지 기다린 뒤에 학습과 성장을 하려 해서는 안된다. 공자는 우리가 물질적 압력에서 벗어나 시간을 들여 공부하고 물질에 구속되지 않기를 바랐다.

　다음으로 "일을 민첩하게 하고 말은 신중하게 한다."라는 문장을 살펴보자. 여기서 '민첩敏'은 재빠르다는 의미로 꾸물거리고 굼뜬 것과 상반되는 뜻이다. 꾸물거리고 굼뜨게 행동하는 이유는 뭘까? 의욕이 없기 때문이다. 의지가 없고 자존감이 높지 않으면 '나는 배불리 먹지도 못하고 좋은 곳에서 살지도 못해. 무슨 일을 해도 소용이 없어.'라는 생각에 빠지게 된다. 반대로 배불리 먹지 못하고 몸을 누일 곳이 마땅치 않아도

당신이 만나야 할 단 하나의 논어

성실히 공부하고 일하는 것은 '일을 민첩하게 한다'라고 말할 수 있다.

"말을 신중하게 한다."는 것은 과장해 말하지 않는 것을 뜻한다. 우리 주위에는 자신의 상황을 숨기기 위해 과장해서 말하는 사람들이 많다. 이에 맹자는 재미있는 비유를 했다.

늘 허세를 부리는 남편을 둔 여인이 있었다. 남편은 매일 아침 일찍 집을 나가 저녁 늦게 돌아왔는데, 귀가할 때는 입술에 기름이 잔뜩 묻어 있었고, 늘 어딘가에서 대접을 받아 배불리 먹은 것처럼 행동했다. 하지만 평상시 남편이 높은 신분의 사람과 사귀는 걸 본 적이 없었기에 아내는 남편을 미행하기로 결심했다. 남편을 따라갔지만 누군가를 만나는 기색은 없었고, 불러주는 사람조차 없었다. 아내는 마지막으로 따라간 곳에서 남편의 행동에 아연실색했다. 그곳은 한 묘지였다. 남편은 제사를 지내고 남은 고기를 입가에 묻히고는 배불리 먹고 온 것처럼 행동한 것이었다. 아내는 남편이 지금까지 마치 많은 이들에게 인정받고 잘 나가는 척 거짓 행세를 하며 속인 것에 분노했고, 앞으로 의지조차 할 수 없는 사람과 결혼했다는 사실을 슬퍼했다. 맹자는 이를 예의와 염치는 버린 채 생계만을 쫓는 사람이라고 지적했다.

세상에는 자신의 돈벌이 수단을 가족에게 숨기는 사람들이 있다. 가장이 '부정한 수단'으로 돈을 번다는 사실을 아내와 자식이 알게 되면 어떻게 될까? 가령 집안의 가장이 노인들을 속여 효과 없는 영양제를 팔거나, 회삿돈을 횡령해 주식에 투자를 하고, 거래처와 뇌물을 주고받는 부정한 방법으로 돈을 번다는 사실을 알게 된다면 부끄러움을 느낄 것이다. 안타깝게도 말을 과장되게 하고 허세를 부리며 자신의 외면을 위장하는 사람은 치욕을 당할 수 있다는 사실을 신경 쓰지 않는다. 가족이 부끄럽게 생각할 것이라는 사실도 신경 쓰지 않게 된다.

다음 구절인 "도가 있는 사람에게 찾아가 잘못을 바로잡는다면"에서 '도가 있다'라는 말은 자기 일을 잘 처리하고, 자신에게 도움이 되는 사람과 사귀며, 자신보다 수준이 높은 사람에게 사람됨을 배우는 것을 말한다. 그리고 '잘못을 바로 잡는다'는 것은 자신의 욕망을 잘 통제해 가족이 부끄러워할 만한 그릇된 길을 가지 않고 바른길을 가는 것을 말한다.

이어지는 "배움을 좋아한다고 말할 수 있다."라는 문장은 앞에 나온 것들을 실행했다면 배움을 좋아하는 사람이란 뜻이다. 그러니 공자의 배움을 좋아하는 기준에 다다르는 것은 쉽지 않은 일이다. 배움을 좋아해야 하는 이유는 뭘까? 동물적 본성에서 벗어나는 과정이 배움이기 때문이다. 사람은 누구나 동물적인 본능과 사회성을 동시에 갖고 있다.

동물적 본성이 강해지면 매일 배불리 먹고, 따뜻하게 입고, 더 좋은 곳에서 사는 것만 생각하게 되고, 물질적인 욕구를 지나치게 추구하게 된다. 동물적 욕구는 끝이 없다. 만약 동물적 본성을 통제하지 못한다면 침대 밑에 돈다발을 쌓아둘 정도로 많은 돈을 벌어도 공허함은 채워지지 않을 것이다. 동물들처럼 생존만을 생각한다면 사회의 구성원으로

서 집단을 위해 공헌해야 한다는 사실을 의식하지 못하게 된다.

　반대로 배움을 좋아하게 되면 동물적 본성이 줄어들고 사회성이 향상된다. 욕망보다 이성이 강해져 다른 사람들을 의식해 자신만의 이익만 생각하지 않고, 다른 사람을 위해 노력하고 협동할 수 있게 된다. 항상 스스로를 돌아보며 "군자가 먹을 때 배부름을 구하지 않고, 거주할 때 편안함을 구하지 않으며 일을 민첩하게 하고 말은 신중하게 하며, 도가 있는 사람에게 찾아가 잘못을 바로잡는다면 배움을 좋아한다고 말할 수 있다."라는 말을 떠올려보자. 이 문장은 우리 행동의 좌우명이 될 수 있다.

제2편

위
정

爲政

현인 공자,

정치를 논하다

비여북신 譬如北辰

북극성처럼 든든하게
빛을 발하는 리더의 덕목

공자가 말하길 : "덕으로 정치한다는 건, 북극성이 제자리에 가만히 있으면 뭇별들이 둘러싸는 것과 같다."

子曰 : "爲政以德, **譬如北辰**, 居其所而衆星共之."
자왈 : "위정이덕, 비여북신, 거기소이중성공지."

정치政治를 논하는 『논어』 제2편 '위정爲政'을 시작하자.

제2편의 첫 문장은 신비로운 분위기가 감돈다. 공자가 정치에 대해서 말했다.

"덕으로 정치한다는 건 북극성이 제자리에 가만히 있으면 뭇별들이 둘러싸는 것과 같다."

당신이 만나야 할 단 하나의 논어

정치를 밤하늘에 맴도는 별들의 모습에 빗대어 표현한 공자의 말이 잘 이해가 되지 않는다면, 노자의 말을 먼저 살펴보자. 노자가 정치에 대해 말했다.

"큰 나라를 다스리는 것은 작은 생선을 삶는 것과 같다. 治大國若烹小鮮."

노자는 정치를 해물찜 요리에 비유했다. 작은 생선 여러 마리를 냄비에 넣고 삶으면 여러 마리가 겹쳐 있어 잘 익지 않으니 자꾸 뒤적거리게 된다. 그러면 생선 살은 터지고 뭉개진다. 큰 나라를 다스리는 것도 마찬가지다. 통치자가 작은 일을 사사건건 간섭하다가는 나라 전체가 흔들릴 수 있다. 후대 사람들은 청나라 황제 건륭제가 백성들을 혹사시키고, 재물을 낭비하며 사사로이 정치를 했다고 입을 모은다.

나라를 다스린다는 것은 간단한 일이 아니다. 복잡한 공정이며 복잡 시스템이다.

그렇다면 '복잡 시스템'은 무엇일까? 복잡함과 단순함은 상대적이다. '단순 시스템'은 지속적인 반복을 통해서 문제를 해결한다. 예를 들어 도요타 자동차의 생산라인은 오류를 파악하고 줄여나가는 것을 반복하며 자동차 품질을 향상한다. 전체 자동차 제작을 위해 차대, 바퀴, 엔진, 변속기, 모터, 전자 시스템 등 모든 부분을 단순하고 명확하게 파악한 후 조립을 진행한다. 세세한 일을 무한 반복해 잘못된 부분을 수정해 가면 결국 모든 부분이 개선이 된다. 이것이 바로 단순 시스템이다.

반면 사회와 가정, 교육, 국가와 같은 시스템은 복잡한 구조에 속한다. 생태계, 생물계, 자연계도 복잡 시스템이다. 복잡 시스템의 특징은 흐름을 객관적으로 파악할 수 없고, 어떤 모델을 제시해도 부분조차 파악할 수 없다. 분석이 쉽지 않고, 어느 부분에 문제가 발생하는지 확인하기도 어렵다. 예를 들어 어른들은 아이의 운명에 변화를 줄 깨달음과 교육이 무엇인지 알지 못한다. 그래서 아이를 교육하는 일은 자동차를 제조하는 일보다 훨씬 복잡하다.

이런 복잡 시스템은 부분을 파악하는 것만으로는 전체를 통제하기 어렵다는 점에서 단순 시스템과 다르다. 단순 시스템이 자동차를 제조하는 것이라면, 복잡 시스템은 숲을 키우는 것이라 할 수 있다. 숲을 조성하는 것은 토양, 기온, 환경, 방향을 통해 모든 생물 사이의 조화와 통일을 이루어야 한다. 우리가 할 수 있는 일은 좋은 토양에서 자라난 싹이 나무로 성장하기를 기다리고, 푸른 풀들이 돋아나길 기다리며, 전체의 생태가 균형을 이루어 숲이 조성되기를 기다리는 것뿐이다. 한마디로 우리가 파악하고 간섭할 수 있는 부분이 아주 적은 것이다.

순자도 복잡 시스템에 관해서 노자와 비슷한 견해를 보였다. 경영학자로도 볼 수 있는 순자는 이런 말을 남겼다.

"임금이 요점을 파악하는 걸 좋아하면 모든 일이 상세하게 처리되고, 임금이 자질구레한 것까지 파악하는 걸 좋아하면 모든 일이 황폐해진다.

好要則百事詳, 主好詳則百事荒."

순자의 말을 쉽게 풀이하자면, 한 회사에 중요한 업무가 세 가지가 있을 때, 사장은 그것만 중점적으로 파악하면 된다는 것이다. "모든 일이 상세하게 처리된다."라는 것은 구체적인 임무마다 책임자가 있어 각자 임무를 수행하는 것을 말한다. 이어지는 순자의 문장인 "임금이 자질구레한 것까지 파악하는 걸 좋아하면 모든 일이 황폐해진다."는 것은 지도자가 책임자가 있는 분야까지 파고들어 불필요하게 참견하면 일이 어긋난다는 것이다.

예를 들어보자. 한 회사의 사장이 청소 담당 직원에게 화장실 청소가 제대로 되지 않았다고 질책하거나, 식당 직원에게 식사와 음료를 어떻게 개선할지를 참견한다고 해 보자. 사장은 그러한 자질구레한 업무로 시간을 낭비해 회사 경영의 중대한 핵심을 파악할 수 없고, 미래지향적인 청사진을 그릴 수도 없을 것이다. 물론 회사의 리더는 모든 직원이 자신의 분부대로 움직이길 바라고, 모든 일을 직접 지도하고 싶은 마음이 있을 것이다. 하지만 그렇게 세세한 부분까지 신경 쓴다면 직원들은 상사의 지시만을 기다리고 적극적으로 일하려는 의욕을 상실하게 된다. 그러면 결국 회사의 분위기는 황폐해질 수밖에 없다.

공자의 말로 다시 돌아가자. 공자는 "덕으로 정치한다."는 말을 한다.

이는 규칙으로 다스려야 할 뿐만 아니라 덕행으로도 다스려야 한다는 말이다. 공자는 경영자를 북극성에 비유했다. 이것은 리더의 방향성을 강조한 비유이다. 지도자는 자신의 위치를 지키며 조직의 전체 방향을 계획해 구성원 모두가 우주의 별들처럼 각자의 자리에서 정해진 방향에 따라 움직일 수 있게 해야 한다.

송나라 황제 휘종은 자신의 집을 짓는 일에 걸핏하면 백성들을 동원했고, 화석강花石綱을 조직했다. 화석강은 진귀한 꽃과 돌을 모으기 위한 특수한 운송 체계로 '강綱'은 운송팀을 일컫는다. 이 운송팀 하나에 배가 10척이 배정되었다 하니, 그 규모가 얼마나 거대했는지 예상할 수 있다. 이들은 휘종의 취향에 맞는 돌과 진귀한 건축 자재들을 운송하기 위해 모진 고난을 겪어야만 했다. 결국 참지 못한 백성들은 반란을 일으키게 되고, 송나라는 어지러운 정국이 된다. 이처럼 지도자가 정치에 사사로워지면 큰 방향을 설정할 수 없게 된다.

기업도 마찬가지다. 창업자는 직원의 리더이며, 기업의 가장 중요한 브레인이다. 자신이 누구보다 영리해, 모든 일에 간여해야 한다고 주장해서는 안 된다. 창업자의 책임은 모두가 바라볼 공통의 비전을 세우고, 모두가 동일한 목표를 위해 노력하게 하는 분위기를 조성하는 것이다. 자신의 본분에만 충실하고 다른 일은 각 책임자에게 맡기는 것, 이것이 바로 창업자가 복잡 시스템을 구축하는 방법이다.

"덕으로 정치한다는 건 북극성이 제자리에 가만히 있으면 뭇별들이 둘러싸는 것과 같다."는 공자의 말처럼 진중하고 굳건히 중심을 잡아주는 것이 리더가 해야 할 일이다.

위정爲政 | 현인 공자, 정치를 논하다

회야불우 回也不愚

깊이 생각해야
가치 있는 질문을 할 수 있다

························· ∞ ·························

공자가 말하길 : "내가 회와 온종일 이야기를 했는데 어김이 없는 게 어리석은 것 같았다. 물러간 뒤에 그 생활을 살펴보니, 충분히 실천하고 있었다. 회는 어리석지 않구나!"

子曰 : "吾與回言終日, 不違, 如愚. 退而省其私, 亦足以發. 回也不愚!"
자왈 : "오여회언종일, 불위, 여우. 퇴이성기사, 역족이발. 회야불우!"

공자의 제자 안회가 마침내 등장했다. 안회는 공자의 총애를 받는 제자였다.

공자가 말했다.

"내가 하루 종일 안회와 대화를 나누었는데, 안회는 내가 하는 말에 질문을 하거나 반박을 하지 않았다."

이는 안회가 공자가 한 말을 곧이곧대로 들었다는 의미이다. 얼핏 보면 안회는 자기 생각이 부족한 사람 같다. 안회를 제외한 자공, 자로, 재여宰予를 비롯한 다른 제자들은 공자에게 질문하고 의문을 제기하며, 공자와 함께 토론하고 연구했다. 이에 반해 아무 말 없이 고개만 끄덕이는 안회를 보고 공자는 머리가 나쁜 것이 아닐까 의심했다. 그렇지 않다면 자기 말에 아무런 의문도 제기하지 않고, 곧이곧대로 따르려 하지는 않을 테니 말이다.

중간 부분에 나오는 구절인 "물러간 뒤에 그 생활을 살펴보았다."는 것은 공자가 안회의 품행을 지켜보았다는 의미이다. 공자는 안회가 자신이 알려준 내용을 실천하는지 관찰했는데, 우려와는 달리 안회는 '충분히 실천'을 하고 있었다. 안회는 가타부타 따지거나 반박하지 않고, 행동을 통해 실천하고 발전시키고 있었던 것이다. 공자는 '안회는 머리가 나쁘지 않다'라고 말하며 흡족한 마음을 표현했다.

안회에 대한 공자의 말을 SNS에 올리자 공유횟수가 수천 회에 달했다. 많은 사람이 이 문장에 공감한 이유는 무엇일까? 질문에 답하기 전에 우리는 먼저 질문을 던지거나 반박하지 않는 안회를 공자가 좋게 평가한 이유를 생각해 봐야 한다. 자공과 자로가 질문을 많이 했던 것은 어쩌면 그들이 독립적으로 생각하는 능력이 부족해 스승에게 너무 의지했기 때문일 수 있다. 자신만의 생각이 부족한 탓에 세세한 부분까지 질문하고 토론할 수밖에 없었던 것이다.

'판덩독서'에서 책을 소개할 때 나는 "판 선생님이 설명해 주신 책을 이해하기가 어려워요. 너무 어렵게 설명하시는 거 아닌가요?"라는 말을 자주 들었다. 그럴 때면 나는 "돌아가서 다시 생각해 보십시오."라고 대답한다. 질문이나 토론을 싫어해서가 아니다. 어떤 문제를 이해하려면 충분한 시간이 필요하다. 그렇게 해야 문제를 전체적으로 파악하고 깊이 이해할 수 있다. 질문을 받았을 때 내가 바로 설명하면 상대방은 본인의 문제 제기에 대한 정당성을 지키기 위해 반박을 하게 마련이다. 반박만 하다 보면 깊은 생각에 빠져들 수 없고, 다른 이의 관점을 받아들이려 하지 않게 된다.

안회는 어떻게 행동했을까? "어김이 없다."라는 말은 '생각이 없어서 스승의 말을 곧이곧대로 따랐다'는 의미가 아니다. 스승님이 하신 말씀이 모두 옳았을 리는 없다. '그렇다면 어떻게 해야 할까?' 깊은 생각에 빠진 안회는 공자의 말에서 배워야 할 내용은 실천했고, 고쳐야 할 부분은 곰곰이 연구하고 고민해 스스로 답을 찾았다. 이 때문에 공자는 안회를 '어리석지 않다'라고 평가한 것이다.

어느 수행자가 승려를 찾아가 하소연을 했다. 스승의 수준이 너무 낮고, 채신도 없고, 계율도 자주 위반해 더 이상 제자로 있고 싶지 않다는 것이다. 수행자의 말을 끝까지 들은 승려는 갑자기 사탕 하나를 꺼내 모래사장 위에 던졌다. 잠시 후 모래사장에 나타난 개미 떼가 사탕을 옮기기 시작했다. 그 모습을 지켜보던 승려가 수행자에게 물었다.

"저기 좀 보게. 신기하지 않은가? 모래는 그대로 두고 사탕만 옮기는 이유가 뭐라 생각하는가?" 수행자가 대답했다. "개미는 멍청하지 않습니다. 모래는 쓸모없는 반면 사탕은 먹을 수 있다는 것을 아니까요." 승려가 말했다. "그럼, 자네는 어째서 쓸모있는 사탕은 놔두고 모래를 옮기려 하는가? 스승의 나쁜 점만 관찰하지 말고 유용한 부분을 배우고 가치가 있는 부분만 보도록 하게."

안회는 스승의 가르침에서 가치 있는 부분을 재빠르게 찾아내 자신의 것으로 만들 줄 알았다. 다른 제자들이 질문이 많았던 이유는 안회만큼 생각이 빠르지 못했기 때문이다. 자공은 안회를 '하나를 들으면 열을 아는 사람'이라고 평가했다. 공자의 말에서 핵심을 빠르게 포착해낼 줄 알았던 안회는 스승의 자세한 설명이 필요 없었다.

이 문장이 SNS에서 많은 조회수를 기록한 이유는 현시대를 사는 우리의 일과 관련이 있기 때문이다. 회사에는 항상 '프로불편러'들이 있다. 프로불편러는 매사 예민하고, 별것도 아닌 일에도 부정적인 여론을 형성해서 논쟁을 부추기는 유난스러운 사람을 일컫는 신조어이다.

프로불편러는 항상 회의 때마다 '이건 옳지 않아. 나는 동의할 수 없어.'라며 다른 사람의 의견에 반박한다. 이들은 회사에 반대 의견을 제시해야만 자신의 존재감과 가치를 드러낼 수 있고, 유능한 사람으로 보일 수 있다고 착각한다. 하지만 안회처럼 어김이 없어 언뜻 어리석어 보일지라도 조용히 생각을 정리해서 표현해야 소통 비용을 아낄 수 있다.

물론 질문은 중요하다. 안회 역시 전혀 질문을 하지 않은 것은 아니다. 차이점이 있다면 다른 사람에게 질문을 하기 전에 잠시 시간을 들여, 스스로 생각을 했다는 점이다.

나는 질문한 사람에게 곧바로 답을 알려주지 않을 때가 가끔 있다. 그 이유는 그 사람이 스스로 생각하려 하지 않고 다른 사람에게 쉽게 답을 구하려고만 하기 때문이다. 직접 문제를 풀려고 하지 않고 교사의 설명에만 의지하려는 학생들이 있다. 심지어 대학 입학시험 성적이 좋지 않다고 선생님을 고소하는 학생도 있다. 깊은 생각을 거쳐야 가치 있는 질문을 할 수 있고, 문제 중 대부분은 생각하는 과정에서 해결되는 경우가 많다.

『코칭 리더십Coaching for Performance』의 저자인 '리더를 위한 코칭 연구소'의 엘리자베트 하버라이트너는 자각과 책임감의 중요성에 대해 언급한다. 모든 사람이 잠재력이 있다고 믿고 적극적으로 책임을 지려 한다면, 스스로 문제를 해결하며 자신의 성장을 도모할 수 있게 된다고 말한다.

공자가 제자 중에서 안회를 유독 아꼈던 이유는 안회가 자각과 책임감이 있는 사람이기 때문이다. 안회는 이해하기 어려운 문제가 생기면 곧장 질문하거나 함부로 말하지 않았다. 안회는 모든 문제를 신중하게 생각한 뒤에 말을 내뱉었다. 이것이 바로 "어김이 없는 게 어리석지 않다."라는 구절에 담겨 있는 깊은 의미이다.

인언수재 人焉廋哉

상대의 인품이 궁금하거든
세 가지만 통찰하라

공자가 말하길 : "그 사람의 행동을 보고, 이유를 살피고, 편안함을 관찰한다면 자신을 어떻게 숨길 수 있겠느냐? 어떻게 숨길 수 있겠느냐?"

子曰 : "視其所以, 觀其所由, 察其所安. 人焉廋哉? 人焉廋哉?"
자왈 : "시기소이, 관기소유, 찰기소안. 인언수재? 인언수재?"

상대방을 파악하는 방법에 대한 대답으로, 공자의 통찰력이 담겨 있는 문장이다.

공자의 사람 파악하는 방법을 다루기 전에 공자 사후 100년 뒤 세상에 나온 맹자는 사람을 어떻게 파악했는지 살펴보자. 맹자의 방법은 아주 단순하다.

"사람을 살피는 데 눈동자보다 더 좋은 것은 없다. 눈은 악한 마음을 숨기지 못한다. 마음이 바르면 눈동자가 밝고, 바르지 못하면 눈동자가 흐리다. 그러니 그 말을 듣고 그 눈동자를 살피면 어떻게 숨길 수 있겠는가?

存乎人者, 莫良於眸子. 眸子不能掩其惡. 胸中正, 則眸子瞭焉. 胸中不正, 則眸子眊焉. 聽其言也, 觀其眸子, 人焉廋哉?"

맹자는 바른 사람은 눈동자가 밝게 빛난다고 말한다. 반면 눈에 빛이 없고, 어두우면서 이리저리 움직이는 사람은 악한 사람이라고 한다.

맹자의 말 중에 '수廋'라는 한자는 '숨기다'라는 의미이다. 눈동자는 마음을 숨기거나 은폐할 수가 없으니 예리한 사람은 상대방의 눈동자를 보고 어떤 사람인지 파악할 수 있는 것이다.

공자가 사람을 판별하는 관점은 맹자보다 더 엄격하다. 그는 세 가지 부분으로 사람을 파악해야 한다고 말한다. 그 사람의 행동을 보고, 이유를 살피고, 편안함을 살피는 것이다. 이 세 가지를 각각 한 단어로 요약하면 '사명', '비전', '가치관'이다.

첫 구절인 "그 사람의 행동을 본다."에서 '써 이以'는 실행하는 방법을 말한다. 전체 의미를 해석하면 그 사람이 어떤 방법으로 일을 하는지 관찰한다는 의미이다. 예를 들어 인간관계에 능숙한 사람 중에는 지나치게 개인주의와 배금주의에 빠진 사람들이 많다. 이런 사람들은 사리사

욕을 꾀하기 위해 패거리를 만드는 것이 가장 좋은 수단이라고 착각한다. 이처럼 패거리를 지어 작당하는 것은 소인배들이나 하는 일이다.

이어지는 구절 "이유를 살핀다."는 그 사람의 동기를 살핀다는 뜻이다. 사람의 동기가 자신의 사욕과 체면을 만족시키고 더 나은 생활을 하기 위함인지, 아니면 나라와 국민과 타인을 위한 것인지를 살펴야 한다는 것이다.

다음 구절 "편안함을 관찰한다."에서 '편안함安'은 그 사람이 어떤 상황에서 편안해하는지 관찰하는 것이다. 어느 시간, 어느 곳에서, 어떤 사람과 있을 때 편안해하는지를 살피면 그 사람의 미래를 내다볼 수 있다. 가령 좋지 않은 친구들과 어울리며 술에 빠져 살고 허세를 부리며 도박을 즐기는지, 아니면 배우려는 사람들과 토론하는 것을 즐기는지 살피는 것이다.

공자는 사람을 파악하려면 그 사람이 일하는 방식, 일하는 이유, 가장 편안해하는 생활 방식을 살펴야 한다고 말했다. 이 세 가지를 살피면 사람들의 인격을 판단할 수 있다. 하지만 많은 사람이 상대방의 참모습을 파악하는 데 어려움을 겪는다. 특히 그중에서도 배우자를 선택할 때 고난을 겪으며 많은 실수를 한다. 단순히 재산은 어느 정도 있는지, 자신을 위해 돈을 어느 정도 쓰는지, 심지어 자신이 곤란한 일을 겪을 때 대신 해결해 줄 수 있는지를 보고 배우자의 됨됨이를 판단하는 사람들이 있다.

상대방이 어떤 태도로 자신을 대하는지에 국한돼서 사람을 파악하려한다면 제대로 된 평가를 내릴 수 없다. 우리는 상대를 볼 때 그가 어떤 방식으로 일을 처리하는지, 어떤 수단을 가장 잘 사용하는지, 어떤 동기를 품고 있는지, 어떨 때 가장 편안해하는지, 무엇에 흥미를 갖고 있는지, 어떤 친구를 사귀는지 등 살펴봐야 할 것들이 많다. 그리고 사람의 인품은 바로 이런 부분들에서 드러나게 마련이다.

그래서 나는 좋은 배우자를 고르는 방법으로 상대방이 배우자가 될 사람이 아닌, 다른 사람을 어떻게 대하는지를 관찰하라고 조언해 준다. 연애 초기의 연인들은 높은 호르몬 수치 때문에 배우자로 삼고 싶은 사람에게 헌신을 쏟을 수 있다. 너무 잘해주는 사람도 경계해야 한다. 극단적인 성향을 가진 사람일 수도 있다. 그러니 배우자가 될 사람이 내가 아닌 그 사람의 가족이나 친구, 더 나아가 낯선 사람들을 어떻게 대하는지를 살펴보자. 그리고 이것이 바로 공자가 말한 상대를 파악하는 방법의 핵심이다.

군자불기 君子不器

모든 가능성을 포용하는
물의 습성을 배워라

································· ∞ ·································

공자가 말하길 : "군자는 그릇이 아니다."

子曰 : "君子不器."
자왈 : "군자불기."

딱 네 글자를 사용한 명쾌한 문장이다. "군자는 그릇이 아니다."라는 공자의 말과 연관된 책을 먼저 살펴보자.

〈타임스〉가 '세상에서 가장 유명한 사상가' 중 한 명이라고 소개한 레바논 태생의 철학자 나심 니콜라스 탈레브가 쓴 『안티프래질Antifragile』이다. 『안티프래질』에서 말하는 세계는 다양한 재난이 계속해서 발생한다. 이 재난은 누구도 예상하지 못했던 것들이다. 이처럼 불확실성이 가득한 세상을 예측하기란 결코 쉽지 않다. 따라서 작가는 불확실성의 시대에는 위험에 대처하는 능력을 키우는 것이 그 어떤 것보다 시급하다고 말한다.

공자의 말 "군자는 그릇이 아니다."의 뜻을 이해하기 위해 반대로 "군자는 그릇이다."라는 말을 생각해 보자. 이는 군자가 항아리처럼 작은 충격에도 깨지기 쉽게 연약하다는 이야기이다. 깨지기 쉬운 그릇처럼 약한 사람은 어떤 모습일까?

예를 들어 어느 회사에 자신은 회계 업무 이외에는 아무것도 할 줄 모르니 다른 일을 맡기지 말라는 식으로 일하는 회계 담당자가 있다고 생각해 보자. 이 사람은 자신을 '회계사'라고 정의했기 때문에 한평생 회계와 관련된 일만 하면서 살 것이다. 이런 사람이 바로 '깨지기 쉬운 그릇' 같은 사람이다. 만약 인공지능이 회계 업무를 대신하게 된다면, 이 사람은 조직에서 필요 없는 사람으로 전락하게 된다. 인공지능이 회계 업무를 대신할 수 없다고 해도, 다른 일도 능수능란하게 할 줄 아는 회계사가 나타난다면 그의 입지는 좁아질 것이다.

미국에 있을 때 트럭 운전기사들의 파업을 목격한 적이 있다. 사업주가 자율주행 자동차 시스템을 도입해 실직 위험에 처했기 때문이었다. 사업주 입장에서 자율주행 자동차는 교통사고 발생 가능성이 낮고, 임금을 줄 필요도 없기에 관심을 가질 수밖에 없다. 하지만 운전이 생계 수단인 트럭 운전기사들은 자신들의 기술이 앞으로 쓸모없어질 것이라는 걸 예측하지 못했다. 우리는 이처럼 끊임없이 변하는 불확실의 세계를 살고 있기 때문에 늘 변화를 모색해야 한다. 따라서 '쉽게 깨지

당신이 만나야 할 단 하나의 논어

는 그릇 같은 군자'란 바로 변화를 모르고, 옛것을 답습하는 사람들을 말한다.

"군자는 그릇이 아니다."라는 말은 일종의 휴머니즘이 느껴지는 문장이다. 모든 사람은 저마다의 개성을 가지면서도 한편으로 기계적인 생활을 한다. 이 기계적인 면이 바로 초기 자본주의의 작동 원리였다. 포드 자동차를 만들었던 헨리 포드Henry Ford는 이렇게 말했다.

"나는 두 손을 고용하고 싶을 뿐인데 어째서 항상 머리가 오는지 모르겠다." 헨리 포드에게 필요한 것은 사람의 두뇌가 아니라 노동력이었을 뿐이다. 생각하는 사람은 사업자에게 대항하기 위해 노조를 만들 수 있다. 헨리 포드의 노동관은 '인간의 도구화'였다고 볼 수 있다.

인간 노동력의 도구화는 자본주의 초기에서 볼 수 있는 특징이다. 예를 들어 회계사는 회계 업무만 하고, 조명기술자는 불을 밝히는 일만 하고, 촬영기사는 카메라만 다룰 뿐 다른 업무를 할 수 없는 시스템이다. 이런 상황에서 사업주는 자신의 명령에 복종하지 않는 노동자들을 다른 사람으로 대체할 수 있기에 유리한 입장에 설 수 있다.

인류가 할 수 있는 일은 다양하다. 물건을 만들고, 시를 쓰고, 산을 정복하고, 음식을 만들고, 누군가를 모방하고, 여기서 더해 새로운 것을 창조한다. 이것이 바로 인간의 진면목이다. 공자는 전방위로 발전을 할 수 있는 인간의 본성을 극찬했다.

공자는 어떤 사람이었을까? 정치가였을까? 아니면 선생이었을까? 만약 공자를 정치가로 정의한다면 그는 실패한 사람이다. 그렇다면 선생으로 봐야 할까? 공자가 자신을 선생으로 생각했다면 어째서 나랏일에 자주 관여했던 걸까? 공자는 자신을 선생이나 정치가라 생각하지 않았다. 그는 자신을 어느 특정 분야의 사람이라 단정 짓는 것을 원치 않았다.

공자는 말했다.

"하늘을 원망하지 않고, 사람을 탓하지 않으며, 아래에서 배우고 위에 이른다.

不怨天 不尤人 下學而上達."

그는 항상 불확정성이 가득한 세계에서 다양한 준비를 하며 살았다. 이것이 바로 안티프래질이다. 기계적으로 생활하지 않고, 생동감 있는 삶을 살려고 노력하는 것이 안티프래질인 것이다.

하이패스 도입으로 실직 위기에 처한 고속도로 요금 수납원들의 하소연을 들은 적이 있다. 한평생 작은 공간에서 고속도로 요금을 징수했던 한 직원은 따로 배운 기술도 없어 앞으로 살길이 막막하다며 울고 있었다. 아쉽지만 이런 상황이 초래된 것은 어느 누구의 탓이 아니다. 쉴 새 없이 변하는 시대의 흐름일 뿐이다. 이런 변화에 맞추어가지 못한다면 누구든 위기에 처할 수 있다.

뉴욕대학교 종교연구소 소장 제임스 P. 카스의 책『유한 게임과 무한 게임$^{Finite\ and\ Infinite\ Games}$』도 "군자는 그릇이 아니다."라는 내용을 잘 설명해 준다. 저자는 유한 게임의 룰이 적용되는 '극적인 삶'이 아니라 무한 게임의 규칙이 적용될 수 있는 '전기적인 삶'을 살아야 한다고 주장한다. '극적인 삶'이란 무엇일까? 다른 사람의 계획에 따라서, 다른 사람의 규정에 따라서 일하고 행동하는 것을 극적인 삶이라고 한다. 반면 '전기적인 삶'은 스스로 자신의 인생을 계획하고, 개인의 꿈을 실현하는 것을 말한다. 다시 말해서 유한 게임은 부와 지위, 힘과 명예를 부여하지만, 무한 게임은 그보다 훨씬 더 웅장한 '무한한 가능성'을 가져다 준다.

"군자는 그릇이 아니다."라는 공자의 말과 비슷한 이야기를 다룬 서양의 고전도 있다. 러시아 소설가 안톤 체호프$^{Anton\ Chekhov}$의 단편『관리의 죽음$^{The\ Death\ of\ a\ Government\ Clerk}$』은 한 관리의 어처구니없는 죽음을 이야기한 소설이다. 한 관리가 오페라를 보다가 재채기를 했다. 갑자기 나온 재채기라 입을 가리지 못했던지라 그의 침이 앞 좌석에 앉아 있던 사람에게 튀었다. 그런데 하필 그는 지체 높은 장관이었다. 관리는 즉시 죄송하다고 말했지만 어쩐지 부족하다는 생각이 들었다. 관리는 이후 장관을 매일 찾아가 사과를 한다. 매일 반복되는 사과에 지친 장관은 관리에게 화를 내고, 제대로 된 사과를 하지 못했다는 죄책감을 가진 관리는 소파에 누워 죽음을 맞이하게 된다.

관리의 죽음은 장관으로부터 받은 스트레스 때문이 아니다. 관리 스스로 자신을 보잘것없는 사람으로 단정 지었기 때문이다. 한마디로 내면의 그릇이 너무 작고 약했기 때문에 비극적인 삶을 살았던 것이다.

경영학에서도 "군자는 그릇이 아니다."라는 문장은 중요한 의미를 지닌다. 경영자의 말은 그의 사고와 내면의 크기를 알려준다. 특히 많은 직원을 거느리고 있는 경영자들은 말에 신경을 써야 한다. 그의 한마디 한마디가 곧 사업에 차질을 주기 때문이다. 경영자가 반드시 하지 말아야 하는 말들은 다음과 같다. '자네는 회계 업무나 잘하면 돼', '본인 업무인 마케팅 업무나 신경 써', '자기 업무가 아닌 일에는 관심 가지지 마' 등등.

경영자는 직원들을 동등하게 바라보며, 그들의 잠재능력을 인정하고, 직원들 스스로 발전을 꾀할 수 있는 권리가 있다는 점을 존중해야 한다. 지금은 평범한 사원이라도 나중에는 경영자가 될 수 있다. 모든 가능성은 항상 열려 있는 것이다.

우리는 다른 사람들의 삶을 풍부하게 상상하고, 다른 사람들의 인생의 다양한 측면들을 다양한 시각에서 해석하며, 그들 스스로 삶의 선택권을 가질 수 있게 해야 한다. 이렇게 해야만 그들이 깨지기 쉬운 그릇이 되지 않을 수 있다. 필자가 가장 좋아하는 문장 중의 하나인 "군자는 그릇이 아니다."라는 말을 독자들 마음속에 간직한다면 군자와 같은 삶을 살아갈 수 있을 것이다.

사이불학즉태 思而不學則殆

배우되 생각하라,
생각하되 배워라

공자가 말하길 : "배우고 생각하지 않으면 어둡고, 생각하고 배우지 않으면 위태롭다."

子曰 : "學而不思則罔, 思而不學則殆."
자왈 : "학이불사즉망, 사이불학즉태."

많은 사람이 기억하는 명문장이다. 공자는 배움과 관련해 가장 많이 저지르는 실수 두 가지를 말한다. 첫 번째는 생각만 하고 배우지 않는 것이고, 두 번째는 배우기만 하고 생각하지 않는 것이다. 배우고 싶은 의욕이 강한 기업가 중에서 많은 강의를 찾아다니며 학구열을 불태우는 사람들이 있나. 하지만 이렇게 무작정 배우려 달려든다면, 별다른 효과를 거두지도 못하고 수강료만 낭비할 수 있다. 의욕만 앞서 수박 겉핥

기식으로 공부를 하는 것이다. 엄청난 양의 지식과 개념들을 스스로 분별하고 응용해 본인의 것으로 만들지 못한다면 배운 지식이 아무리 많아도 회사 경영에는 사용할 수 없다.

훈둔대학混沌大學에서 세계의 유명한 지식인들을 초청해 강의를 한 적이 있었다. 질문 시간이 되자 나는 이렇게 말했다. "특정인들만 이해할 수 있는 은어나 신조어는 사용하지 마세요. 창업과 관련된 은어는 대중적이지 않기 때문에 창업을 연구하는 사람이 아닌 일반 사람들은 알아들을 수 없습니다."

새로운 개념이나 이론을 공부하다 보면 우리는 개념의 진짜 의미를 이해하지 못해도 버릇처럼 사용하는 경우가 많다. 배운 개념을 소화하지 못한 채 그럴듯해 보이는 개념어를 버릇처럼 사용하는 것이다. 이런 태도는 그저 학식을 자랑하는 것일 뿐, 배운 것을 제대로 활용한다고 할 수 없다. 이런 질문을 받은 적도 있다.

"판 선생님의 책을 읽고 강의를 들어도 뭔가 깨닫는 것 같은 기분이 들지 않아요. 선생님을 통해 많은 이야기를 들었으니 뭔가 변해야 하는 거 아닌가요?"

선생의 가르침을 수동적으로 받아들이고 스스로 생각하고 고민하려 하지 않는다면, '배우고 생각하지 않아 어두워지게' 되는 것이다. 이론과 개념에 대해 막힘없이 설명할 수는 있지만 자신의 생각은 없는 것이다.

나는 '판덩독서'를 통해 육아 관련 서적인 『내 아이를 위한 키즈코칭 Go-to Mom's Parents' Guide to Emotion Coaching Young Children』과 『가르치지 않는 용

기子どもをのばすアドラーの言葉 子育ての勇氣』를 소개한 적이 있다. 그리고 이런 질문을 받았다.

"판 선생님, 『내 아이를 위한 키즈코칭』에서는 아이가 옳은 일을 할 때 칭찬해 주고 옳은 일을 해야 하는 이유를 설명해 주어야 한다고 말합니다. 반면 『가르치지 않는 용기』에서는 칭찬을 해주지 말고 고마움만 표시하면 된다고 말합니다. 서로 다른 이야기를 하는데, 어떻게 이해하면 좋을까요?"

나는 이렇게 대답했다. "두 가지를 곰곰이 생각해 보시면 이해하실 수 있으실 겁니다." 그러자 질문자가 이의를 제기했다. "판 선생님의 설명은 모순이네요."

사회인이 된 성인은 본인 스스로 적절한 해답을 선택할 수 있는 능력을 갖추고 있다. 각자 자신에게 적합한, 옳은 방향으로 결정을 내리는 능력 말이다. 하지만 이 질문자는 두 책의 내용이 상충한다는 점만 따지고 들뿐, 책의 내용을 자기 삶에 도움이 될 수 있도록 고민하는 노력이 부족했다.

우리는 학문에서 종종 모순된 점을 찾아볼 수 있다. 물리학의 역사는 어떤 면에서는 모순의 발전 과정이라고도 볼 수 있다. 뉴턴의 만유인력과 아인슈타인의 상대성 이론은 세계를 완전히 다르게 설명한다. 하지만 우리는 뉴턴과 아인슈타인을 신뢰할 수 없다거나 배울 것이 없다고 생각하지 않는다. 물리학을 비롯해 인류의 모든 지식은 원래 모순 속에서 발전해 나아간다. 그러니 모순이 존재하는 답변을 이해하지 않으려는 것은 배움의 올바른 태도라고 볼 수 없다.

교육학도 마찬가지다. 저마다의 다른 경험을 갖고 있는 사람들이 저마다의 다른 방법으로 연구를 진행하고 있다. 그러니 부모는 깊은 고민을 거쳐 자신에게 맞는 교육 방법을 선택해야 한다. 권위 있는 사람의 교육 방법이나 틀에 박힌 이론을 그대로 따르는 것이 과연 자신의 아이를 책임지는 행동일까?

세상에 고정불변한 진리는 없다. 철학을 공부한다는 것은 진리를 향해 끝없이 질문을 던지고 그에 대한 해답을 찾으려 고찰하며 나아가려는 노력이라고 볼 수 있다. 이 점을 이해하면 유명 강사들의 강의들을 찾아다니며 공부하고 질문을 던질 필요가 없어진다. 사람들이 쉴 새 없이 질문을 쏟아내는 것은 자기 생각을 정립하지 못했다는 것이며, 이에 대한 책임을 강사에게로 돌리는 것이다. "배우고 생각하지 않으면 어두워진다."는 것은 이런 배움의 태도를 버리라는 것이다.

다음 구절 "생각하고 배우지 않는" 상황을 생각해 보자. 해결할 수 없는 일에 매달리면서 다른 사람의 경험을 의심하고, 아무것도 믿지 않으려는 사람들이 있다. 이런 사람들은 고전을 읽으려 하지 않고, 옛사람들이 연구한 것들에 관심을 두지 않으며, 옛사람들의 가르침을 배울 필요가 없다고 생각한다.

아이 교육 문제를 고민하다가 자신만의 생각에 갇혀 버리는 부모들도 있다. 숙제를 하지 않는 자녀의 습관을 고쳤다는 한 어머니가 자신의 교육 방식을 나에게 소개해 준 적이 있다.

"저는 아이 앞에서 울음을 터뜨렸어요. 아이가 겁에 질려서는 왜 우느냐고 물었죠. 그래서 저는 '네가 숙제를 하지 않으니 엄마가 견딜 수가 없어 눈물이 나네'라고 대답했죠." 그녀는 이 방법이 효과가 좋았다고 자랑했다. 나는 그녀에게 이렇게 말했다.

"그런 방법을 사용하시면 아이가 심한 자책을 하게 됩니다. 더구나 엄마가 울지 않도록 숙제를 열심히 하는 건 정서적 강박에 해당합니다." 이 어머니는 문제를 해결하기 위해 다른 이들의 교육 방법을 배우려 하지 않았다. 이런 경우가 바로 "생각하고 배우지 않으면 위태롭다."라고 하는 것이다.

자신의 머리로 생각만 해서는 해결되지 않는 문제들이 많다. 옛사람들이 쓴 책을 읽어본다면 이미 누군가가 이런 문제들을 해결하려 했다는 사실을 발견하게 될 것이다. 우리는 그들이 찾은 답을 가져와 사용하면 된다. 단, 그대로 답습하는 것이 아니라 배운 것을 사용하는 과정에서 자신의 생각과 판단을 덧붙여야 한다. 그리고 더 나아가 배운 것과 생각을 결합해 새로운 방법을 고안해 낼 수도 있다.

정리해 보자. "배우고 생각하지 않으면 어리석어지고, 생각하고 배우지 않으면 위태로워진다." 우리는 배우면서 생가을 해야 한다. 학습 과정에서 알고 있는 지식과 연관해 비판적으로 수용하는 것은 올바른 학

위정爲政 | 현인 공자, 정치를 논하다

습 방법이자 자기 발전을 꾀하는 방식이다. 우리가 지금 직면한 문제는 2천여 년 전 공자가 고민했던 문제와 본질적으로 차이가 없다. 공자는 이 문장을 통해서 사람들에게 '많이 생각하고 많이 배워야 한다'는 것을 전파하고 싶어했다. 이러한 학습 방법으로 비판적인 사고력도 키울 수 있을 것이다.

부지위부지 不知爲不知

내면을 무너뜨리는 것은
무지가 아닌 자만

공자가 말하길 : "유야, 안다는 게 뭔지 알려줄까? 안다는 걸 안다고 말하고, 모르는 걸 모른다고 말하는 게 아는 것이다."

子曰 : "由, 誨女知之乎? 知之爲知之, 不知爲不知, 是知也."
자왈 : "유, 회여지지호? 지지위지지, 부지위부지, 시지야."

이 문장에는 아주 귀여운 인물인 자로가 출현한다. 자로의 이름이 중유仲由다. 위 문장에서 '유由'는 자로를 지칭한다.

공자보다 아홉 살 어렸던 자로는 솔직한 성격에 기질은 용맹스럽고 호방했으며, 의협심이 강했다. 공자는 자로를 "용맹함은 나보다 낫지만, 제목으로 취할 게 없다好勇過我, 無所取材."라고 평가했다. 공자도 자로만큼이나 힘이 세고 용맹스러웠다. 첸무 선생의 『공자전孔子傳』에 따르면 공자의 아버지는 아주 힘이 센 장사라서 많은 사람을 구했다. 아버지의 기질을 물려받은 공자는 의협심이 강하고 용감했다. 그런 공자는 자연히 같은 기질의 자로를 좋아하게 되었고, 자로가 공자와의 싸움에서 패하자 그를 제자로 삼게 된다. 하지만 직설적이고 괄괄했던 자로는 생각 없이 말하는 버릇이 있었다. 하루는 공자가 자로를 불러 말했다.

"중유야, 내가 너에게 한 말을 잊어버린 것이냐? 아는 일을 안다고 말하고, 모르는 일은 모른다고 인정을 하는 것이 지식을 구하는 방법이다."

공자는 밖에서 큰소리를 치거나 스승 노릇을 하며 사람들을 잘못 인도했던 자로가 못마땅해 조언을 했다.

자신의 무지함을 인정하는 건 어렵다. 미국 뉴욕의 코넬 대학교의 데이비드 더닝과 저스틴 크루거는 인지 편향 현상인 '더닝 크루거 효과 Dunning Kruger effect'에 대해 설명했다. '더닝 크루거 효과'는 자신의 부족함을 인지하지 못하는 상태를 말한다. 가령 일을 해낼 수 있는 능력이 없음에도 자신감에 넘쳐 자신의 부족함을 파악하지 못하는 사람들이 있다. 자로는 자신감으로 가득 찬 사람이었다. 그는 자신이 여러 해 동안 공자의 가장 가까운 제자 중 한 사람이기 때문에 많은 이치를 깨달아 어느 정도 경지에 올랐다고 생각했던 것 같다. 하지만 자로는 '더닝 크루거 효과'에 빠졌었다.

애플 창업자 스티브 잡스^{Steve Jobs}는 "Stay hungry, Stay foolish."라는 말을 했다. 직역하면 '허기진 상태로 머물러라, 바보처럼 머물러라'가 된다. 이 말은 자신의 무지를 인정하라는 말이다. 공자는 스티브 잡스보다 2천여 년 먼저 이 점을 지적했다.

"안다는 걸 안다고 말하고, 모르는 걸 모른다고 말하는 게 아는 것이다."

1900년에 열렸던 세계 물리학 회의의 일화를 소개한다. 세계 유수의 물리학자들이 한자리에 모였다. 열역학을 확립하고, 전자기학 분야에서 뛰어난 성과를 보여주었으며, 지구물리학에서는 항해술에 기여한 영국의 물리학자 '배런 켈빈^{Baron Kelvin}'도 이 회의에 참석했다. 그는 뉴턴의 만유인력 법칙 등 지금까지 이룩한 물리학의 성과에 감격하며 이론 영역에서 더 이상 밝힐 비밀이 없으니 남은 업무는 더 정확하게 측정하는 것뿐이라고 생각했다. 물리학이라는 거대한 빌딩은 이미 지어졌으니 맑은 하늘에 떠 있는 먹구름 한두 점을 제외하면 더 해석할 것은 없다는 것이다. 뉴턴의 이론을 뛰어넘은 양자역학의 주요한 창시자인 막스 플랑크^{Max Planck}도 젊은 시절 물리학을 전공하려 하자, 한 교수가 물리학은 이미 연구할 게 없다고 만류했다고 한다. 하지만 알다시피 물리학은 그 뒤로도 끝없는 이론을 밝혔고, 아직도 미지의 분야가 무한히

남아 있다.

우리는 세계를 완전히 알지 못하는 상황에서 모든 걸 다 안다고 자만할 때가 있다. 스티브 잡스는 그래서 "어리석은 상태로 머물러라Stay foolish."고 말한 것이다.

역사를 돌이켜보면 우리를 속박하는 많은 것들을 자각하지 못하고, 잘못된 지식을 의심 없이 그대로 믿고 고수한 경우를 많이 볼 수 있다. 과학의 역사도 마찬가지였다. 17세기 독일 천문학자 케플러Kepler가 등장하기 전까지 사람들은 행성 운동의 궤적이 원형이라고 믿어왔다. 아리스토텔레스Aristoteles 시대부터 하늘은 완전무결한 공간으로 여겨졌기에 행성의 궤적도 원처럼 완벽할 것이라 생각했던 것이다. 하지만 케플러가 행성 운동의 제1 법칙인 '타원궤도의 법칙' 등 '케플러 법칙Kepler's Law' 세 가지를 제시하면서 사람들의 생각은 바뀌기 시작했다.

"우리를 망가뜨리는 건 무지가 아니라 자만"이라는 말이 있다. 자신의 무지를 인정하는 사람에게는 희망이 있고, 자신이 모른다는 걸 인정하는 사람에게는 기회가 있으며, 자신이 부족하다는 걸 인정하고 모든 지식을 겸허히, 그리고 신중하게 대하는 사람에게는 성장할 기회가 있다. 가장 무서운 것은 자신이 무지하다는 사실을 모른 채 득의양양하는 것이다. 앞서 소개한 '더닝 크루거 효과'가 이에 해당한다. 내가 공자의 말씀을 언급하면서 책을 자주 소개하는 이유도 역시 독자들이 아는 것과 모르는 것을 구분할 수 있길 바라기 때문이다. 사람들로 하여금 지식의 결핍을 느끼게 하고 싶었다. 어떤 분야에 대해 지식이 전무하면, 그 분야에 대해 흥미를 가질 수가 없다.

우리는 살면서 여러 분야의 지식을 접할 기회를 만나게 된다. 육아 법, 배우자를 대하는 방법, 리더십을 키우는 방법, 마케팅 원칙을 파악하는 방법, 다른 사람과 소통하는 방법 등등. 하지만 어떤 사람들은 일부 책에 있는 내용들이 거짓이고 탁상공론일 뿐이며, 지식은 직접 탐색해서 깨달아야 한다고 주장하기도 한다. 그러나 이런 사람들도 책을 읽으며 '책 속에 많은 보물이 숨겨져 있구나. 이 사실을 진작 알았으면 좋았을 걸.'이라고 생각할 것이다. 지식의 결핍을 느꼈기 때문이다.

공자의 말은 자로를 위한 말이자 우리 모두에게 하는 말이다. 우리가 얼마나 무지한지 일깨워주는 고언이기도 하다. 무지함을 인정하는 것은 부끄러운 일이 아니다. 우리를 망가뜨리는 것은 무지가 아니라 자만이다. 모든 걸 안다는 생각이야말로 가장 위험한 것이다.

팔일

八佾

불안도 춤추게 만드는

음악과 예의 힘

시가인, 숙불가인 是可忍, 孰不可忍

모든 사람에게는
선善을 향한 힘이 있다

∞

공자가 계씨에 대해 말하길 : "뜰에서 팔일무를 추게 하니 이것을 할 수 있다면 하지 못할 게 뭐가 있겠느냐?"

孔子謂季氏 : "八佾舞於庭, 是可忍也, 孰不可忍也?"
공자위계씨 : "팔일무어정, 시가인야, 숙불가인야?"

『논어』 제3편 '팔일'의 첫 문장이 예사롭지 않다. 공자의 분노에 찬 목소리가 들려오는 것 같다. "뜰에서 팔일무를 추게 한다."는 것은 어떤 뜻일까?

당시에는 춤에도 지켜야 할 규범이 있었다. 열을 맞추어 춤을 추어야만 했다. 선비들은 2열, 경부대는 4열, 제후는 6열, 군왕과 천자만이 8열로 춤을 추었다. 위 문장에 나오는 '팔일무'의 한자 '일佾'은 8명이 한

줄로 서는 것을 말한다. 따라서 '팔일무'는 8명이 8줄로 모두 64명이 춤을 추는 것이다. 뜰에서 64명이 일사불란하게 열을 맞추어 추는 춤은 웅장하고 아름다웠을 것이다.

귀족인 계씨는 노나라 왕보다 지위가 낮았다. 하지만 나라의 권력을 거머쥔 '삼환씨' 중의 한 사람이었던 계씨는 막강한 군사력을 지니고 있었다. 고로, 그는 자신의 집에서 잔치를 치르며 군왕과 천자만이 출 수 있는 팔일무를 출 수 있었다. 공자는 이 일을 듣고 격분에 찬 목소리로 화를 냈다. 나는 공자의 뜻을 다음과 같이 생각한다. '그가 이런 일도 할 수 있다면, 하지 못할 일이 뭐가 있겠느냐?' 내가 이 문장을 이렇게 해석하는 이유는 뭘까?

맹자는 성선설^{性善說}을 주장했다. 하지만 양심의 가책 없이 심각한 범죄를 저지르는 나쁜 사람들이 이 세상에 분명히 존재한다. 그런데도 왜 맹자는 사람의 본성이 선하다고 주장했을까? 도둑의 심리를 살펴보자. 도둑이 도둑질을 하는 것은 무언가 목적이 있기 때문이다. 자신이 한 일이 나쁜 행동이라는 것을 알고 있지만 피치 못할 사정으로, 혹은 습관적으로 늘 하던 행동이라 했던 것뿐이다. 다시 말해 도둑일지라도 선과 악이 무엇인지를 알고 있기에 인간의 본성은 선하다는 것이다.

내가 아는 어떤 학자는 성선설을 이렇게 설명했다. '선함이란 변화하는 상태에 놓여 있다. 모든 사람의 내면에는 선함으로 향하는 힘이 있고, 이것이 바로 인간의 본성이 선하다는 의미'라는 것이다. 그런데 왜 어떤 사람은 내면에 선함으로 향하는 힘이 있음에도 나쁜 짓을 하는 것일까? 그 이유는 참을 '인忍'에 있다. 나쁜 짓을 하게 되는 것은 그 사람이 나쁜 일이나 고통을 보고도 참을 수 있기 때문이다. 예를 들어 아이가 우물을 향해 기어가고 자칫하면 빠질 수도 있는데, 누군가 멍하니 지켜보고 있다고 생각해 보자. 그 누군가는 아이를 보호하지 않고 보고만 있는 것이 나쁜 일인지 알면서도 참고 있기 때문에 결국 나쁜 일이 발생하게 된다는 것이다.

영화나 드라마, 소설에서 성선설에 대한 이야기들이 많이 묘사된다. 나쁜 사람은 나쁜 일을 실행에 옮기기 전에 결심한다. 무엇을 결심하는 것일까? 바로 마음이 선함으로 향하려 하는 것을 참는 것이다. 다른 사람과 공감하는 것을 참고, 다른 사람의 생각에 귀를 기울이려는 마음을 억누른다. 이렇게 선한 본성을 참을 수 있는 이유는 자신의 이익, 체면, 지위를 더 중요하게 생각하기 때문이다. 다시 말해, 외부에서 쟁취해야 할 것을 얻기 위해서 본성을 참을 때 나쁜 짓을 하게 되는 것이다.

다시 공자의 말을 살펴보자. "이것을 할 수 있다면 하지 못할 게 뭐가 있겠느냐?"는 말도 같은 의미이다. 작은 선행이라고 해서 무시하고 외면하거나, 작은 악행이라고 해서 거리낌 없이 행동하는 것은 더 큰 악행의 씨앗이 된다. 아주 작은 악행이라도 지속하다 보면 선한 본성을 억누르는 힘이 갈수록 커진다. 처음에는 작은 악행을 했다가 나중에는 엄청난 악행을 실행하게 되는 것이다.

당신이 만나야 할 단 하나의 논어

정리해 보면 이렇다. "이것을 할 수 있다면 하지 못할 게 뭐가 있겠느냐?"는 말의 정확한 의미는 자기 내면의 선한 본성을 참지 않는 사람이 되어야 한다는 것이다. 매우 힘찬 문장으로 시작된 제3편은 '예'를 중점적으로 탐색해 본다.

군자무소쟁 君子無所爭

품격 있는 경쟁의
세 가지 원칙

공자가 말하길 : "군자는 경쟁히지 않지만, 반드시 활쏘기에서는 경쟁한다. 읍하고 올라가서 내려와 술을 마시니 그 경쟁은 군자답다."

子曰 : "君子無所爭. 必也射乎. 揖讓而升, 下而飮. 其爭也君子."
자왈 : "군자무소쟁. 필야사호. 읍양이승, 하이음. 기쟁야군자."

처음 『논어』를 읽었을 때 가장 마음에 들었던 문장이다. 원래부터 싸움을 좋아하지 않았던 나는 경쟁에 대한 공자의 말에 크게 공감했다.

나는 이 문장의 의미를 두 가지로 나누어서 이해하고자 한다. 하나는 '경쟁'이고, 다른 하나는 '진취'이다. '경쟁'에서의 승리는 오직 한 사람이기 때문에 남는 것 없는 제로섬 게임일 뿐이다. 반면 '진취'는 새로운 가치를 창조해 내는 힘이다. 즉, 이기고 지는 것을 떠나서 새로운 무언가를 성취하는 것이 진취이다.

"하늘의 운행이 굳세니 군자는 이를 바탕으로 쉬지 않고 힘쓴다.
天行健, 君子以自強不息."

군자 같은 공자는 이 말처럼 끊임없이 진취하려 노력했다. 공자는
"하루를 새롭게 하고, 날마다 새롭게 하며, 더더욱 날로 새롭게苟日新, 日日
新, 又日新" 하기 위해 평생 노력했다. 이런 면에서 공자는 굳세고 미래지
향적인 사람이었다.

누구든지 군자가 될 수 있다. 명예와 이익만을 좇지 않고, 창조하고
진취할 수 있는 일에 참여한다면 말이다.

위의 문장은 공자가 언급했을 당시의 상황도 함께 살펴야 제대로 뜻
을 이해할 수 있다. 공자는 다른 사람과의 경쟁에서 이기려고 발버둥 치
지 않았다. 분열과 갈등의 상황 속에서 공자는 쟁론을 멈추고 그 자리를
떠났다. 위나라를 떠났고, 제나라를 떠났으며, 청나라에서도 떠났다. 반
대에 부딪힐 때마다 그는 떠났다. 이런 공자의 모습을 보며 사람들은 이
렇게 말했을 것이다. "어째서 싸우지 않으십니까? 어째서 논쟁을 피하
십니까?"

공자는 다음과 같이 생각했다.

"사람은 할 수 있는 일을 다 하면 하늘의 명을 기다려야 한다.
盡人事, 待天命."

그래서 공자는 저급한 일에 참여하거나 다른 사람과 진흙탕에서 싸우길 원치 않았다. 공자는 말했다.

"나는 싸우지 않고 끊임없이 가치를 창조할 뿐이다."

그렇다면 올바른 경쟁의 방법은 어떤 것일까? 공자는 "반드시 활쏘기에서는 경쟁한다."고 했다. 말 그대로 활쏘기는 '경쟁할 만한 것'이라는 뜻이다. 활쏘기는 당시 귀족들이 예의를 지키며 경쟁하던 스포츠였다. 활쏘기 전에 하는 말이 있다. "읍하고 올라가라." 먼저 서로 인사를 하고 양해를 구한 뒤 올라가서 활을 쏴야 한다는 예의를 말한다. 활을 쏜 후에도 하는 말이 있다. "내려와 술을 마셔야 한다." 활쏘기를 마치고 난 뒤 함께 술을 마시며 서로에게 배우고 노력한 부분에 감사의 마음을 표현하는 것을 말한다.

위에서 묘사한 활쏘기 장면을 한번 상상해 보면 활쏘기가 얼마나 멋진 스포츠였는지 알 수 있다. 경쟁은 하되, 도와 예를 지키는 군자들의 모습은 가히 영화 속의 한 장면 같다. 공자는 그래서 "그 경쟁은 군자답다."라고 했던 것이다.

군자답게 경쟁하기 위해서는 지켜야 할 규칙이 있다. 첫째, 선을 지키며 경쟁한다. 둘째, 상대방을 존중한다. 셋째, 개인의 이익이 아닌 대세를 위해 고려한다. 그러기 위해서 스스로 창조력을 발휘하며 더 큰 비전을 가져야 한다. 만약 이 세 가지 규칙을 지킬 수 있다면 군자답게 경쟁한다고 할 수 있다. 머릿속으로 상상해 보자. 고대 사람들의 활쏘기 경기처럼 다른 사람과 공평하게, 예를 갖춰 경쟁한다면 어떤 모습이 펼쳐질까? 아마도 아주 멋지고 아름다운 광경일 것이다. 모든 사람이 공정하게 노력해서 일하며 경쟁하는 사회는 희망이 있다.

'판덩독서'에서 소개한 『구글은 어떻게 일하는가How Google Works』는 세계 일류 기업의 조직 문화를 설명한다. 구글 직원들의 사내 경쟁은 치열하다. 하지만 다른 사람의 능력이 자신보다 뛰어나다고 불쾌해하지 않는다. 다른 직원이 자신보다 뛰어나다는 이유로 시기하거나 소동을 일으키는 직원이 있다면 구글은 세계적인 기업이 될 수 없었을 것이다. 다른 사람이 뛰어나다는 이유로 싸우고 경쟁하는 것은 군자다운 경쟁이 아니기 때문이다.

사소한 이익을 위해서 우리는 살면서 얼마나 많이 다투고 경쟁하는가? 사람들과 충돌하는 원인 중 대부분이 명예, 이익, 의리, 체면 때문이 아니던가? 양쪽 모두 손해를 보는데도 기어코 싸워서 이기려 달려드는 것은 소인배들의 경쟁이다.

옛날 논어 해설가들은 "군자는 경쟁하지 않는다."는 부문만 인용하는

팔일八佾 | 불안도 춤추게 만드는 음악과 예의 힘

경우가 많았다. 그래서 경쟁 상황에서 물러나야 한다고 설명했다. 이 문장은 아무 말 없이 물러나는 뜻으로 이해되면서 점차 도가에서 말하는 '아무것도 하지 않는다'는 '무위無爲'와 비슷해졌다. 하지만 이 문장에서 우리가 꼭 기억해야 할 부분은 "그 경쟁은 군자답다."라는 구절이다.

현대사회는 곧 경쟁 사회다. 다만 경쟁에서 진취의 개념을 분명히 이해하고, 군자다운 경쟁을 벌여야 함을 잊지 말아야 한다.

당신이 만나야 할 단 하나의 논어

탁월한 리더가 갖춰야 할
세 가지 덕목

∞

공자가 말하길 : "윗자리에 있으면서 너그럽지 않고, 예를 행함에 공경하지 않으며, 상을 지내면서 슬퍼하지 않는다면 내가 어찌 볼 수 있겠느냐?"

子曰 : "居上不寬, 爲禮不敬, 臨喪不哀, 吾何以觀之哉?"
자왈 : "거상불관, 위례불경, 림상불애, 오하이관지재?"

공자가 윗사람이 보여서는 안 되는 태도에 대해 말하고 있다.

윗사람이 멀리해야 할 첫 번째로 태도는 "너그럽지 않은 것"이다. 윗사람이라 할 수 있는 리더는 너그러워야 한다. 아랫사람에게 관대하고 포용적인 태도를 취해야 조직을 이끌 수 있다. 리더는 아랫사람에게 가장 기본적인 요구만 해야 하며, 일을 제대로 처리하지 못해도 질책하기보다 포용할 수 있어야 한다. 그래서 공자는 "군왕은 예로써 신하를 부려야 한다."고도 말했다.

두 번째로 보여서 안 되는 태도는 "예를 행함에 공경하지 않는 것"이다. 예를 실천하면서 공경함이 없다는 것은 예의 근본을 몰라 존경하는 마음이 내면에서 우러나오지 못하는 것이다. 예를 알지 못하는 백성들이 예를 실천하지 못하는 것은 당연한 일이다. 하지만 예법을 알면서도 공경심 없이 겉으로만 예를 실천하는 사람들도 있다. 이는 개인의 이익을 위해 예를 형식적으로 실천하는 것을 말한다. 특정한 목적을 위해 예를 실천하니 당연히 존경심이 우러나올 수 없다. 그래서 "내가 어찌 볼 수 있겠느냐?"는 공자의 말은 '예를 실천하면서 공경하지 않는 사람은 마주 볼 수 없다'라는 의미이다.

세 번째로 경계해야 할 태도는 "상을 지내면서 슬퍼하지 않는 것"이다. 이는 장례식 예절을 말하는 것으로 슬픈 표정을 짓지 않는 사람들에게 주의를 주는 것이다.

『논어』에 이런 문장이 있다.

"공자는 곡을 한 날에는 노래를 부르지 않았다.
子於是日哭, 則不歌."

노래를 좋아하고 흥이 많은 공자이지만 장례식에 참석했을 때는 곡소리를 냈고, 그 뒤에는 하루 종일 노래를 부르지 않았다. 공자는 상을 당한 것에 슬픔을 표시하며 "마지막을 신중히 하고 멀리까지 추구"하려 했다. 이처럼 장례식에 참석하면 내면에서 우러나오는 슬픔을 표현해야 한다. 좋은 인간관계를 유지하기 위해서 장례식에 참석해 정해진 의식을 치르는 사람들은 상을 당한 상대방의 슬픔을 나누는 일에 집중하지 않는다. 이들의 머릿속에는 어떤 이해관계가 깔려 있다. 상대방이 어려울 때 도움을 주었으니 나중에 자신이 난처한 상황에 빠졌을 때 그 사람을 이용하려는 속셈이다.

장례식에서 눈물을 흘리며 슬픔을 나누는 이유는 상을 당한 상대방의 마음을 공감하기 때문이다. 이 공감 능력은 인류가 가진 능력 중 하나이다. 우리는 슬픔뿐만 아니라 기쁨을 나누며 남과 더불어 살아가야 한다. 따라서 장례식에서 예를 갖추어 슬픔을 표하는 것은 공동체 의식을 발전시키는 행위이다.

공자가 지적한 윗사람의 세 가지 태도, '윗자리에 있으면서 너그럽지 않고', '예를 행함에 공경하지 않고', '상을 지내면서 슬퍼하지 않는다'는 것은 모두 어질지 않기에 나오는 행동들이다. 어질지 않다는 것은 마음속에 자신의 이익에 관한 생각밖에 없어서 자애로운 마음을 갖지 못하고, 공감하는 능력도 없는 것을 말한다. 이런 사람은 예의 의미와 본질이 무엇인지 알지 못할뿐더러, 예를 이해하려는 노력도 하지 않는, 이해타산적이며 지나치게 실용주의적인 인물이다. 이들은 예는 단순히 규칙이라고 생각해 형식적으로만 예를 표한다.

예의 근본은 '어짊'이다. 우리는 다른 사람의 감정을 감지해 낼 수 있는 부드러운 마음을 길러야 한다. 경직되고 형식적이며 이기적인 마음을 갖고 있는 리더는 조직을 이끌 수 없다. 지능이 뛰어나다고 좋은 리더가 되는 것은 아니다. 아랫사람에게 어질게 대하는 능력은 유능한 리더의 필수 덕목이다.

획죄어천, 무소도야 獲罪於天, 無所禱也

공자가 하늘을 우러러
두려울 것이 없던 이유

∞

왕손가가 묻기를 : "아랫목에 아첨하기보다는 차라리 부엌에 아첨하는 게 낫다!'라는 말이 무슨 뜻입니까?"
공자가 대답하길 : "그렇지 않습니다! 하늘에 죄를 얻으면 빌 곳이 없습니다."

王孫賈問曰 : "與其媚於奧, 寧媚於竈!' 何謂也?"
子曰 : "不然! 獲罪於天, 無所禱也."
왕손가문왈 : "여기미어오, 영미어조!' 하위야?"
자왈 : "불연! 획죄어천, 무소도야."

여러 나라를 돌아다니던 공자가 위나라에 도착했다. 나이가 많은 위나라 군주 영공은 '남자南子'라는 이름을 가진 부인을 무척 아꼈다. 남자는 미모기 아주 아름다웠지만, 평판은 좋지 않았다고 한다.

왕손가王孫賈는 위나라 영공을 위해 일하는 관리이다. 어느 날 왕손가가 공자에게 찾아와 "아랫목에 아첨하기보다는 차라리 부엌에 아첨하는 게 낫다."라는 말의 의미를 물었다. 여기서 '아첨'으로 해석한 '미^媚'는 환심을 사거나 비위를 맞춘다는 뜻이다. '아랫목'으로 해석된 '오^奧'는 집안의 주신으로 철학과 예술을 관장한다.

"아랫목에 아첨하기보다는 차라리 부엌에 아첨하는 게 낫다."라는 말은 집안 주신에게 잘 보이려 아첨하느니 조왕신에게 아첨하는 게 낫다는 의미이다. 조왕신은 부엌을 관리하는 신이다. 고대에는 조왕신에게도 제사를 올렸다. 조왕신이 하늘로 올라간 날에는 "하늘에 올라가 좋은 일만 말해주고 환궁하셔서 좋은 일만 내려주소서!"라고 빌면서 제사를 지냈다.

조왕신은 사람들이 배불리 먹는 문제와 직접적으로 관련이 있는 신이다. 조왕신과 잘 지내는 것은 식당에서 주방장과 관계를 잘 맺는 것과 비슷하다. 만약 주방장과 사이가 돈독하다면 더 신선한 음식을 더 많이 담아주려 할 것이다.

그런데 왕손가는 왜 갑자기 "'아랫목에 아첨하기보다는 차라리 부엌에 아첨하는 게 낫다!'가 무슨 뜻이냐?"는 질문을 했을까? 이 질문은 '위나라 영공의 인정을 받는 것은 아무 소용이 없으니 차라리 영공의 부인인 남자를 찾아가라는 말인가?'라고 묻는 것이다. 다시 말해, '실권을 가진 사람에게 찾아가 아부하는 게 더 이득이 많은 것인가?'라며 공자의 의견을 물었다.

왕손가가 이 질문을 했던 진짜 이유는 실용주의 관점에서 공자를 시험해 보거나 공자를 일깨워주기 위해서였을 것이다. 아니면 자신의 앞날을 위해서 공자에게 자신이 바른길로 가야 하는지, 굽은 길로 가야 하는지를 물어본 것일 수도 있다. 아무튼 왕손가는 민간에서 들리는 속담을 가져와 그 안에 담긴 이치를 공자에게 물었다. 이에 대한 공자의 대답은 정직했고 그래서 더욱 완고한 분위기가 풍긴다. 공자는 이렇게 대답했다.

"집안 주신인 오신이나 부엌을 담당하는 조왕신에게 아부를 떠는 게 무슨 소용이 있겠습니까? 하늘에 죄를 얻으면 어디에 빌든 소용이 없습니다."

불교에 이런 말이 있다.

"평범한 사람은 결과를 두려워하지만, 보살은 원인을 두려워한다.
凡夫畏果, 菩薩畏因."

평범한 사람은 안 좋은 결과가 올 것을 두려워하고, 자신이 재수 없는 일을 당할까 걱정하며 곳곳에 향을 피워 복을 기원한다. 하지만 보살이나 군자 같은 사람은 어떤 결과를 가져올 원인이 되는 일에 신경을 쓴

115

다. "하늘에 죄를 얻으면"이라는 공자의 말과 "보살은 원인을 두려워한다."는 불교의 말은 비슷한 의미이다. 보살은 결과를 두려워하지 않고 원인에만 관심을 가진다. 일이 잘못될까를 걱정하지 않고 나쁜 원인이 생길까를 걱정하는 것이다. 원인이 없으면 결과도 없기 때문이다. 나쁜 원인은 필연적으로 나쁜 결과를 불러온다.

이런 속담도 있다.

"염라대왕은 만나기 쉬워도 잡귀는 상대하기 어렵다."

이는 중요한 인물 곁에 있는 사람과 관계를 잘 맺어야 한다는 뜻을 담고 있다. 공자는 왕손가가 넌지시 물었던 잡귀 같은 위나라 부인 남자에게 잘 보일 생각이 없었다. 공자는 '군자는 경쟁하지 않지만, 만일 경쟁한다면 군자답게 경쟁해야 한다'라고 생각하며 정직하게 관계를 맺으려 했다.

공자는 어떤 신에게도 잘 보일 필요가 없었다. 집안 신이든 부엌 신이든 상관없이 '하늘로부터 인정'을 받으면 충분했다. 공자가 말한 '하늘'은 곧 '도'를 말하는 것이다. 즉, 하늘은 마음속의 도덕법칙을 의미한다. 양심에 따라 행동하는 게 가장 중요한 일이라고 공자는 말한다.

이 문장을 통해서 우리는 공자가 항상 당당했던 이유를 이해해 볼 수 있다.

공자는 뇌물을 사용해 환심을 사려 하지 않고, 자신이 해야 할 일을 해나가는 사람이었다. 상대방이 관직을 주려 하면 남아서 관직을 맡았고, 떠나기를 원하면 아무 말 없이 여러 나라를 돌아다니며 자신이 하고 싶은 일을 했다. 공자가 항상 의연하고 당당할 수 있었던 이유다.

우리는 미디어를 통해 뒷거래로 일을 해결하려다 일을 망치는 경우를 종종 보게 된다. 하지만 모든 일을 빠르고 좋은 결과만을 위해 이런 식으로 처리하면 공자가 말했던 "하늘에 죄를 얻어서 빌 곳이 없어지는 결과"를 가져온다. 자신의 실력이 아닌 재력으로 원하는 바를 얻으려 했다면 아무리 좋은 결과를 얻는다 해도 소용이 없다.

어떤 일이든 아주 낮은 자리에서부터 시작하더라도 열심히 일해 자신의 가능성을 스스로 증명해야 한다. 하늘의 이치에 부합하기 위해서는 부당한 방법을 사용하지 말고 오로지 스스로 노력하고 배워서 발전해야 한다.

애이불상 哀而不傷

순수히 즐거워하고
진솔하게 슬퍼하라

∞

공자가 말하길 : "〈관저〉는 즐거우면서 지나치지 않고, 슬프면서 상하지 않는다."

子曰 : "〈關雎〉, 樂而不淫, 哀而不傷."
자왈 : "〈관저〉, 락이불음, 애이불상."

공자의 문예관을 말해주는 문장이다. 『시경』에서 맨 처음 나오는 작품인 〈관저〉의 일부분을 소개한다.

꾸룩꾸룩 우는 물수리가 강가 모래톱에 있구나.
정숙하고 아름다운 아가씨는 군자의 좋은 배필이다.
關關雎鳩, 在河之洲.
窈窕淑女, 君子好逑.

이 문장에서 공자가 말한 〈관저〉가 『시경』 전체를 지칭하는 것이라는 주장도 있다. 공자가 말한 것이 〈관저〉인지, 『시경』인지는 중요하지 않다. "즐거우면서 지나치지 않고 슬프면서도 상하지 않는다."는 내용에 집중해 보자.

문장의 첫 부분 "즐거우면서 지나치지 않다."에서 '지나치다'로 해석한 '음淫'은 넘친다는 의미가 있다. 그러니 『시경』에서 묘사한 즐거운 감정은 넘치지 않을 정도로 절제되어 있어 지나치게 빠지지 않게 해준다는 뜻이다.

"슬프면서 상하지 않는다."는 것은 『시경』을 읽고 슬퍼할 수는 있지만 상하지는 않는다는 의미이다. 주희는 『논어집주論語集註』에서 "슬픔이 지나쳐 조화를 해치는 것哀之過而害於和"을 '상傷'이라고 설명했다. "즐거우면서 지나치지 않고, 슬프면서도 상하지 않는다."는 공자의 말은 그의 문예관을 표현한 것이다. 좋은 문예 작품은 마땅히 즐거우면서 지나치지 않고 슬프면서도 상하지 않아야 한다. 그런데 공자는 자기가 주장했던 문예관을 스스로 지키지는 못했다. 공자도 사람인 것이다.

공자가 제나라에 있을 때의 일이다.

"〈소〉를 듣고는 3개월 동안 고기 맛을 몰랐다.
在齊聞〈韶〉, 三月不知肉味."

문장의 뜻은 이렇다. 공자가 제나라에 있을 때 우연히 〈소〉라는 음악을 듣게 되었다. 그런데 공자는 그 음악에 흠뻑 빠져들었다. 무려 3개월 동안 맛있는 고기를 먹어도 그 맛을 느끼지 못할 정도였다. 공자는 고기를 굉장히 좋아해 고기가 빠진 식사를 좋아하지 않았다. 그런 사람이 고기를 먹어도 맛을 느끼지 못할 정도로 음악에 깊이 빠져들었던 것이다. 그것도 3개월 동안이나 탐닉했다니, 이런 모습은 즐겁지만 지나친 태도라 할 수 있다. 정도가 지나쳐도 한참 지나쳤던, 스스로 한 말을 지키지 못했던 일화였다.

또 다른 예도 있다. 공자는 가장 아꼈던 제자 안회가 세상을 떠났을 때 '울다가 통곡哭之慟'에 이를 정도로 무척이나 슬퍼했다. 큰 소리로 통곡하는 공자를 본 누군가가 그에게 물었다. "이렇게 우는 건 지나친 게 아닙니까?" 그러자 공자는 이렇게 대답했다.

"이 사람을 위해 슬퍼하지 않는다면, 누굴 위해 슬퍼할 수 있겠느냐?"

공자는 음악을 좋아하는 모습을 숨기지 않았고, 안회가 세상을 떠난 슬픔을 억제하려 하지도 않았다. 공자는 자신의 기쁨과 슬픔을 참지 못하고 물이 범람하듯이 분출하는 사람이었다. 다시 말해, "즐거우면서 지나치지 않고 슬프면서도 상하지 않게" 행동하지 않았던 것이다.

다르게 보는 해석도 있다. 논어를 가르치는 한 교수는 공자의 기쁨과 슬픔이 본심에서 나온 것이라 한다. 여기서 중요한 것은 '본심'이다. 본심에서 나왔으니 즐거우면서 지나치지 않고, 슬프면서도 상하지 않는다는 것이다. 여기서 '즐거움이 지나치다'는 것은 억지로 즐거운 척하는 태도를 말한다. 예를 들어서 연극배우들이 억지로 관객을 웃게 만들거나, 방송 토크쇼에 초대된 사람이 시청자의 이목을 끌려고 과장된 이야기를 하거나, 프로그램 PD가 빈약한 내용의 콘텐츠를 거짓으로 편집해 시청자의 감정을 자극하고, 신문사 주필이 감언이설로 감상적인 여론을 조성하는 것 등을 말한다.

감정의 본심이 표출되는 것은 나무랄 일이 아니다. 공자는 본심에 따라 즐거울 때 진심으로 즐거워하고, 슬플 때는 진솔하게 슬퍼하며 눈물도 흘렸던 것이다. 우리가 내면의 감정을 편안하게 다스린다면 고통도 자연스럽게 드러내고 해소할 수 있게 된다. 안회가 세상을 떠나는 것을 본 공자는 무척이나 애통해했지만, 진솔하게 슬퍼한 이후에는 자신의 본분으로 다시 돌아갔다. 가장 아끼던 제자가 세상을 떠난 뒤에도 공자가 자신이 해야 할 일들을 적극적으로 다시 할 수 있었던 이유는 슬픈 본심을 표출했기 때문에 가능했던 것이다.

매사문 每事問

모르는 것을 모른다고 말하는 것,
이것이 '예'이다

공자가 태묘에 들어가 모든 일을 물었다.
누군가가 말하길 : "추 지역 사람의 아들이 예를 안다고 누가 말했는가? 태묘
에 들어가 매사 묻기만 한다!"
공자가 듣고는 말하길: "이것이 예이다!"

子入太廟, 每事問.
或曰 : "孰謂鄹人之子知禮乎? 入太廟, 每事問!"
子聞之, 曰: "是禮也!"
자입태묘, 매사문.
혹왈 : "숙위추인지자지례호? 입태묘, 매사문!"
자문지, 왈: "시례야!"

아주 재미있는 이야기이다. 태묘는 군주의 조상을 모신 사당이다. 노
나라는 주나라 무왕이 은나라 주왕紂王을 재패한 뒤 토지를 분봉할 때

주공에게 주었던 땅이었다. 그러니 노나라의 태묘는 주공의 사당이라 할 수 있다.

"공자가 태묘에 들어가 모든 일을 물었다."는 것은 공자가 태묘에 들어가서 '이건 뭐라 부르냐? 저건 뭐라 부르냐? 이 일은 어떻게 처리하냐? 저 일을 어떻게 처리하냐?' 하고 사사건건 물었다는 뜻이다. 그러자 그 모습을 지켜보던 누군가가 뒤에서 "사람들이 추 지역 사람의 아들이 예를 안다고 말한 이유가 뭐지?"라고 구시렁댔다.

공자의 아버지는 추 지역의 문신관을 한 적이 있어 당시 사람들은 공자의 아버지를 '추 지역 사람'이라고 불렀다. 그러니 '추 지역 사람의 아들'이라는 건 공자를 지칭하는 말이다. 당시 사람들은 대부분 공자의 존재를 알았고 그가 예를 안다고 생각했다.

공자는 알다시피 "나는 열다섯 살에 학문에 뜻을 두었고, 서른 살에 자립했다."라고 말했다. 우리는 이 말을 통해 공자의 됨됨이를 추측해 볼 수 있다. 공자는 아마도 서른을 넘긴 나이로 정치에 입문해 어느 정도 명성을 가진 상태였을 것이다. 그렇지 않다면 '추 지역의 아들'이라는 호칭으로 공자를 부르지 않았을 테니 말이다. 공자는 당시 꽤 유명해서 사람들이 그의 출신과 신분을 알고 있었다. 그런데 태묘에 들어간 공자가 아무것도 모르는 사람처럼 사사건건 질문하는 모습이 신기해 누군가가 의문을 제기한 것이다.

공자가 정말로 아무것도 몰랐을 수도 있다. 공자는 난생처음 태묘에 들어갔다. 책으로 숙지했다고 해도 실제 상황을 모두 파악하고 있기는 어렵다. 가령 아테네 신전 안내서에는 신전의 건축, 장식품, 제단, 촛불 등을 비롯해 신전의 기둥이 어떻게 만들어졌고, 신상의 크기가 어느 정도인지, 어떤 재료를 사용했는지 등 모든 세세한 부분이 설명되어 있다. 하지만 안내서를 숙지한 뒤 아테네 신전에 들어간다고 해서 모든 걸 이해할 수 있을까? 아마도 분명 '내가 책에서 읽었던 내용이 맞나?'라고 생각하며 우두커니 서서 생각에 잠길 것이다.

이론과 실제를 비교하는 아주 재미있는 실험 이야기가 있다. '마리'라는 이름의 여자는 어렸을 때부터 흑백의 색으로만 꾸며진 방에서 살았다. 벽면, 바닥, 책상, 커튼까지 모두 흑백이었다. 물론 마리가 색깔에 대해서 모르는 것은 아니었다. 마리는 색깔을 책을 통해서만 알고 있었다. 붉은색이 무엇이고 붉은색 계열이 무엇이고 붉은색이 어떤 감정을 불러오는지, 파란색은 무엇이고 초록색은 무엇인지…. 하지만 마리는 눈으로 직접 색깔을 본 적은 없었다.

13살이 되었을 때 마리는 방에서 나와 처음으로 초록색을 보았다. 마리는 과연 초록색을 알아보았을까? 초록색에 대한 감정을 느낄 수 있었을까? 처음에 그녀는 아무 말도 할 수 없었다. 마리는 이미 책에서 초록색과 관련된 모든 지식을 배웠음에도 그것이 진짜 초록색인지 확신할 수 없었다. 그리고 그녀는 한참 동안 초록색을 바라보다가 흥분과 놀람이 가득한 목소리로 물었다. "이게 정말 초록색인가요?" 오랜 시간 머릿

당신이 만나야 할 단 하나의 논어

속에서만 상상만 해왔던 걸 현실에서 보게 되자 의문이 들었던 것이다.

공자도 마찬가지였을 것이다. 추 지역에서 온 청년인 공자는 처음 태묘에 들어가자 모든 일이 새롭고 낯설어 세세한 부분까지 전부 확인하고 싶었다. 태묘에서 책에서 읽은 내용이 사실인지를 확인하고, 책에서 읽은 지식을 검증할 수 있게 되었다는 사실에 공자는 무척이나 흥분했을 것이다.

사람들은 질문을 꺼려한다. 모든 걸 알기 때문에 묻지 않는 게 아니다. 다른 사람에게 모르는 걸 들키고 싶지 않아서 몰라도 아는 척하며 묻지 않는 것이다. 직장에서도 이런 태도를 가진 사람들이 많다. 하지만 창피당하는 게 싫어서 몰라도 묻지 않으면 결국엔 큰 실수를 하게 된다. 공자는 '안다는 걸 안다고 말하고 모르는 걸 모른다고 말하는 것이 '예'라고 생각했다. 더욱이 예식과 관련된 일은 절대 틀려서는 안 된다고 생각했기에 모르는 것은 물어봐야 한다고 생각했다. 그래서 공자는 예식에 약간이라도 의문이 생기면 질문을 하고 답변을 알아내 제대로 이해하려고 한 것이다.

공자가 태묘에 들어가 질문을 많이 했던 이유에 대해 다르게 생각해 볼 수도 있다. 즉, 공자는 사실 모든 것을 알고 있었다는 것이다. 그런데 왜 그렇게 많은 질문을 했을까? 공자의 질문은 답변을 위한 것이 아니라 존경을 표현한 깃이다. 예를 들어 우리가 다른 사람의 집을 방문했을 때 집주인이 자신의 소장품을 보여준다고 해 보자. 설사 자신이 더 좋은 소장품을 가지고 있다고 하더라도 '우리 집에 소장품이 더 많다'던가 '진짜인지 가짜인지 봐 주겠다'라고 말해서는 안 된다. 다른 사람의 집에 갔을 때는 항상 호기심을 유지하며 상대방을 인정해 주어야 한다. 바로 이런 자세로 질문하는 것이 예의 표현이라 할 수 있다.

공자가 태묘에 대해 알았는지 몰랐는지는 중요하지 않다. 어떤 경우이건 간에 상관없이 태묘에 들어가 모든 일에 대해 질문을 한 것은 존중과 겸손을 의미하기 때문이다. 이 문장을 통해 우리는 한 가지 교훈을 얻을 수 있다. '새로운 곳에 가서 질문하지 않고 아는 척하다가 실수하는 것이 가장 큰 실수'라는 것이다.

공자는 자로에게 "아는 걸 안다고 말하고, 모르는 걸 모른다고 말하는 게 아는 것이다."라고 말했다. 직설적이고 괄괄한 성격의 자로는 다른 사람과 논쟁하는 걸 좋아하고, 큰소리를 치며 모르는 것도 아는 척하다가 실수하는 일이 잦았을 것이다.

모르는 것을 물었을 때 다른 사람이 그것도 모르냐며 놀리더라도 "이것이 예입니다."라고 말해줄 수 있는 진중함이 필요하다. 이런 말을 할 수 있다는 것은 모르는 걸 질책한 사람보다 더 높은 경지에 있다는 의미이기 때문이다.

군사신이례, 신사군이충 君使臣以禮, 臣事君以忠

2천여 년 전 공자는 어떻게
합리적인 리더의 자질을 알았을까?

정공이 묻기를 : "군왕이 신하를 부리고, 신하가 임금을 섬기는 걸 어떻게 해야 합니까?"
공자가 대답하길 : "군왕은 예로써 신하를 부리고, 신하는 충으로써 군왕을 섬겨야 합니다."

定公問 : "君使臣, 臣事君, 如之何?"
孔子對曰 : "君使臣以禮, 臣事君以忠."
정공문 : "군사신, 신사군, 여지하?"
공자대왈 : "군사신이례, 신사군이충."

노나라 정공定公이 재위하고 있을 때 공자는 관직에 있었다. 노나라 군주 정공이 물었다.

"군왕이 신하를 부리고, 신하가 임금을 섬기는 걸 어떻게 해야 합니까?" 이 구절에서 윗사람이 아랫사람을 대한다는 표현은 한자 '부리다

使', 아랫사람이 윗사람을 대한다는 말은 한자 '섬기다事'를 사용했다. 이렇게 특정한 상황을 지칭하는 용도로 사용되는 한자들은 많다. 예를 들어서 '죽일 시弑'의 경우 '군왕을 시해하다君弑', '아버지를 죽이다父弑'와 같이 아랫사람이 윗사람을 죽일 때만 사용하지, 윗사람이 아랫사람을 죽일 때는 사용하지 않는다.

정공의 질문에 공자는 간결하면서 정확하고, 질문의 핵심이 담겨 있는 답변을 내놓는다.

"군왕은 예로써 신하를 부리고, 신하는 충으로써 군왕을 섬겨야 합니다."

이는 조직에서 인력자원 관리의 핵심이 되는 이념이다. 이 말의 미묘한 부분을 이해하고 싶다면 반대로 생각해 보는 것이 도움이 된다. 즉, 군왕이 충으로써 신하를 부리고, 신하가 예로써 군왕을 섬기면 어떻게 될까? 예를 들어 어떤 기업의 사장이 직원들에게 '직장이 없으면 직원은 아무것도 아니다'라고 말하며 회사에 충성하라고 한다면 어떻게 될까? 회사의 업무는 자발적으로 해야 효율성이 높아지는데, 강압적으로 충성을 강요하면 직원들은 일하고 싶은 마음이 사라지게 된다. 바로 이런 경우를 '임금이 신하를 충으로써 부리는 상황'이라 할 수 있다. 사장이 직원에게 한없는 봉사를 요구하고, 모든 힘을 다해 자신에게만 충성하기를 요구하는 회사는 직원들의 사기를 떨어뜨린다. 이런 분위기에서 직원들은 마지못해 소극적으로 대충 일하며 '노동법'에 저촉되지 않는 선에서 실수만 하지 않으면 된다고 안일하게 생각할 것이다. 그리고 바로 이런 상황이 직원이 사장을 '예'로써 대하는 것이다. 예법과 같은 회사 규칙과 노동법에 어긋나지 않는 선에서 일한다면 회사는 성과를 낼 수 없을 것이고, 조직 분위기가 나빠지는 것은 당연지사다.

그럼 반대로 공자가 제시한 "군왕은 예로써 신하를 부린다."는 방법으로 회사를 경영한다면 어떤 상황이 펼쳐질까? 사장이 고용한 직원을 예절로써 관리하는 것은 직원에게 가장 기본적인 사항만 요구하는 것이다. 강압적이지 않은 분위기에서 직원들이 회사의 규칙과 규범을 준수한다면, 사장은 직원에게 회사를 위해 헌신하고 충성심을 표시하라고 요구할 상황도 생기지 않게 된다.

"신하는 충으로써 군왕을 섬긴다."는 것은 직원이 회사 일을 자기 일처럼 하는 것을 말한다. 자발적으로 역량을 발휘하며 최선을 다해 일을 잘 처리한다면 회사는 발전하기 마련이다. 이렇게 사장과 직원이 협력하면 양쪽 모두 이득을 얻을 수 있다. 직원이 자신의 능력을 최대한 발휘하게 되면 회사의 경쟁력은 강해질 것이다. 또한 회사가 발전하면 직원들의 자부심이 커져서 업무에 대한 충성심이 더 높아질 것이다. 하지만 유감스럽게도 현실은 이상적으로 펼쳐지지 않게 마련이다. 사장은 직원들이 최선을 다하지 않는다고 생각하고, 직원들은 자신이 충분히 노력했다고 생각한다.

2천여 년 전의 『논어』가 지금까지도 매력을 가진 이유는 바로 현시대에도 적용이 가능한 문장들이기 때문이다. 이 문장에 담긴 공자의 말을 통해 우리는 현재 풀리지 않는 문제의 해답을 찾을 수 있다. 공자의 문장을 쉽게 풀이하자면, 조직 운영의 정석은 윗사람이 아랫사람에게 지나친 요구를 하지 말고, 아랫사람도 윗사람에게 가식적으로 행동하지 않는 것이다.

『논어』의 후속편에서는 다음과 같은 말이 등장한다.

"군자를 섬기는 건 쉬워도 기쁘게 하기는 어렵다. 도로 기쁘게 하지 않으면 기뻐하지 않으며 사람을 부릴 때는 그릇에 맞게 하기 때문이다. 소인은 섬기기는 어려워도 기쁘게 하기는 쉽다. 도로 기쁘게 하지 않아도 기뻐하며, 사람을 부릴 때는 완전히 갖추기를 바라기 때문이다.

君子易事而難說也. 說之不以道, 不說也. 及其使人也, 器之. 小人難事而易說也. 說之雖不以道, 說也, 及其使人也, 求備焉."

"군자를 섬기는 건 쉬워도 기쁘게 하기는 어렵다."는 문장의 예를 들어보자. 아랫사람이 윗사람에게 무언가를 바라며 대가성 뇌물을 줬을 때 윗사람이 흡족해하며 "세상 물정을 아는구나. 내가 잘 봐 줄 터이니 걱정하지 말게."라고 말한다면 그 사람은 군자가 아닌 소인에 해당하는 사람이다. 선물 하나에 원칙을 잃어버렸으니 말이다. 물질적인 것으로 군자를 기쁘게 하기는 어렵다. 하지만 군자를 섬기는 것은 쉽다. 그 이유는 군자는 완전함을 갖추었기 때문에 무리한 것이 아닌 상대방의 그릇에 맞는 합리적인 요구만 하기 때문이다. 그리고 군자는 자신의 일은 스스로 처리한다. 따라서 '군자를 섬기는 건' 자연히 쉬운 일이 된다. 반면 소인과 협력할 때는 "섬기기는 어려워도 기쁘게 하기는 쉬운" 상황이 된다. 이사를 도와줘 기쁘게 할 수도 있고, 선물을 줘서 기쁘게 할 수도 있고, 생일을 챙겨주는 것으로 기쁘게 할 수도 있다. 이처럼 소인은 물질적인 것에 기뻐한다. 하지만 사람을 부릴 때는 본인이 부족한 면이 많기에 완전히 갖추기를 바라게 된다. 그러나 함께 일할 때 지나치게 질책하고 가혹한 요구를 한다면 무엇도 제대로 하지 못하게 된다. 이는 "군왕은 예로써 신하를 부리는 것"과 완전히 반대된다. 이것이 군자와 소인의 차이점이다.

"군왕은 예로써 신하를 부리고, 신하는 충으로써 군왕을 섬겨야 한다."는 말은 지금도 강력한 의미를 지니고 있다. '군왕이 예로써 신하를 부리는 것'의 핵심은 규칙을 갖고 기본적인 것만 요구하는 것이다. 또 '신하가 충으로써 군왕을 섬기는 것'의 핵심은 제한을 두지 않고 최선을 다해 일하는 것이다. 공자의 말은 '윈윈게임'이라고 할 수 있다. 공자의 말을 실천한다면 군왕과 신하의 게임은 무한히 서로 이길 수 있는 결과를 가져다준다. 시너지 효과가 창출되는 것이다. 하지만 반대의 상황은 치킨게임으로 변한다. 치킨게임에는 승자가 없으며 모두가 패자가 된다. 군자와 신하가 서로 불만을 품게 되니 협력이 이루어질 수 없어 결과가 좋을 수가 없다.

당신이 만나야 할 단 하나의 논어

제4편

리인
里仁

어진 사람들에 의한,

어진 마음을 위한

인위미 仁爲美

꽃 핀 마을에 머무르면
매향을 품은 인생이 따라온다

∞

공자가 말하길 : "마을은 어질어야 아름답다. 어질지 않은 곳을 선택한다면 어찌 지혜롭다고 하겠느냐?"

子曰 : "里仁爲美. 擇不處仁, 焉得知?"
자왈 : "리인위미. 택불처인, 언득지?"

첫 문장은 공자가 환경이 성장에 미치는 영향에 대해 강조한 문장이다. 공자는 사람은 반드시 어짊과 덕성을 갖춘 사람들과 함께 살아야 한다고 말했다.

조직행동론 전문가인 히스 형제가 쓴 『스위치Switch』는 동네 분위기가 아이들의 성장에 미치는 영향을 설명해 준다. 작가는 학업 성적이 좋지 않은 아이들이 치안이 좋지 않았던 거주지를 벗어나자, 학교 성적도 점차 좋아졌던 연구 결과를 소개한다. 빈민 지역에 살던 사람들이 미국 정부의 보조금을 받고 다른 지역으로 이주한 뒤 어떻게 생활했는지 몇 년에 걸쳐 추적 조사한 내용이다. 빈민 지역을 벗어난 가정의 아이들은 학업 성적과 교우 관계 등 많은 면에서 긍정적인 변화가 이루어졌다. 반면 그 지역을 떠나지 않은 가정의 아이들은 오랜 시간이 지났음에도 여전히 성적이 좋지 못했다. 이는 '사람은 유전적인 요인보다 환경에 영향을 받는다'는 사실을 증명해 주는 사례이다.

'깨진 유리창 이론'이라는 사회학 이론이 있다. 말 그대로 깨진 유리창이 있는 장소에서 일어나는 일들을 관찰하고 기록한 것을 토대로 만든 이론이다. 한 마을 빈터에 주차된 자동차에 창문 하나가 깨져 있었다. 자동차는 그대로 방치됐고 2일이 지나자 자동차의 바퀴가 하나 사라졌다. 자동차는 시간이 지날수록 심하게 망가져 갔다. 나중에는 폐차장에 버려진 자동차처럼 변해 버렸다. 집도 마찬가지였다. 한 마을의 후미진 골목에 사람이 살지 않은 집 몇 채가 모여 있었다. 한 집의 창문이 깨졌고 며칠이 지나자 그 집과 이웃한 다른 집 창문들도 깨져 있는 것을 발견했다. 또 며칠이 지났다. 담장에 혐오스러운 낙서들마저 생겼다. 그렇게 수개월이 지나자 창이 깨진 집들이 모여 있는 후미진 동네는 우범 지역으로 변하고 말았다.

'깨진 유리창 이론'은 환경이 인간 생활에 미치는 영향을 설명한다. 환경의 최초 변화는 고작 깨진 유리창 하나였다. 하지만 그 작은 변화를 바로잡지 않으면 그 요인은 점차 눈덩이처럼 불어나 커다란 변화를 일으킨다. 깨진 유리창 이론을 거꾸로 생각해 본다면, 어질고 덕성을 가진 사람과 가까이 지내야 하는 이유를 알게 된다.

이제 공자의 문장으로 돌아가 보자. "어질지 않은 곳을 선택한다면 어찌 지혜롭다고 하겠느냐?"에서 마지막 글자인 '지知'는 지혜 '지智'와 같은 의미이다. 이사를 할 때 어질고 덕성을 갖춘 사람들이 많은 마을로 들어가라는 공자의 충고이다. 이런 선택을 하는 사람들이 지혜롭다는 것이다.

아들 맹자의 교육에 대한 어머니의 열정을 나타낸 '맹모삼천지교孟母三遷之教'는 너무나 유명한 고사성어이다. 주변 환경이 아이에게 안 좋은 영향을 준다는 사실을 발견하면 맹자의 어머니는 곧장 그곳을 떠나 다른 곳으로 이사했다. 맹자가 현자가 될 수 있었던 것은 팔 할이 그의 어머니 덕분이다.

'맹모삼천지교'를 따라 하려는 부모 중에 학교가 모여 있는 곳 근처로 이사하려는 사람들이 있다. 자녀들의 면학 분위기 조성을 위해 반드시 학교 근처에서 살아야 할까? 꼭 그렇지는 않을 것이다. 학교와 가까운 곳에서 사는 사람들이 어진 품성을 갖추었다고 장담할 수 없기 때문이다. 자녀 교육에는 별다른 신경을 쓰지 않으면서 그저 통학 거리가 가까워서 학교 근처의 집을 선택한 사람들도 많을 것이다.

교육환경이 중요한 건 사실이다. 하지만 아이에게 영향을 끼치는 환

당신이 만나야 할 단 하나의 논어

경은 꼭 거주지의 사람들만 포함되지 않는다. 자녀들에게 가장 큰 영향을 미치는 사람은 언제나 부모들이다. 부모의 어질고 자애로운 마음은 항상 자녀들이 성장하는 밑바탕이 된다. 아무리 교육환경이 좋다고 한들, 맹자의 어머니와 같은 품성이 없다면 소용없는 일이다.

나는 이 문장이 공자가 제자들에게 한 이야기일 것으로 생각한다. 공자는 이웃의 인품을 무척이나 중시하고 주변에 어질고 덕성을 갖춘 사람이 거주하기를 바랐다. 공자가 제자를 가르치기 시작했을 초반의 시기에는 공자 주변에 사람이 많지 않았을 것이다. 시간이 흘러 공자의 명성이 커지면서 사람들이 몰려들고 모두가 공자의 제자처럼 되었을 테니, 공자가 살던 동네는 아마도 어디에서도 찾아볼 수 없는 어진 마을이었을 것이다.

오직 어진 사람만이
꽃다운 당신을 알아본다

∞

공자가 말하길 : "오직 어진 사람만이 사람을 좋아할 수 있고 싫어할 수 있다."

子曰 : "惟仁者能好人, 能惡人."
자왈 : "유인자능호인, 능오인."

『논어』의 해석은 열려 있다. 원문의 『논어』에는 쉼표나 마침표 등 문장 부호가 없었으나 후대의 사람들이 첨부했다. 문장의 의미는 부호의 쓰임에 따라 180도 달라질 수 있다. 가령 마침표를 어디에 찍느냐에 따라 해석도 달라지는 것이다. 따라서 『논어』의 어떤 해설이 옳고, 또 어떤 해설이 틀렸다고 말하는 사람이 오히려 『논어』를 제대로 이해하지 못한 사람이라고 할 수 있다. 이번 문장은 다양한 해석이 가능하다.

일단 한자 두 개를 살펴보자. 문장에 쓰인 한자 '호好'는 좋아한다는 뜻이고, '오惡'는 싫어한다는 의미이다. "유인자능호인, 능오인惟仁者能好人, 能惡人"을 대략 해석해 보자면 '어질고 덕성을 갖춘 사람만이 사람을 좋아할 수 있고, 반대로 사람을 싫어할 수 있다'는 뜻이 된다. 공자는 사람에 대해 좋고 나쁨이 분명하다는 것을 강조했다.

누구나 그렇겠지만 공자는 특히 위선자를 싫어했다. 위선자는 원칙이 없다. 자신에게 피해가 생길까 봐 누구한테나 좋은 말을 한다. 그리고 세상에 나쁜 사람이 하나도 없는 것처럼 행동한다. 공자는 이러한 부류의 사람은 타인을 존중하는 것이 아니라 원칙이 없는 것으로 판단했다. 내면의 원칙이 없는 사람은 옳고 그름을 분간할 수 있는 능력이 없으며, 나쁜 행동을 지적할 수 있는 용기도 없다. 따라서 사람을 좋아하고 싫어할 수 있는 것은 내면의 원칙이 있는 어진 사람이 할 수 있는 일이다. 어진 사람은 다른 사람의 장점을 칭찬하고 상대방의 단점을 지적할 수 있는 용기를 지니고 있다.

"오직 어진 사람만이 사람을 좋아할 수 있다."라는 문장의 의미는 어진 사람은 상대방의 인성을 바라보며 좋은 마음을 품는다는 뜻이다. 가령, 소인은 상대방의 품성이 아니라 그 사람의 지위나 학벌, 학위, 재력 그리고 아름다운 외모 등 겉으로 드러난 것들을 좋아한다. 이런 것들을 좋아하는 것은 어렵지 않다. 하지만 있는 그대로의 모습을 좋아하는 것은 차원이 다르다. 상내방의 됨됨이를 파악할 수 있는 안목이 필요하고, 또 아무런 대가 없이 사람됨을 좋아하는 순수한 마음이 있어야 한다. 따

141

라서 어진 사람만이 진정 사람을 좋아할 수 있는 것이다.

이 문장을 이렇게 해석할 수 있는 근거가 있다. 공자와 그의 제자 번지의 대화를 살펴보자. 번지가 '어짊'에 관해 물었다. 공자는 "사람을 사랑하는 것이다."라고 대답했다. 다시 말해 '어짊은 사람을 사랑하는 마음'이다. 그래서 "오직 어진 사람만이 사람을 좋아할 수 있다."라는 문장이 나오게 된 것이다.

이 문장은 어진 사람과 소인의 차이점도 지적한다. 소인은 자신에게 이익이 되는 사람은 나쁜 사람이라도 싫어하지 않는다. 예를 들어서 오염 물질을 몰래 배출하는 한 공장의 사장 밑에서 일하는 소인은 그 사장이 자신을 잘 챙겨준다면 그를 나쁘게 생각하지 않는다. 사장이 법을 어기고 있다는 것을 자각하더라도 애써 무시하며 자신의 이해관계에만 신경을 쓰는 것이 소인의 속성이다.

나는 "사람을 좋아할 수 있다."라는 것과 "사람을 싫어할 수 있다."라는 것을 다음과 같이 구분해서 이해한다. 사람을 좋아하는 것과 싫어하는 것의 기준이 사람인지 사물인지에 따라서 군자와 소인을 판단하는 것이다. 소인은 이익에 따라 사람을 사귀고, 군자는 뜻이 일치하고 지향하는 바가 같은 사람을 좋아한다.

군자의 특성을 생각해 보자. 군자는 상대방이 싫을 때 솔직하게 그 사람의 단점과 잘못된 점을 지적할 수 있다. 군자는 원칙 없이 사람을 좋아하지 않고, 이익에 따라 움직이지 않는다. 그래서 군자는 누구에게도 아부할 필요가 없고, 이익을 위해 아첨을 할 필요도 없다. 군자의 마음은 크다. 상대방을 좋아하지 않아도 원칙을 깨지 않는다면 상대방과 함께 일할 수 있는 넉넉함이 있다. 군자는 먼저 나서서 시비를 걸거나 상대방을 자극하는 일을 하지 않는다. 그리고 그 사람이 싫다는 이유로 외면하지도 않는다. 소인에 대해서도 살펴보자. 소인을 기쁘게 하기는 쉽다. 그래서 소인과 협력할 때는 겉으로 드러나는 것들로 그를 기분 좋게 만들 수 있다. 소인 같은 면모를 갖춘 사장은 몇 마디 아부에도 기뻐할 것이고, 선물 공세를 펼치면 흡족해할 것이다. 집안일에 관심을 두고 시시콜콜 물어보는 부하 직원들도 좋아할 것이다. 이처럼 소인은 기쁘게 하기는 쉽지만 협력하기는 어렵다. 소인은 문제가 생기면 가장 먼저 배신하기 때문이다. 소인은 '사람을 부릴 때는 완전히 갖추기를 바라기' 때문에 걸핏하면 가혹한 요구를 하고 문제가 생기면 모든 책임을 전가하려 한다. 그래서 소인 같은 사장은 회사에 나쁜 일이 발생하면 자신의 부족함을 되돌아보지 않고 그와 관련된 직원을 해고할 것이다. 이번 이야기는 사람을 대하는 방법에 대해 알려준다.

사사로운 순간에도
나를 다스릴 줄 아는 '인仁'의 저력

공자가 말하길 : "부유함과 고귀함은 사람이 원하는 것이지만, 합당하게 얻지 않았으면 처하지 않아야 한다. 가난함과 비천함은 사람이 싫어하는 것이지만, 합당하게 얻지 않았다고 하더라도 버려서는 안 된다. 군자가 어짊을 버리면 어떻게 이름을 이루겠느냐? 군자는 밥을 먹는 사이에도 어짊을 어기지 않으며, 급작스러운 상황에서도 반드시 어질어야 하며, 곤궁한 상황에서도 반드시 어질어야 한다!"

子曰 : "富與貴, 是人之所欲也; 不以其道得之, 不處也. 貧與賤, 是人之所惡也; 不以其道得之, 不去也. 君子去仁, 惡乎成名? 君子無終食之間違仁, 造次必於是, 顛沛必於是!"
자왈 : "부여귀, 시인지소욕야; 불이기도득지, 불처야. 빈여천, 시인지소오야; 불이기도득지, 불거야. 군자거인, 오호성명? 군자무종식지간위인, 조차필어시, 전패필어시!"

문장을 읽어 내려가며 말속에 담긴 공자의 힘이 느껴지는가? 공자의 문장들은 대부분 부드러운 편인데, 이 문장만큼은 강력한 힘이 느껴진다.

공자가 말했다.

"부유함과 고귀함은 사람이 원하는 것이지만, 합당하게 얻지 않았으면 처하지 않아야 한다."

부유함과 고귀함은 모든 사람이 성취하기 위해 노력하는 것이다. 하지만 공자는 그 방법이 합당하지 않으면 가져서는 안 된다고 말한다.

공자는 막대한 재산을 모을 수 있는 기회가 있었다. 나이 40을 넘긴 공자는 노魯나라에서 행정관리인 중도재에 이어서 법률재판관인 대사구로 지냈다. 이때 공자를 따르는 무리를 만들어 나라 재산에 손을 댔으면 부유함을 얻었을 것이고, 왕과 신하들에게 아첨했다면 입신양명하여 고귀함을 얻을 수 있었을 것이다. 하지만 올곧았던 공자는 자신을 따르는 무리를 만들기는커녕, 그를 미워하는 관리들만 만들고, 이웃 나라의 모략으로 관직을 그만둬야만 했다. 만약 공자가 다른 관리들과 이웃 나라에도 아첨했다면 부유함과 고귀함을 얻었을 것이다. 하지만 공자는 부정한 방법을 사용하면 아무런 가치도 없다고 여겼다.

이어지는 구절 "가난함과 비천함은 사람이 싫어하는 것이다."를 보

자. 사람은 누구나 가난함과 비천함을 원치 않는다. 이 구절은 쉽다. 하지만 다음 구절의 해석이 쉽지 않다. 앞부분과 뒷부분만 놓고 보면 '가난함과 비천함을 버려서는 안 된다'로 생각하는 사람들이 많기 때문이다. 앞부분을 연결하지 말고 풀이해 보자. "합당하게 얻지 않았다고 하더라도 버려서는 안 된다."라는 의미는 '가난함과 비천함을 가지고 살라'가 아니라, '가난함과 비천함을 벗어나는 것도 합당하게 해야 한다'고 해석해야 한다.

다음에 이어지는 "군자가 어짊을 버리면 어떻게 이름을 이루겠느냐?"라는 질문은 만약 내면에 어짊과 덕성이 없다면 큰 명성을 이룬들 무슨 소용이냐고 묻는 것이다. 이 질문은 나에게 큰 의미를 지니고 있다. 많은 사람이 '판덩독서'를 운영하는 나를 '인터넷 스타'라고 생각한다. 하지만 나는 인기를 얻으려고 '판덩독서'를 운영하는 것이 아니다. 그리고 도대체 인터넷 스타란 뭘 말하는 걸까? 인터넷 스타의 가치는 뭘까?

인터넷이나 유튜브에서 인기를 끌고 있는 사람들에 대해서 이러쿵저러쿵 말이 많다. 나는 생활의 편리함을 제공해 주고, 긍정적인 가치관을 전파하고, 경험과 지식을 공유하는 인터넷 스타들을 많이 보았다. 하지만 일부는 그저 유명해지고 싶은 욕망으로 수단과 방법을 가리지 않기도 한다. 인터넷 개인 방송국을 개설해 자극적인 뉴스를 확인도 거치지 않고 편파적으로 방송하고, 저속한 표현을 사용해 인터넷 이용자들을 자극하거나, 기괴하고 삼키기도 힘든 것을 먹거나 심지어 동물을 학대하면서 트래픽을 올리려 한다. 개방적인 인터넷 세계는 누구나 접속

할 가능성이 크다. 하지만 이런 사람들은 어린이들이 시청자가 될 수 있다거나 잘못된 정보로 특정인을 궁지로 몰아넣는 등의 사회적인 폐단은 안중에도 없다. 이런 인터넷 스타들의 목적은 오로지 자기 영향력 확대와 돈이다. 그래서 공자는 이렇게 일갈한다.

"군자가 어짊을 버리면 어떻게 이름을 이루겠느냐?"

유명해지고 싶다면 수단과 방법을 가리자. 치졸한 방법으로 유명해진다면 결국 피해를 보는 것은 자신이 될 것이다. 덕성이 부족한 채 유명세만 높아진다면 언젠가는 안 좋은 결과를 맞이할 수밖에 없다.

마지막 문장을 살펴보자. "군자는 밥을 먹는 사이에도 어짊을 어기지 않으며" 이 구절은 '먹는 과정에도 군자는 어짊을 어겨서는 안 된다'라는 뜻으로 해석된다. 언뜻 보면 상당히 고지식해 보이는 이야기이다. 사람은 항상 어짊과 덕성을 어기지 않도록 자신을 단속해야 하며, 심지어 밥을 먹을 때조차 어짊을 지켜야 한다는 소리처럼 들리기 때문이다. 하지만 공자의 뜻은 그렇게 단순하지 않다. '하고 싶은 대로 행동해도 법도에 어긋나지 않는' 수준에 오른 공자는 일부러 자신을 단속할 필요가 없었다. 가령 식사 예절을 예로 들어보자.

식사 자리에서 다른 사람이 자신에게 특별한 반찬을 따로 제공하면 우리는 감사하다고 인사를 한다. 공자가 이야기하는 바는 이렇게 쉬운

리인里仁 | 어진 사람들에 의한, 어진 마음을 위한

것도 못하는 사람들을 염두에 둔 말이다.

예절은 습관이다. 감사하다고 인사하는 습관을 들인다면 항상 자신을 단속할 필요가 없이 식사할 때도 자연스럽게 어진 상태로 머물 수 있을 것이다. 하지만 반대로 식사 예절을 배우지 않아 음식을 뒤적거리거나 요란하게 소리를 내면서 식사를 하는 사람들도 있다. 이런 식사 예절들은 자연스럽게 몸에 나타나는 것이라서 습관이 잘못 들어 있다면 힘들게 자신을 단속해야 할 것이다.

나는 식사하는 모습에서 상대방의 인품도 평가할 수 있다고 생각한다. 평상시 함께 일하거나 대화할 때는 예의 바르게 행동하던 사람이 식당에서는 무례하게 행동하고, 종업원에게 화를 내는 경우가 있다. 왜 그런 것일까? 아마도 자신은 돈을 내는 사람이니 감정을 마음대로 발산해도 된다고 생각하기 때문일 것이다. 이런 사람들은 자신에게 서비스를 제공하는 사람은 존중할 필요가 없으며, 자신의 이익과 무관한 사람에게 잘 대해줄 필요가 없다고 생각하는 부류이다. 바로 이런 모습이 '밥을 먹는 사이에 어짊을 어기는 것'이라 할 수 있다.

상대방의 됨됨이를 평가하려면 그 사람이 자신을 어떻게 대하는지만 보지 말고, 낯선 사람, 가장 가까운 그의 가족들을 어떻게 대하는지를 관찰해야 한다. 그리고 식사 자리는 사람의 품행을 쉽게 파악할 수 있는 좋은 기회이다. 공자의 경지까지 수련한다면 모든 일이 자연스럽고 편안하고 원활해서 힘을 들이거나 자신을 단속할 필요가 없게 된다. 이것이 바로 어짊을 몸에 밴 채 행동하는 사람들의 상태이다.

이어지는 "급작스러운 상황에서도 반드시 어질어야 하며"라는 구절은 아주 바쁘고 급박한 상황에서도 어질게 행동해야 한다는 의미이다. 마지막 구절 "곤궁한 상황에서도 반드시 어질어야 한다."라는 것은 생활이 힘들고 고단한 상황에서도 어질게 행동해야 한다는 의미이다. 아주 급한 상황, 몹시 어려운 상황, 심지어 생활이 어려워 거처도 없는 상황에서도 어짊을 자연스럽게 유지할 수 있어야 한다.

반란을 일으킨 영왕寧王 주신호朱宸濠가 각지의 중진을 함락시키고, 불과 사흘 만에 파죽지세로 구강 등지를 장악하자 유학자 왕양명이 피난을 갔다. 급박한 상황에 부딪힌 왕양명은 서둘러 배를 타야 했다. 모든 사람이 급하게 물건을 수습하고 있을 때 한쪽에 있던 왕양명은 차분하게 "챙기지 않은 물건이 있다."라고 말했다. 모두 의아하게 왕양명을 바라보자 그가 다시 말했다. "정개를 챙기지 않았구나." 열쇠와 같은 '정개'는 신분을 나타내 주는 것으로, 정개가 없으면 다른 도시에 들어갈수 없었다. 왕양명처럼 어진 사람은 목숨이 위험한 급박한 상황에서 예기치 못했던 일들이 발생했을 때도 모든 일을 침착하게 바라볼 수 있다.

'어짊'은 불교의 선禪과 흡사한 점이 있다. 현재에 충실하고 활달하며, 생동감 있고, 힘을 들이지 않는다는 점이 비슷하다. 왕양명은 쫓기고 있는 상황에서도 넋이 나가 갈팡질팡하지 않았다. 긴급한 상황에서 당황하다 예의범절을 잃는다면 사람이 지켜야 할 도덕을 상실하게 된다.

도를 추구하고 즐거움을 찾는 인생, 행복하지 아니한가

공자가 말하길 : "아침에 도를 들으면 저녁에 죽어도 좋다!"

子曰 : "朝聞道, 夕死可矣!"
자왈 : "조문도, 석사가의!"

자주 인용되는 유명한 문장이다. 그리고 힘이 넘치는 문장이다. 공자는 아침에 세상의 진리에 대해 들으면 저녁에 죽어도 좋다고 말했다.

이 문장에서 말하고자 하는 바는 우리가 육체를 바라보는 관점이다. 우리가 집중하는 것은 육체가 아닌 정신이다. 우리가 추구하는 것은 육체를 아름답게 가꾸는 것이 아닌, 우주와 연결될 수 있는 초자아적 정신이다. 이 세상의 운행 법칙을 이해하는 것이야말로 진정한 목표라 할 수 있다.

공자는 "도를 추구할 수만 있다면 육체를 버릴 수도 있다."고 말한다. 이 문장은 아인슈타인의 생각을 떠올리게 한다. 아인슈타인은 말년에 우주의 법칙을 연구하면서 '아침에 도를 들으면 저녁에 죽어도 좋다'는 마음 자세로 학문에 파고들었다. 그는 자신이 죽기 전에 'E=mc²'와 같은 방정식을 사용해 우주의 운행 법칙을 설명해내려 했다. 만약 할 수 있었다면 그는 정말 죽어도 좋을 정도로 무척이나 만족했을 것이다. 하지만 안타깝게도 우리는 진리에 끝없이 다가가기만 할 뿐, 궁극의 진리에 도달하지는 못하고 있다. 그래서 '도를 듣기'란 무척이나 어렵다고 말하는 것이다.

그렇다면 도를 추구한다는 건 어떤 의미가 있을까? 공자가 군자에 대해 말했다.

"군자는 도를 도모하지, 먹을 것을 도모하지 않는다."
"군자는 도를 걱정하지, 가난은 걱정하지 않는다."

만일 돈이 넉넉하지 못해 경제 사정이 좋지 않다면 마음속으로 "군자는 도를 걱정하지, 가난은 걱정하지 않는다."라는 말을 떠올려 보자. 우리는 자신의 가난을 걱정하지 말고 도에 맞는 삶을 살고 있는지를 걱정해야 한다. "군자는 도를 도모하지, 먹을 것을 도모하지 않는다."라는 말처럼 우리는 매일 더 많은 돈을 벌기 위해서 자신을 다그칠 필요가 없다. 매일 어떻게 도를 추구할지를 생각하고 올바른 일을 할 수 있도록 노력해야 한다.

이제부터는 '도'란 무엇인지 생각해 보자. 국가, 도시, 기업, 가정, 심지어 우리가 각자 가지고 있는 작은 능력까지 모든 만물의 성장과 능력의 발전은 도를 떠나서는 이뤄질 수 없다. 당나라 문인 한유^{韓愈}가 쓴 『사설^{師說}』에서는 "도를 들음에 선후가 있고, 학술에는 전공이 있다^{聞道 有先後, 術業有專攻}."라고 전한다. 한유의 말에 따르면 우리는 항상 도를 듣고 있는 셈이다. 도에는 '큰 도^{大道}'와 '작은 도^{小道}'가 있다. 아무리 유능한 사람이라도 모든 도를 알 수는 없다. 어떤 분야에서 작은 도를 파악하고, 또 다른 분야에서 큰 도를 파악하면서 자신의 범주를 계속 확장해 나갈 뿐이다.

그렇다면 작은 도란 무엇일까? 자전거를 수리하는 작은 일에도 규칙과 도가 있다. 어린 시절 자전거 수리법을 배웠을 때 처음에는 서툴러서 힘들었다. 하지만 익숙해지자 간단한 이치라는 걸 알게 되었고, 모든 부품을 해체하고 조립할 수 있게 되었다. 회사 경영에도 '도'가 있다. 만약 자전거 수리처럼 요령을 터득하게 된다면 회사 운영도 더욱 쉬워질 수 있다.

큰 도는 얼마나 큰 도를 말하는 걸까? 순자는 다음과 같이 말했다.

"하늘의 운행에는 변치 않는 법칙이 있다.
天行有常."

만일 우주의 운행에 도가 없다면 어떻게 될까? 모든 게 혼란스러워져서 하루도 편할 날이 없지 않을까? 그러니 도를 찾는다는 건 우주가 자연스럽고 조화롭게 운행하는 법칙을 찾는 것이라 할 수 있다.

이제 도가 무엇인지 알았으니 공자의 "아침에 도를 들으면 저녁에 죽어도 좋다."라는 말을 해석해 보자. 이 문장을 현재 유행하는 물질만능주의와 연관해서 생각해 볼 수 있다. 예를 들어 사람들은 인생의 근심을 해결할 유일한 방법은 돈이라고 생각하는 사람들이 많다. 복권에 당첨되거나 집값이 올라서 큰돈을 거머쥐어야 행복해질 수 있다는 것이다. 하지만 실제로 이런 행복은 채 일주일도 지속되지 못한다. 자신보다 더 부자인 사람은 끊임없이 나타난다. 그리고 아무리 많은 돈이라도 언젠가는 사라져 버린다는 사실을 깨닫는 순간 행복감은 사라진다. 이처럼 우리는 행복의 기준을 외부 물질에 두는 경향이 강하다. 그래서 물질적 조건을 개선하면 자신의 삶이 완전히 달라질 수 있다고 생각한다. 하지만 이것은 헛된 망상에 불과하다. 진심으로 행복해지고 싶다면 '아침에 도를 들으면 저녁에 죽어도 좋다'라는 태도를 길러야 한다.

물론, 이런 태도를 당장 기를 수 없는 만큼 그런 척 행동해 보는 것만으로도 좋다. 자신감이 부족한 사람이 자신 있는 척 행동하면서 서서히 자신의 마음과 태도를 바꿀 수 있는 것처럼 말이다. 설사 영원히 이 태도를 자신의 것으로 만들지 못한다고 하더라도 수련의 방향으로 삼는다면 자연스럽게 도에 걸맞은 쪽으로 행동은 변하게 될 것이다.

리인뽀仁 | 어진 사람들에 의한, 어진 마음을 위한

방어리이행 放於利而行

효력 잃은 돈은
늘 좋지 않은 결과를 동반한다

∞

공자가 말하길 : "이익에 따라 행동하면 원망이 많아진다."

子曰 : "放於利而行, 多怨."
자왈 : "방어리이행, 다원."

문장에 쓰인 첫 번째 한자 '방放'은 어떤 것을 '따른다'라는 의미로 풀이한다. 이 문장에서는 '방'을 '지나치게 집착한다'라는 뜻으로 해석해보자.

"이익에 따라 행동한다."라는 것은 모든 일에 이익을 최우선으로 두고 따른다는 의미이다. 사람들은 대부분 이렇게 행동한다. 이익에 따라 사람을 사귀고, 이익이 없다고 생각되는 사람에게는 다가가지 않는다. 일부 회사 역시 이런 방식으로 경영을 한다. 직원들이 하는 모든 일에 점수를 매겨서 평가하는 경영 모델은 그 직원이 회사의 이익에 부합하는 정도를 측정하는 것이다. 이런 경영 방식은 좋은 점수를 받기 위한 직원들의 동기를 부추겨 회사 전체의 이익을 도모하기 위한 시스템이다.

하지만 공자는 이처럼 이익만을 좇는 방식은 결국 "원망이 많아지게 된다."라고 보았다. 이익을 기준으로 모든 일을 평가하면, 회사의 직원들은 결국 불만을 토로하게 된다. 창업자들은 직원의 적극성을 자극하는 시스템을 개발하기 위해 큰 노력을 기울인다. 하지만 나는 직원들의 적극성을 유발하기 위한 시스템이 정교해질수록 직원들의 사기는 오히려 떨어지는 경우를 많이 보았다.

옛말에 "배고픈 것은 참아도 배 아픈 것은 참지 못한다."라는 말이 있다. 같은 조직에서 일하는 직원들은 동료의 점수를 자신과 비교하기 마련이다. 기대 이하의 점수를 받게 되면 '다른 사람은 1점을 받았는데, 왜 나는 0.5점만 받은 거지?'라는 생각을 하며 불만이 생긴다. 이처럼 서로의 점수를 비교하게 되면 좋지 못한 성적을 얻은 직원들의 사기는 떨어져 회사 전체의 통합력은 감소하게 된다. 결국 좋은 성적을 얻은 직원들도 불협화음을 내는 회사에서 좋은 성과를 내기 어렵게 된다.

『돈으로 살 수 없는 것들What money can't buy』의 저자 하버드대학 마이클 샌델Michael Sandel 교수는 돈의 가치와 역할을 다시 바라볼 수 있는 이야기를 들려준다. 자본주의 사회에서 다른 사람을 움직이게 하는 가장 효

리인里仁 | 어진 사람들에 의한, 어진 마음을 위한

과적인 방법이 돈이라고 사람들은 생각한다. 쉽게 말해 '돈으로 살 수 없는 것들은 없다'라는 착각 속에서 현대인들은 살고 있다. 하지만 도덕과 정의 등의 가치는 절대 '돈으로 살 수 없는 것들'이다. 마이클 샌델 교수는 돈이 효력을 잃게 되면 제 역할을 하지 못할 뿐만 아니라 오히려 역효과를 일으킬 수 있다고 말한다.

이익에 따라 행동하면 원망이 많아지는 만큼 돈의 가치를 지나치게 믿어서는 안 된다. 하지만 그렇다고 공자가 물질적 자극을 부정했던 것은 아니다. 공자도 적당한 수준의 물질적 자극은 필요하다고 보았다.

예를 들어 자공이 노나라에 노비를 사서 데리고 돌아온 적이 있었다. 당시 정책에 따르면 정부는 노비를 자국으로 데려온 백성에게 일정한 상금을 줬지만, 자공은 이를 거절했다. 공자는 이 일을 듣고 자공을 꾸짖으며 다음과 같이 말했다.

"지금 노나라에 가난한 사람이 많은데, 만약 네가 돈을 원치 않는 모습을 보이면 다른 사람이 돈을 버는 걸 부끄럽게 여기지 않겠느냐? 그리고 네가 상금을 거절하면 노비를 사려 했던 사람들이 동력을 잃어버릴 것이다. 사람들이 모두 너와 같은 경지에 도달한 것이 아니지 않느냐?"

이처럼 공자는 적절한 물질적 보상은 문제 삼지 않았다. 다만 물질에

156

당신이 만나야 할 단 하나의 논어

대한 집착은 우려를 표했다. 이런 이유에서 공자는 '이익에 지나치게 집착해서 행동하면 원망이 생긴다'고 말한 것이다.

회사의 원만한 경영을 위해서는 적절한 직원 장려 시스템이 필요하다. OKR^{Objective and Key Results}(목표 및 핵심 결과지표)나 KPI^{Key Performance Indicator}(핵심성과지표)는 직원들을 적절하게 관리하는 시스템이다. 하지만 이러한 과학적인 시스템을 사용하지 않고 직원들의 행동 하나하나를 점수화하고, 매시간 일어나는 일을 모두 계산하게 되면 회사 경영에 독이 된다. 모든 직원에게 자율성을 주고 자존감을 향상할 수 있도록 도와주고 쾌적한 근무 환경을 만들어야 직원들의 업무에 대한 사명감도 높아질 수 있다. 거꾸로 직원들이 자신들을 스스로 돈을 버는 기계로 생각하게 된다면, 공자의 말처럼 "이익에 따라 행동해 원망이 많아지는" 상황에 부딪히게 되는 것이다.

환소이립 患所以立

자리의 위치보다
그에 맞는 능력을 먼저 점검하라

∞

공자가 말하길 : "자리가 없음을 걱정하지 말고, 설 수 있을지를 걱정해야 하며, 자신을 알아주지 않는 것을 걱정하지 말고, 알려질 수 있게 되는 것을 구해야 한다."

子曰 : "不患無位, 患所以立. 不患莫己知, 求爲可知也."
자왈 : "불환무위, 환소이립. 불환막기지, 구위가지야."

명예와 이익을 추구하는 사람이라면 이 문장에서 위로를 얻을 것이다.

대학생 시절 나는 유명해지고 싶다는 욕망이 강했다. 교내에서 열렸던 토론 대회에 대한 후기를 올려놓는 게시판이 학교에 있었다. 나는 그 게시판에 내 이름이 있는지 매번 확인하러 다니곤 했다. 게시판에서 내 이름을 발견하면 '그래, 성공했다!'라는 기쁨이 반나절 동안 지속됐다. 반대로 게시판에 내 이름이 없는 날은 종일 우울했다. 그러던 중 우연히

당신이 만나야 할 단 하나의 논어

나는 공자의 이 문장을 보게 됐다. "자리가 없음을 걱정하지 말고"라는 공자의 말에 큰 위로를 받은 나는 그 이후로 더 이상 게시판을 들여다보지 않았다.

공자의 "자리가 없음을 걱정하지 말고 설 수 있을지를 걱정해야 하며"는 자신이 앉을 자리가 없는 것을 걱정하지 말고, 자신에게 그 자리에 앉을 능력이 없음을 걱정하라는 말이다. 예를 들어 대학교에서 별다른 능력도 없으면서 학생회장이 되고 싶은 학생이 온갖 방법을 동원해 회장으로 당선됐다고 가정해 보자. 그 학생은 마냥 기쁘기만 할까? 당선됐을 당시는 그럴 것이다. 하지만 능력이 부족한 그는 앞으로 자기가 책임져야 할 일들에 대한 고민으로 불안하고 우울해질 것이고, 결국엔 업무를 제대로 처리하지 못해 남들에게도 좋은 평가를 받지 못할 것이다.

세상 사람들 대부분은 "자리가 없음"을 걱정한다. 누군가는 윗자리에 오르기 위해서 아부하고 뇌물을 주는 등 저열한 방법을 동원한다. 하지만 이런 사람들은 정작 그 자리에 오르면 오히려 고통이 시작된다는 사실을 알지 못한다. 능력이 부족한 사람이 높은 자리에 앉으면 제대로 된 역할을 수행할 수 없어 항상 초조해지고 불안해질 수밖에 없다. 이런 상태를 "설 수 있을지를 걱정해야"라고 표현한 것이다.

자신이 맡은 자리를 감당할 자신이 없다면 그에 맞는 능력을 향상하기 위해 노력해야 한다. 정말 학생회 회장에 걸맞은 사람이 되고 싶다면 소통 능력, 지도력, 기획력과 협동 능력을 키워 회장직을 수행할 수 있어야 한다. 가령 총학생회 이전에 과 대표 직책을 수행하면서 자신이 부족하다고 생각되는 능력들을 차근차근 키워나가는 것이다.

　미국의 경제 전문 잡지 포브스가 선정한 가장 영향력 있는 경제경영 도서 10위 안에 든 『성공하는 사람들의 7가지 습관The Seven Habits of Highly Effective People』의 저자 스티븐 코비Stephen Covey 박사는 성공하기 위한 7가지 습관 중의 하나로 '주도적으로 행동하기'를 이야기한다. 주도적인 사람들은 '관심의 원'이 아니라 '영향의 원'에서 행동한다. '관심의 원'은 개인이 전혀 통제할 수 없는 것들의 범위를 말한다. 예를 들면 이런 바람들이다. '사장이 월급을 더 많이 줬으면 좋겠다', '벼락부자가 되었으면 좋겠다', '경기가 더 좋아지면 좋겠다' 등등. 반면 관심의 원 안에는 작은 원이 있는데, 그것이 바로 '영향의 원'이다. '영향의 원'은 자기 능력 범위 안의 일을 대표한다. 만일 우리가 관심의 원에 집중한다면 자기 능력이 미치지 않아 원하는 대로 할 수 없게 된다는 사실을 알게 된다. 이럴 때 사람들은 불안과 초조함에 빠지고 고통스러워진다. 따라서 스티븐 코비 박사는 '영향의 원'에 힘을 쏟으라고 말한다. 자신이 바꿀 수 있는 일에 힘을 쏟으면서 영향의 원을 계속 확대해 나간다면 관심의 원에 가까이 다가갈 수 있을 것이다.

　관심의 원과 영향의 원이라는 관점에서 생각해 보면 '자리가 없음을 걱정하는 것'과 '설 수 있을지를 걱정하는 것'이 다르다는 것을 알 수 있다. '자리가 없음을 걱정하는 것'은 관심의 원에 해당한다. 나를 알아주지 않고 나에게 자리를 주지 않는 것은 개인이 어떻게 해 볼 수 없는 영역이기 때문이다. 반대로 '설 수 있을지를 걱정하는 것'은 영향의 원에 해당한다. 자기 능력이 어느 정도인지를 걱정하는 것은 개인이 통제할 수 있는 영역이다.

다음 구절을 살펴보자.

> "자신을 알아주지 않는 것을 걱정하지 말고, 알려질 수 있게 되는 것을 구해야 한다."

자신에게 자리가 주어지지 않는 이유는 뭘까? 사람들이 자신을 제대로 알아주지 못해서인 것일까? 사람들은 자기는 능력이 있는데도 자신에게 기회가 주어지지 않는다고 원망한다. "자신을 알아주지 않는 것을 걱정하지 말고"는 다른 사람이 자기 능력을 제대로 알아주지 않는다고 걱정하지 말라는 의미이다. "알려질 수 있게 되는 것을 구해야 한다."는 자기 능력을 다른 사람에게 충분히 보여줬는지를 고민하라는 뜻이다.

그렇다면 자신에게 이런 질문을 던져보자. 나의 일이 다른 사람에게 알려지는 것이 정말 좋은 일일까? 요즘 젊은이 중에 유명해지고 싶어하는 친구들이 많다. 이들 대부분은 유명해지려고 하는 이유나 유명해진 이후의 삶에 대해서 제대로 생각하지 않는다. 유명인 중에는 얼굴이 알려져서 생활이 불편한 경우가 많나. 유명해졌다고 거만하게 남들을 깔보고 자기 자신을 과대평가하는 이들도 있다.

우리는 자기 자신이 이룬 성과에 합당한 명성을 갖게 된다. 이름과 실제가 부합하는 것, "명실상부名實相符"는 이럴 때 쓰는 말이다. 하지만 말처럼 쉽지 않은 일이다. 맹자는 이런 말을 했다.

"뜻하지 않게 받는 칭찬이 있으며, 완전하기를 바라다가 받는 비방이 있다.
有不虞之譽, 有求全之毀."

맹자는 사람들이 생각하는 것만큼 자기 자신이 명실상부하다고 여기지 않았다. 즉, 맹자는 자신에 대한 칭찬이 뜻하지 않게 받은 것으로 생각한 것이다. 반면 세상일이란 완전하기를 바라며 노력하다가 다른 사람으로부터 비방을 받을 수도 있다.

원대한 이상을 갖고 노력해야 좋은 성과를 기대할 수 있다. 자기 능력에 대한 외부의 평가에 온 신경을 쓴다고 달라지는 일은 없다. 자신이 지금의 위치에 걸맞은 능력이 있는지를 점검하고 다른 사람들에게 알릴만한 자신만의 능력이 무엇인지를 되돌아보는 일에 집중하자.

『삼국지』의 조비는 아버지 조조曹操에게 후계자로 인정받았을 때 너무 기뻐서 춤을 추었다. 이를 본 한 신하가 조비에게 충고했다. '막중한 자리를 맡은 만큼 두려워하고 근심해야지 춤을 추는 모습을 보여서는 안 된다'는 신하의 충고는 공자의 말을 떠오르게 한다.

당신이 만나야 할 단 하나의 논어

말은 신중하게 천천히,
행동은 민첩하되 정확히

공자가 말하길 : "군자는 말은 어눌하게 하고 행동을 민첩하게 하려 한다."

子曰 : "君子欲訥於言而敏於行."
자왈 : "군자욕눌어언이민어행."

"말은 어눌하게 하고"라는 구절은 말수가 적고, 말을 할 때도 유창하지 못하다는 뜻이다. "행동을 민첩하게 하려 한다."라는 것은 동작이 빠르고 실행력이 강해 효율적으로 일을 처리한다는 뜻이다.

나는 이 문장이 공자가 자기 자신에게 한 말이라고 생각된다. 이러한 뉘앙스를 살린다면 문장은 이렇게 풀이할 수 있을 것이다.

'나(공자)는 군자가 되어 말을 석게 하고 일은 민첩하게 하고 싶다.'

공자의 가르침은 거의 매일 이루어졌다. 하루도 빠짐없이 찾아오는 제자들의 궁금증에 답하기 위해 공자는 세상을 바라보는 자신의 관점과 지식을 열정적으로 가르쳤다. 그래서 이런 말을 했을까? 매일 반복되는 가르침에 지친 공자가 '어눌해지고 싶다'고 생각하지 않았나 싶은 재밌는 생각을 해 보게 된다.

명문 칭화대학교의 광장에 있는 해시계에는 "말보다 행동이 중요하다行勝於言."라는 글귀가 적혀 있다. 자기계발의 방법을 찾는 사람들을 위한 두 권의 책 『1만 시간의 재발견』과 『아주 작은 습관의 힘』은 실천의 중요성을 강조한다. 말은 어눌해도 행동은 민첩하게 하는 것이 중요하다는 것을 시사하는 내용이다.

이와 관련해 하나의 사례를 소개한다. 교사가 학생을 두 조로 나누어 사진 촬영에 대한 강의를 했다. 첫 번째 조 학생들한테는 사진을 많이 찍은 사람에게 점수를 주겠다고 말하고, 두 번째 조 학생들한테는 가장 수준 높은 사진을 찍은 사람에게 점수를 주겠다고 말했다.

첫 번째 조 학생들은 당연한 일이겠지만, 매일 많은 사진을 찍었다. 반면 두 번째 조 학생들은 사진 이론을 공부하고 촬영 기술을 분석하느라 사진을 찍을 시간이 많지 않았다. 주어진 시간이 지나 두 조의 학생들은 과제물을 제출했다. 어느 조의 학생들이 더 퀄리티 높은 사진을 찍었을까? 학생들의 사진들을 평가한 결과, 잘 찍은 사진들은 대부분 첫 번째 조에서 나왔다. 그 이유는 뭘까? 사진에 관한 이론 공부보다는 사진을 실제로 찍어본 경험이 많을수록 실력이 좋아졌기 때문이다.

나는 이 사례를 읽으면서 "앉아서 탁상공론을 하는 것보다 일어나 움직이는 게 낫다."라는 세상 사람들의 말이 떠올랐다. 종일 앉아서 토론하면 이론이 풍부해지고 관점도 발전하겠지만 직접 실천하는 것보다는 못하다. 직접 실행하는 과정이 있어야 피드백도 빨리 받을 수 있다. 시행착오를 반복하면 실력도 자연스럽게 발전하는 것이다.

송나라 말기 사람들이 유학자들을 비판한 이유도 실용적인 일은 하지 않고 충성과 애국심만 중요시했기 때문이었다. 당대의 사람들이 유학자들을 조롱하는 말을 살펴보자.

"하는 일 없이 팔짱을 끼고 심성에 관해서만 이야기하다가 죽을 위기에 직면하니 군왕에게 보고한다."

자신의 애국심만 드러내고 감동할 뿐 국가를 위해 실제로 공헌은 하지 않고, 사람들에 대한 심성의 관점을 팔짱을 끼고 토론하다가 국가가 위태로워지면 무기력해지는 유학자들의 일면을 지적한 말이다.

송나라 사람들의 유학에 대한 평가는 정당할까? 물론, 행동하지 않는 유학자들의 일면은 비판받을 만한 일이다. 하지만 유학자들의 논쟁이 쓸데없다고 치부할 수만은 없다. 그들에 대한 비판은 다만 실천이 적다는 점에 초점이 맞추어져 있는 것이다. 유학자들도 국가를 위해 목숨을 바칠 수 있다. 하지만 그들은 행동보다 토론을 좋아했기 때문에 실천을 좋아하는 사람들에게는 탁상공론처럼만 보였을 것이다.

행동과 실천의 중요성은 창업 과정에서 아주 중요하다. 처음 창업을 하는 사람들은 대부분 의욕이 넘쳐 창업을 컨설팅해 주는 학원에 다니거나 성공한 기업가들의 강연을 듣는 데 열중한다. 하지만 창업가들이 이론 공부에만 열중하다 보면 실제 회사 운영에는 소홀해져 좋지 못한 결과를 얻게 되고 만다. 공자의 말처럼 이론을 바탕으로 "행동을 민첩하게" 하는 것이 급선무이다.

나는 이 문장을 읽을 때마다 생각나는 두 쌍의 사람들이 있다. 바로 뉴턴과 라이프니츠, 왕양명과 주희이다. 동시대를 살았던 영국의 뉴턴과 독일의 라이프니츠는 서로 경쟁자였다. 말수가 적은 뉴턴은 물리학 연구를 통해 얻은 만유인력의 법칙으로 세상을 뒤흔들었다. 뉴턴은 항상 깊고 놀라운 이론이나 방법을 도출하는 데 온 힘을 기울였다. 반면 외교관인 라이프니츠는 성격이 활달해 각종 연회에 참석해 토론하는 것을 좋아했다. 계몽철학을 제시한 라이프니츠는 굉장히 뛰어난 인물이었지만 뉴턴만큼이나 사회를 위해 실질적인 공헌을 하지 못했다고 생각한다. 명나라 중기의 유학자 왕양명과 주희 역시 비슷하다. 왕양명은 주희가 문화와 사상영역에서 획기적인 진전을 이루지 못했다고 비판했다. 왕양명은 주희가 아주 많은 책을 저술했지만, 많은 시간을 저술과 편집에 할애하느라 정작 심도 있는 사고를 하지 못해 철학의 깊이가 없다고 생각했기 때문이다.

공자는 이미 오래전부터 사고에서 행동으로 이어지는 시간을 중요하게 생각했다. 사고에서만 멈출 것인가, 민첩하게 실천으로 이어나갈 것인가는 미래의 길을 트기 위한 상당히 중요한 문제다. 제자리걸음으로 생각만 할 것인가, 행동으로 옮겨 한 발을 내디딜 것인가. 지금 고민 중이라면 당장 일어나 움직여라!

제5편

공야장
公冶長

어짊을 추구했던 공자의 뛰어난 제자들,

공문십철

언용녕 焉用佞

화려한 말재간보다
내면의 어짊에 집중하라

∞

누군가가 말하길 : "옹은 어진 사람이지만 말재주가 없다."
공자가 말하길 : "말재주가 좋아 어디에 쓰겠는가? 말재주로 다른 사람을 대하면 미움만 받을 뿐이다. 그가 어진 사람인지는 모르겠지만 말재주를 어디에 쓰겠는가?"

或曰 : "雍也仁而不佞."
子曰 : "焉用佞? 禦人以口給, 屢憎於人. 不知其仁, 焉用佞?"
혹왈 : "옹야인이불녕."
자왈 : "언용녕? 어인이구급, 루증어인. 부지기인, 언용녕?"

이름을 밝히지 않고 말할 때 쓰는 한자 '혹왈^{或曰}' 뒤에는 주로 안 좋은 내용이 이어진다. 공자의 제자 중 '삼염^{三冉}'이라는 삼 형제가 있었다. 첫 구절에 나오는 한자 '옹^雍'은 삼염 삼 형제 중 '염옹^{冉雍}'을 말한다. 염옹의 다른 이름은 '자유^{子有}'다.

"옹은 어진 사람이지만 말재주가 없다."라고 누군가가 말했으니 염옹에 대한 부정적인 평가일 것이다. 첫 구절 끝에 쓰인 한자 '녕佞'은 말을 수려하게 잘한다는 의미다. 그래서 첫 문장은 '염옹은 어진 사람이지만 언변이 뛰어나지는 않다'고 해석할 수 있다.

염옹에 대한 누군가의 평가를 들은 공자의 마음이 좋지 않은 것 같다. 공자는 상대방이 어짊의 경지를 쉽게 판단하는 것을 받아들일 수 없었다.

공자가 안회를 제외하고는 어짊에 이르렀다고 평가한 제자는 거의 없었다. 게다가 안회가 어짊을 어기지 않은 것도 3개월 동안이라는 단서를 달았다. 공자가 생각하는 어짊의 경지는 무척이나 높다. 공자는 염옹이 어진 경지에 다다랐으나 표현 능력이 부족하다는 누군가의 평가를 받아들일 수 없었다. 누군가가 염옹에게 부족한 것은 단지 자신의 출중한 능력을 잘 포장해 세상에 알리는 능력일 뿐이라고 촌평했다.

누군가의 말이 마음에 들지 않았던 공자가 다음과 같이 반문했다.

"말재주가 좋아 어디에 쓰겠는가?"

어진 경지에 오른 것을 굳이 좋은 말재주로 떠들고 다닐 필요가 있냐는 것이다.

이 문장에서 말하는 '누군가'의 기준은 세상의 관점이다. 세상은 어짊보다는 말을 번지르르하게 잘하는 사람들을 주목한다. 타인의 비위를 맞추기 위해 화려한 언변을 구사할 줄 아는 사람이 돋보이는 게 세상의 논리다. 하지만 공자는 어눌하더라도 내면에 덕을 갖춘 사람과 가깝게 지내라고 말한다. 여기서 공자는 염옹에 대한 세상의 평가가 맞는지 잘 모르겠으나 말을 잘하는 것은 별로 중요하지 않다고 강조하고 있다.

언변이 뛰어난 사람을 싫어했던 공자는 이렇게 말했다.

"말을 교묘하게 꾸미고 얼굴빛을 좋게 하는 사람 중에는 어진 사람이 드물다."

공자는 말을 청산유수처럼 잘하는 사람 중에 어진 사람이 드물다고 생각했다. 그래서 공자는 다음과 같이 말했다.

"말재주로 다른 사람을 대하면 미움만 받을 뿐이다."

공자는 "어진지는 모르겠다."는 표현을 자주 사용했다. 내면의 어짊은 겉모습만 봐서는 판단하기가 쉽지 않다. 우리는 상대방의 겉모습을 통해서 그 사람이 나라를 다스릴 능력이 있는지, 돈을 벌 능력이 있는지, 음악을 이해할 줄 아는지 알 수 없다. 내면의 어짊은 더욱 그러하다. 잘 모르는 것을 함부로 판단해 입 밖으로 내뱉는 일은 피해야 한다.

"어진 사람인지는 모르겠다."라는 표현은 공자가 제자의 어짊을 부정했다는 말은 아니다. 공자는 제자들의 어짊을 명확하게 판단할 수 없다고 솔직하게 대답한 것뿐이다. 이 대화에서도 공자는 염옹을 비판한 것이 아니라 그의 어짊이 어느 경지에 다다랐는지 모른다고 말했을 뿐이다.

공자는 사람을 평가할 때 두 가지 면만 판단했다. 상대방이 어떤 일을 처리할 수 있고, 그 일을 얼마나 유능하게 처리할 수 있는가. 즉, 일의 본질에 초점을 맞춰 사람을 평가했다. 하지만 우리는 공자처럼 일의 본질만 보고 사람을 판단하는 경우가 드물다. 우리는 흔히 이런 말들을 자주 한다. '저 사람은 좋은 사람이다, 그 사람은 나쁜 사람이다, 이 사람은 신용을 잘 지키는 사람이다.' 도덕적이고 감정적이고 경험적인 측면들이 사람에 대한 평가를 좌지우지한다.

공자는 어짊을 판단하는 데 아주 신중했다. 그래서 상대방이 어질더라도 자신은 알아차릴 수 없다고 말했다. 그 반대도 마찬가지였다. 이유는 명확하다. 어짊은 내면에 있다. 따라서 겉모습만 보고는 내면의 어짊을 판단할 수 없다.

공자가 마지막 구절에서 다시 강조하며 말한다. "말재주를 어디에 쓰겠느냐?" 공자의 속마음은 이럴 것이다. '내 제자를 유혹해서 말재주가 좋은 사람으로 만들고 싶은 것이냐?'

나도 다시 한번 강조하지만, 말재주를 높이 평가하는 것은 세상의 관점이다. 우리는 내면의 어짊에 힘을 쏟아야 한다.

우, 불가급야 愚, 不可及也

때론 바보처럼 사는 것이
삶의 지혜다

공자가 말하길 : "영무자는 나라에 도가 있으면 지혜로웠고, 나라에 도가 없으면 어리석었다. 그 지혜는 따라갈 수 있으나 그 어리석음은 따라갈 수가 없구나!"

子曰 : "甯武子, 邦有道, 則知, 邦無道, 則愚. 其知, 可及也, 其愚, 不可及也!"

자왈 : "녕무자, 방유도, 즉지, 방무도, 즉우. 기지, 가급야, 기우, 불가급야!"

어리석음에 대한 사자성어는 많다. 아는 것이 없어 어둡다는 의미의 '무지몽매無知蒙昧', 소귀에 경 읽기 '우이독경牛耳讀經', 한자 '어'와 '노'를 분간하지 못할 정도로 어리석다는 뜻의 '어로불변魚魯不辨', 농기구 고무래를 앞에 두고도 한자 '정'을 알지 못할 정도로 아둔하다는 뜻의 '목불식정目不識丁' 등등. 이번 문장에 등장하는 '우불가급愚不可及'도 같은 뜻이다. 어느 사람과 비교해도 아주 어리석다는 뜻이 있는 우불가급에 대해 알아보자.

사자성어 우불가급에 얽힌 본래 이야기는 지금 우리가 알고 있는 뜻과 정반대되는 사연을 갖고 있다. 위나라의 대부를 지냈던 '영무자寧武子'의 처세술에 관한 이야기이다.

공자는 영무자의 현명함을 칭찬했다. "나라에 도가 있으면 지혜로웠고"라는 구절에서 '도가 있는' 상황은 나라가 평탄한 때를 말한다. 국정을 살피는 관리들이 청렴할 때 능력 있는 사람들은 제 뜻을 마음껏 펼칠 수 있다. 영무자도 마찬가지였다. 위나라가 안정적일 때 영무자는 중상모략을 걱정하지 않고 소매를 걷어붙이고 있는 힘껏 능력을 발휘해 나라에 공헌했다.

"나라의 도가 없으면 어리석었다."라는 구절은 위 구절과 반대되는 상황이다. 나라에 도가 없다면 관리들의 부정부패가 만연해 국정이 혼란스럽고, 임금이 자신의 권력을 사적으로 사용해 나라의 법과 제도가 흔들리게 된다. 영무자는 진晉나라가 공격해오자 초楚나라와 진陳나라로 달아났다. 그가 목숨을 부지할 수 있었던 것은 자신의 재능을 감추고 무지몽매한 사람처럼 행동했기 때문이다.

공자가 영무자에 대해 말했다.

"그 지혜는 따라갈 수 있으나 그 어리석음은 따라갈 수가 없구나!"

문장에서 "어리석음은 따라갈 수 없다."라는 것은 영무자의 어리석음을 말하는 것이 아니다. 공자는 난세에 직면했을 때 어리석은 척 행동을 했던 영무자의 처세술처럼 지혜롭게 행동하지 못했다고 한탄했다. 지혜는 배워서 익히고 실천하고 응용할 수 있다. 하지만 어리석은 척하는 것은 배워서 할 수 있는 행동이 아니다.

공자는 상황에 따라 행동하며 자신의 이익을 챙기는 부류의 사람은 아니었다. 자기 생각을 있는 그대로 표현하지 않으면 불편했던 그는 열국을 돌며 자신의 사상을 전파하고 자신의 이상을 실천하려 했다. 강직한 공자는 그러함에도 불구하고 영무자의 지혜로운 처세술은 부러워했다.

'명철보신明哲保身'이라는 사자성어가 있다. 이치에 밝아 적절하게 행동할 수 있는 능력 덕분에 자기 몸을 잘 보전할 수 있다는 뜻이다. '우불가급愚不可及'은 본래 명철보신했던 영무자의 처세술에서 나온 사자성어이지만, 어리석게 행동했다는 부분적인 의미만 살아남아 그 뜻이 정반대가 된 기이한 사자성어이다.

원시용희 怨是用希

Don't look back in anger!
지난 일에 분노하지 마라

공자가 말하길 : "백이, 숙제는 과거의 악행을 생각하지 않았기에 원망이 드물었다!"

子曰 : "伯夷, 叔齊, 不念舊惡, 怨是用希!"
자왈 : "백이, 숙제, 불념구악, 원시용희!"

주나라의 전설적인 형제 백이와 숙제에 관한 이야기이다. 두 형제는 본래 은나라의 왕자였지만, 두 사람 모두 왕위를 물려받지 않고 나라를 떠났다. 백이와 숙제는 주나라의 문왕이 어질다는 소문을 듣고 주나라의 신하가 되었다.

아버지가 어질다고 자식이 어질다는 보장은 없다. 문왕이 죽자 그의 아들 무왕은 상중에 군대를 소집했다. 은나라를 멸하기 위해서였다. 백이와 숙제는 무왕을 만류했다. 두 형제는 아버지의 장례를 다 치르지도 않았는데 전쟁을 벌이는 것은 효가 아니라고 입을 모았다. 하지만 무왕은 귀를 닫고 전쟁을 일으켰다. 충언을 아끼지 않은 백이와 숙제도 죽이려 들었다. 간신히 목숨을 건진 두 형제는 주나라에서 자라는 곡식을 먹지 않겠다며 수양산에서 버티다 결국 굶어 죽게 된다.

백이와 숙제는 정절을 상징하는 대표적 인물이다. 공자가 말했다.

"백이, 숙제는 과거의 악행을 생각하지 않았기에 원망이 드물었다!"

두 형제가 과거의 잘못에 대해 연연하지 않았음을 공자가 크게 평가하는 것이다. 공자의 제자 자공이 두 형제의 평가를 물은 적이 있다. 공자는 다음과 같이 말했다.

"어짊을 구해 어짊을 얻었는데 어찌 원망했겠느냐.
求仁而得仁, 又何怨."

백이와 숙제가 어짊에 뜻을 두고 실천했는데 무엇을 원망했겠냐는 뜻이다.

『루이스 헤이의 치유 수업You Can Heal Your Heart』의 저자이자 심리치료사인 루이스 헤이는 일상의 사소한 것에서부터 사랑하는 이의 죽음에

당신이 만나야 할 단 하나의 논어

이르기까지 살아가면서 맞닥뜨리는 상실로 인한 고통을 치유하는 방법을 이야기한다. 루이스 헤이는 우리가 괴롭힘이나 부당한 대우를 당했을 때 받은 과거의 상처를 계속 떠올리는 상황을 설명한다. 과거의 상처는 본인이 의식하지 못하는 사이에 잠재의식 속에 침투해 본인의 운명을 좌지우지하며 같은 일에서 계속 실패를 하게 만든다.

그렇다면 과거의 상처를 잊는 방법은 없을까?

공자는 과거의 일들을 내려놓는 방법으로 "과거의 악행을 생각하지 않아야 한다."라고 말했다. 과거의 악행을 생각하지 말아야 하는 이유는 뭘까? 악행은 어떤 인연들과 원인이 합쳐져서 만들어진 결과다. 무수히 많은 원인이 하나로 모여야 비로소 나쁜 일이 발생할 수 있다. 그리고 이러한 원인들의 조합은 계속 변화한다. 따라서 과거의 악행을 원망하는 것은 소용이 없는 일이다. 실패한 일은 이미 지나간 과거일 뿐이다.

우리가 넓은 마음으로 포용하는 자세를 갖출 수 있다면 백이와 숙제처럼 과거의 악행을 생각하지 않고 원망을 줄일 수 있을 것이다. "과거의 악행을 생각하지 않는 것"의 가장 중요한 핵심은 '사심이 없는 것'이다. 다른 사람과의 갈등을 사람 사이의 관계 때문이라고 보는 이유는 자기중심적이고 개인의 이익을 중요시하기 때문이다.

숙위미생고직 孰謂微生高直

정직은 삶을 보호할
단단한 갑옷이다

∞

공자가 말하길 : "누가 미생고가 정직하다고 말했는가! 어떤 사람이 그에게 식초를 빌리려 하자 이웃집에 가서 빌려다가 주었다."

子曰 : "孰謂微生高直! 或乞醯焉, 乞諸其隣而與之."
자왈 : "숙위미생고직! 혹걸혜언, 걸저기린이여지."

『장자莊子』의 〈도척盜跖〉 편에는 사자성어 '미생지신尾生之信'에 대한 이야기가 있다.

노나라에 약속을 잘 지키는 것을 자랑으로 삼는 미생고라는 사람이 있었다. 그는 어느 날 사랑하는 사람을 다리 밑에서 만나기로 약속했다. 하지만 기다려도 여인은 나타나지 않았다. 때마침 장대비가 쏟아졌다. 물은 점점 높아져 허리까지 올라왔다. 하지만 미생고는 다리 기둥을 부둥켜안고 자리를 떠나지 않았다. 결국 그는 물에 빠져 죽고 말았다. 이번 문장에 적힌 한자 '미생고^{微生高}'는 미생지신의 고사에 등장하는 미생고를 말한다.

공자가 미생고에 대해 말했다.

"누가 미생고가 정직하다고 말했는가! 어떤 사람이 그에게 식초를 빌리려 하자 이웃집에 가서 빌려다가 주었다."

공자가 말하는 것은 미생고에 대한 또 다른 일화이다. 미생고의 집에는 식초가 없었다. 하지만 누군가가 식초를 빌리려 하자 미생고는 이웃집에서 식초를 빌려 그에게 주었다. 미생고의 행동은 과잉 친절일까? 분명한 것은 자기 집에 식초가 없다는 점을 감추려 했다는 것이다. 그래서 공자는 미생고의 행동이 정직하지 않다고 보았다.

정직한 죽음에 대한 옛말이 있다.

"무관은 전쟁터에서 싸우다 죽고, 문관은 간언하다가 죽는다.
武死戰, 文死諫."

전쟁터에서 싸우다 죽는 것을 가장 큰 영광으로 생각했던 무관들은 자기 시신이 말가죽에 싸여 조정으로 돌아와야 나라를 위해 충성을 다했다고 생각했다.

그렇다면 문관에게 가장 영광스러운 죽음은 어떤 죽음이었을까? 간언하다가 죽는 것이다. 필요하다면 황제가 불쾌해하는 간언도 주저 없이 하다가 미움을 사서 죽는 것이 문관의 가치 있는 죽음이었다. 충직한 문관들은 관을 메고 조정에 들어갈 각오로 황제에게 직언을 서슴지 않았다.

진실로 정직하다는 것은 어떤 걸까? "곧은 마음이 도량이다直心是道場." 라는 말이 있다. 진실로 곧은 마음은 무심해 마음이 없는 것과 같다는 의미이다. "내가 만물에 무심하면 만물에 둘러싸여 있어도 아무 상관이 없다我若無心於萬物, 何妨萬物常圍繞."는 말도 마찬가지의 뜻이다. 미생고가 만약 세상일에 마음이 없다면 다른 사람이 자신을 찾아와 식초를 빌리려 할 때 솔직하게 말했을 것이다. 상대방에게 미움을 사기 싫은 마음이 있었던 미생고는 식초를 안 빌려준다는 오해를 살까 두려워 이웃집의 식초를 빌린 것이다.

정직함은 다른 사람이 자신을 어떻게 평가할지 신경 쓰지 않는 태도에서 비롯된다. 자신이 고귀한지 비천한지 신경 쓰지 않기에 일부러 다른 사람의 비위를 맞추려 하지도 않고, 있는 그대로 솔직하게 모든 사람과 마주한다. 정직함은 인생을 편안하고 단단하게 만들어 주는 든든한 갑옷이다.

삶의 가치가 반짝이는
공문십철의 대화

안연과 계로가 공자를 모시고 있을 때,

공자가 말하길 : "어찌 각자 너희들의 뜻을 말하지 않는 것이냐?"

계로가 대답하기를 : "거마와 가벼운 갖옷을 친구들과 함께 사용해 헤지더라
도 유감이 없고자 합니다."

안연이 대답하기를 : "잘하는 것을 자랑하지 않고 공로를 과장하지 않으려 합
니다."

계로가 말하길 : "스승님의 뜻을 듣고 싶습니다!"

공자가 말하기를 : "늙은이를 편안하게 해주고, 친구들이 믿을 수 있게 해주
고, 젊은이가 그리워하도록 하겠다."

顔淵季路侍. 子曰 : "盍各言爾志?" 子路曰 : "願車馬衣輕裘, 與朋友共, 敝
之而無憾." **顔淵曰** : "願無伐善, 無施勞." 子路曰 : "願聞子之志!"
子曰 : "老者安之, 朋友信之, 少者懷之."

안연계로시. 자왈 : "합각언이지?" **자로왈** : "원거마의경구, 여붕우공, 폐지이
무감." **안연왈** : "원무벌선, 무시로." **자로왈** : "원문자지지!"
자왈 : "로자안지, 붕우신지, 소자회지."

공자의 제자 중 능력이 뛰어난 10명을 '공문십철孔門十哲'이라 한다. 안연顔淵과 계로季路는 공문십철에 속하는 안회와 자로를 말한다. 공자와 공문십철의 흥미진진한 대화를 살펴보자.

공자가 인생의 목표에 대해 제자들에게 질문을 던졌다. "어째서 너희가 추구하는 바를 말하지 않는 것이냐?" 성격이 급한 자로가 먼저 대답했다.

"거마와 가벼운 갖옷을 친구들과 함께 사용해 헤지더라도 유감이 없고자 합니다."

문장에 적힌 '거마'는 수레와 말을 뜻하고 '갖옷'은 가죽옷을 말한다. 자로의 말은 친구들과 함께 물건을 나눠 쓰다가 망가져도 상관없다는 의미이다. 자로는 외부의 사물에 연연하지 않고 사람의 감정을 중요하게 생각했다. 의리와 인정을 중요시하고 꾸밈없이 솔직한 자로의 모습이 그대로 반영된 답변이라 할 수 있다. 자로의 말이 끝나자 안회가 말했다.

"잘하는 것을 자랑하지 않고 공로를 과장하지 않으려 합니다."

많은 일에서 성과를 이루고 공로를 쌓은 안회는 자신의 업적을 다른 사람에게 과시하지 않았다. 안회의 대답은 자신이 바라는 일을 했으니 그것으로 만족한다는 것이다. 안회는 항상 과묵하게 자기의 소임을 다하며 다른 사람들의 일도 도왔다. 박학하고 총명했기에 많은 글을 쓰면서도 겸손함을 유지했던 안회는 공자가 가장 아끼는 제자였다.

안회에 대한 공자의 믿음을 엿볼 수 있는 이야기가 하나 있다. 공자가 진나라와 채나라 사이에 있을 때 식량이 떨어지자 어느 제자가 힘들게 쌀을 구해왔다. 안회는 그 쌀로 밥을 짓고 있었다. 잠시 뒤 한 제자가 공자에게 말했다. "안회가 혼자 몰래 밥을 먹는지 감시해야 합니다." 공자는 그럴 필요가 없다고 만류했다. 그런데 잠시 뒤에 어떤 제자가 뛰어와 공자에게 말했다. "안회가 밥을 훔쳐 먹었습니다!" 공자가 부엌으로 가서 안회에게 말했다. "밥이 잘 지어졌으니 먼저 조상에게 제를 올려야 한다!" 안회가 공자에게 말했다. "이 밥으로는 제사를 지낼 수 없습니다. 밥 위에 재가 떨어졌습니다. 재가 묻은 밥을 제가 먹었습니다." 내성적인 안회는 자기가 해야 할 일을 묵묵히 하고 있었다.

문장으로 돌아가, 안회의 말이 끝나자 자로가 다시 공자에게 물었다. "스승님께서는 어떤 사람이 되고 싶으십니까?"

공자가 대답했다.

"늙은이를 편안하게 해주고, 친구들이 믿을 수 있게 해주고, 젊은이가 그리워하도록 하겠다."

당연한 이야기이겠지만 자로와 안회, 그리고 공자의 경지는 달랐다. 자로는 외부 사물에 대한 미련을 버려 그것이 망가져도 연연해하지 않겠다고 했다. 자로의 답변은 '자기 수련을 이어가겠다'는 뜻이다. 안회는 명성에 대한 미련을 버려 다른 사람이 자신을 어떻게 바라보는지 신경 쓰지 않고 자신의 수행을 제대로 하면 그것으로 만족한다고 했다. 안회는 '수련을 마쳤으니 자신이 하는 일을 묵묵히 해나가겠다'는 뜻이다. 공자는 노인들을 안심시키고 싶고, 친구들이 나를 믿게 하고 싶으며, 후세 사람들이 나를 기억하게 하고 싶다고 말했다. 공자의 답변은 '자기가 아닌 타인을 위한 삶을 살고 싶다'는 뜻이다.

공자의 답변 중에 "늙은이를 편안하게 해주고"는 무엇을 말하는 것일까? 공자는 "부모가 오직 아플까만 걱정하는 것이다."라는 말을 한 적이 있다. 자기 몸이 아픈 것을 제외한 다른 일로 부모를 걱정시키지 말아야 한다는 뜻이다. 노인들을 안심시키는 것은 이렇게 연로한 부모를 편안하게 모시는 것을 말한다. 다음으로 "친구들이 믿을 수 있게 해 준다."라는 것은 친구들이 편하게 자신에게 어떤 일을 부탁할 수 있게 한다는 뜻이다. "젊은이가 그리워하도록 하겠다."라는 것은 젊은 사람들을 보살펴 그들이 자신을 기억하게 하겠다는 것을 말한다.

우리가 공자처럼 될 수는 없지만 인생의 목표를 조금 높게 잡아 보는 것도 나쁘지 않을 것이다. 다른 사람들이 자신을 그리워하는 것은 멋진 일이니 말이다.

오사지미능신 吾斯之未能信

❦

더 위대한 길을 찾기 위한
현명한 우회법

∞

공자가 칠조개에게 벼슬을 시키려 했다.
그러자 칠조개가 대답하기를 : "저는 아직 이것을 자신할 수 없습니다."
공자가 기뻐하였다.

子使漆雕開仕. 對曰 : "吾斯之未能信."
子說.
자사칠조개사. 대왈 : "오사지미능신."
자열.

공자의 제자 칠조개漆雕開는 옻칠장이었다. 신분이 낮은 그는 옥살이로 인한 후유증으로 장애가 있었다고 전해진다.

공자는 교육은 귀족만 받을 수 있다는 기존의 관습에 얽매이지 않고 배우고자 하는 모든 사람을 가르쳤다. 옥살이를 했던 사람, 쉽게 말하면

전과자들에게도 공자는 배움의 기회를 주었다. 이 때문에 공자에게는 학문뿐만 아니라 각종 기술과 예능을 겸비한 다재다능한 제자들이 많았다.

공자가 칠조개에게 관직을 맡아 보라고 말했다. 그러자 칠조개는 "저는 아직 자신이 없습니다. 저는 아무래도 이 일을 잘할 수 없을 것 같습니다."라고 대답했다. 신중하고 겸손한 칠조개의 태도를 본 공자는 매우 기뻤다. 칠조개는 비록 공자의 말을 따르지 않았지만, 공자는 오히려 이 일로 인해 칠조개의 마음속에 어짊이 있다고 생각했다.

대부분은 기회만 있으면 관직에 나가 권세에 빌붙고 호시탐탐 부귀영화를 누리려 할 것이다. 나랏일에 반드시 따라오는 막중한 책임을 두려워하지 않고, 오직 높은 자리만 탐내는 것이 일반적인 사람들의 특성이다. 자리가 요구하는 능력이 없다면 높은 자리에 올라간다 한들 결과는 초라해지기 마련이다.

『피터의 원리The Peter Principle』의 공동 저자 로런스 피터와 레이먼드 헐은 무능한 사람들이 계속 승진하고 성공하는 사회적 현상에 대해 파고든다. 대부분 무능함과 유능함은 개인의 역량이라고 생각한다. 하지만 두 명의 저자는 그 원인을 위계 조직의 메커니즘에서 찾는다. 조직에서 모든 직원은 자신의 무능력이 드러날 때까지 승진하려는 경향을 보인다. 그리고 그 위치에서 자신의 무능함을 감추려는 다양한 시도를 한다. 따라서 모든 조직은 무능한 직원들로 채워지게 된다는 것이 '피터의 원리'이다.

많은 사람이 업무에 대한 자기의 능력을 의심하지 않는다. 간혹 자신이 무능하다는 험담을 듣게 된다면 승진하지 못한 사람들의 시기라고 생각한다. 이를 '피터의 역설'이라 한다. 무능한 사람은 자기 자리를 계속 고수한다. 따라서 그 사람보다 능력이 뛰어난 사람들의 진출을 막는다. 능력 있는 사람은 결국 참지 못하고 자리를 옮긴다. 이것을 '피터의 우회'라고 한다. 칠조개는 바로 피터의 우회를 떠오르게 하는 인물이다. 나랏일을 맡으라는 공자의 권유에 칠조개는 자신을 돌아보며 "능력에 자신이 없고, 긴장도 돼서 일을 제대로 할 수 있을지 걱정됩니다."라고 겸손하게 대답했다.

피터의 우회와는 달리 칠조개의 우회법은 더 큰 일을 도모하기 위한 것이다. 공자도 칠조개가 사사로운 관직이 아니라 천하의 일에 관심이 있을 것으로 생각했다. 공자가 기뻐한 이유는 바로 칠조개의 큰 뜻을 알았기 때문이다. 칠조개가 개인의 이익을 챙기는 사람이라면, 관직을 승낙했을 것이다.

공자는 "자리가 없음을 걱정하지 말고 설 수 있을지를 걱정해야 한다."라고 했다. 칠조개처럼 능력이 있다면 스스로 나서지 않더라도 누군가가 자리를 권유할 것이다. 우리가 신경을 써야 하는 것은 업무를 감당할 능력이 있는지 자신을 되돌아보는 일이다.

비이소급야 非爾所及也

타인에게는 엄격하게,
나에게는 더욱 엄격하게

∞

자공이 말하길 : "저는 다른 사람이 저에게 가하기를 원치 않은 일은 다른 사람에게 가하지 않으려 합니다."
공자가 말하길 : "사야, 네가 미칠 수 있는 바가 아니다!"

子貢曰 : "我不欲人之加諸我也, 吾亦欲無加諸人."
子曰 : "賜也, 非爾所及也!"
자공왈 : "아불욕인지가저아야, 오역욕무가저인."
자왈 : "사야, 비이소급야!"

자공에 대한 공자의 평가는 인색하다. 자공은 자신이 무언가를 깨달았을 때마다 자신의 생각을 스승에게 이야기했지만, 공자의 답변은 그리 좋은 편은 아니었다.

자공이 스승에게 말했다.

당신이 만나야 할 단 하나의 논어

"저는 다른 사람이 저에게 강요하기 싫어하는 일은 다른 사람에게 강요하지 않습니다."

자공의 말은 "자신이 하기 싫은 일은 다른 사람에게 베풀지 말라己所不欲勿施於人."라 했던 공자의 말과 일맥상통하는 문장이다. 따라서 자공은 공자에게 칭찬받으리라 예상했을 것이다. 자기 자신도 이제야 스승의 뜻을 깨달았다는 기쁨에 차 자신 있게 이야기를 했지만, 공자는 찬물을 끼얹었다. "너는 그렇게 할 수 없다."

공자는 자공이 자기 자신이 한 말을 지킬 수 없다고 말했다. 깨달은 것과 실천하는 것이 항상 일치할 수는 없다.

깨달은 바를 실천할 수 있으려면 어떤 경지에 이르러야 하는 걸까? 자기 자신을 되돌아보는 비판적 사고가 필요하다. 대부분은 타인에게는 엄격한 잣대를 들이밀고, 자기 자신은 합리화하는 경향이 있다. 한마디로 이중 잣대를 사용하는 것이다.

내가 하기 싫은 일을 다른 사람에게 미루지 않는 것은 자공이 생각하는 것만큼 그리 쉬운 일은 아니다. 그래서 공자는 자공에게 "너의 깨달음을 실천하는 일은 어려운 만큼 너는 그렇게 할 수 없다."라고 말한 것이다.

이중 잣대에 대한 또 다른 예를 들어보지. 우리는 안 좋은 일을 당했을 때 주변에서 이런 말을 듣는다. "너무 심각하게 생각하지 마라.", "조급해하지 마라!", "좀 더 넓게 생각하라." 하지만 이런 말은 큰 위로가 될 수 없다는 것을 우리는 알고 있다. 그런데도 이런 말을 하는 이유는 상대방의 진짜 감정을 이해할 수 없어서 두루뭉술하게 좋은 말을 찾는 것이다.

불교에는 '동체대비同體大悲'라는 말이 있다. 동체대비는 상대방과 동일체가 되어 슬픔과 고통을 함께 느끼는 것을 말한다. "네 이웃을 네 몸같이 사랑하라."라는 예수의 말과 일맥상통하는 불교의 깨달음이다. 우리는 상대방의 슬픔을 나의 고통처럼 느낀 다음에야 상대방이 위로받을 수 있는 말을 할 수 있다. 네 이웃을 네 몸같이 사랑하면, 네 이웃의 고통은 곧 나의 고통이 될 수 있을 것이다.

자공의 깨달음은 실천하기는 쉽지 않은 일이다. 어떻게 보면 냉담해 보이는 공자의 답변은 아마도 공자 자신도 아직 실천하기 어려운 경지이기 때문일 수도 있다. 공자는 아무 이유 없이 제자를 꾸짖는 스승은 아니다. 이중 잣대를 벗어나기란 힘든 일이다. 욕망을 통제하고, 원칙을 굳건히 지켜야만 가능한 일이다. 비록 세계관은 다를지언정 유교를 비롯한 불교와 기독교는 상대방을 자기 자신처럼 생각하라고 한목소리로 말하고 있다.

제6편

옹야

雍也

지나침도,

모자람도 없이

마음은 곧 태도에서 드러나고,
태도는 마음으로 침잠한다

∞

중궁이 자상백자에 관해 물었다. 공자가 대답하길 : "간략하니 괜찮다."
중궁이 묻기를 : "공경함에 있으면서 간략하게 행동해 백성을 대한다면 괜찮
지 않습니까? 하지만 간략함에 있으면서 간략하게 행동하는 건 지나치게 간
략한 것이 아닙니까?"
공자가 대답하길 : "옹의 말이 옳구나."

仲弓問子桑伯子. 子曰 : "可也. 簡."
仲弓曰 : "居敬而行簡, 以臨其民, 不亦可乎? 居簡而行簡, 無乃大簡乎?"
子曰 : "雍之言然."
중궁문자상백자. 자왈 : "가야. 간."
중궁왈 : "거경이행간, 이림기민, 불역가호? 거간이행간, 무내태간호?"
자왈 : "옹지언연."

이 문장에 쓰인 '중궁仲弓'은 공자의 제자 염옹을 말한다. 공자가 염옹
과 함께 다른 사람을 평가하고 있는 문장이다.

염옹이 공자에게 "자상백자子桑伯子란 사람은 어떻습니까?"라고 물었다. 자상백자는 부패한 정치에 환멸을 느껴 세상을 등지고 대나무 숲에서 살았던 일곱 명의 현자들이라는 뜻의 '죽림칠현竹林七賢'의 한 사람이다. 대나무 숲의 대나무처럼 구애됨 없이 소탈하고 자유롭게 사는 사람이었다.

어느 날 공자가 제자를 데리고 자상백자를 찾아갔다. 자상백자는 옷을 입지 않은 채로 공자를 맞이하고 학문에 관해 토론했다. 자상백자와의 만남이 끝난 뒤 한 제자가 공자에게 말했다. "스승님, 저 사람을 어떻게 생각하십니까? 옷도 입지 않는 게 말이 됩니까?" 공자가 대답했다.

"자상백자는 질質이 문文보다 강한 사람이다."

공자의 말에서 '질'은 내면을 말하고 '문'은 외면을 뜻한다. 공자는 자상백자가 외면에 신경 쓰기를 바랐다.

자상백자에게도 제자가 있었다. 그의 제자도 못마땅하다는 듯이 자상백자에게 물었다. "스승님, 어째서 학자인 척 행동하는 공자와 대화를 나누셨습니까?" 자상백자가 대답했다. "공자는 뛰어난 사람이지만 문이 질보다 강한 사람이다." 자상백자는 공자가 내면에 더욱 힘쓰고 외면에 덜 신경 쓰기를 바랐다. 자상백자와 공자는 서로를 평가하며 부족한 부분은 보완하고 서보에게 엉향을 주려 했다.

다시 본문으로 돌아가 보자. 이 문장에서 공자는 '간簡'이란 글자 하나로 자상백자를 평가한다. 간단, 간결, 간략한 사람이라서 번거로운 예절은 무시하고 간단명료하게 일을 처리한다는 것이다. 그러자 염옹은 "공경함에 있으면서 간략하게 행동해 백성을 대한다면 괜찮지 않습니까?"라고 물어본다. '공경함에 있다는 것'은 행동이 단정하다는 것을 말한다. 간략하게 행동한다는 것은 말 그대로 일을 처리하는 방법이 간단다는 것을 말한다. 염옹이 이어서 말했다. "백성을 간략하게 대하는 것은 좋지만, 간략함에 있으면서 간략하게 행동하는 건 지나치게 간략한 것 아닙니까?" 염옹은 너무 간략하면 중용의 도에서 어긋나지 않냐고 공자에게 묻고 있다. 공자는 염옹의 말이 일리가 있다고 생각해 이렇게 대답했다. "옹의 말이 옳구나."

'공경함에 있으면서 간략하게 행동한다'와 '간략함에 있으면서 간략하게 행동한다'라는 것은 어떤 차이점이 있을까? 죽림칠현의 한 사람인 유영劉伶은 전형적으로 간략함에 있으면서 간략한 사람에 해당한다. 반면 명나라 유학자 왕양명은 전형적으로 공경함에 있으면서 간략하게 행동한 사람이다. 그는 자신의 언행과 소양을 항상 단속하고 매일 자신을 자제하며 예의범절을 지키려 노력했다. 하지만 다른 사람과 만날 때는 외부 겉치레와 불필요하거나 지나친 예의범절은 지키려 하지 않았다. 문과 질은 서로 알맞게 균형을 유지해야 한다. 자신을 단속하며 공경함에 있으면서 간략하게 행동할 줄 알아야 하는 것이다.

불천노, 불이과 不遷怒, 不貳過

작은 분노의 씨앗이 키우는
거대한 불화의 나무

애공이 묻기를 : "제자 중 누가 배우길 좋아합니까?"
공자가 대답하길 : "안회가 배우기를 좋아해 노여움을 옮기지 않고, 잘못을 두 번 되풀이하지 않았습니다. 하지만 불행하게도 명이 짧아 죽었습니다! 지금은 없으니 배우길 좋아한다는 사람을 듣지 못했습니다."

哀公問 : "弟子孰爲好學?"
孔子對曰 : "有顔回者好學, 不遷怒, 不貳過. 不幸短命死矣! 今也則亡, 未聞好學者也."
애공문 : "제자숙위호학?"
공자대왈 : "유안회자호학, 불천노, 불이과. 불행단명사의! 금야즉무, 미문호학자야."

노나라 임금 애공이 나이 70을 넘긴 노년의 공자에게 물었다. "제자 중 누가 배우길 좋아합니까?" 공자의 머릿속에는 먼저 세상을 떠난 안회의 얼굴이 떠올랐다.

"안회가 배우기를 좋아해 노여움을 옮기지 않고, 잘못을 두 번
되풀이하지 않았습니다."

노여움을 옮기지 않고, 잘못을 두 번 되풀이하지 않는 것은 본받아야
할 배움의 자세다. 여기서 "노여움을 옮기지 않고"는 다른 사람에게 화
풀이를 하지 않는 것을 말한다. 부정적인 감정은 바이러스만큼 전파력
이 강하다. 한 사람의 화는 고양이를 다치게 할 수도 있다. 갑자기 고양
이를 언급하니 '무슨 뚱딴지같은 이야기일까'라고 생각할 것이다. 감정
오염에 대한 심리학자들의 설명을 살펴보자.

사장이 기분이 좋지 않아 업무를 보고하러 온 부장을 질책했다. 이유
없이 욕을 먹어 기분이 상한 부장은 아래 직원에게 화풀이했다. 억울하
지만 화풀이를 할 수 없었던 말단 직원은 퇴근한 뒤에 집에서 시끄럽게
뛰어노는 자녀를 꾸짖었다. 별로 잘못한 것도 없는데 꾸지람을 들어 화
가 난 아이는 소파에 잠든 고양이를 발로 걷어찼다. 갑작스러운 구타에
겁을 먹은 고양이는 집 밖으로 뛰쳐나가 도로 위를 달렸다. 승용차의 운
전자는 갑자기 나타난 고양이를 피하려고 핸들을 꺾다 전신주에 충돌
하고 말았다. 아이러니하게도 사고를 낸 운전자는 바로 부장에게 까닭
도 없이 화를 냈던 사장이었다. 이것이 '걷어차인 고양이 효과'다. 이 효
과는 부정적인 감정을 타인에게 발산하면 그 화가 다시 자신에게 돌아

당신이 만나야 할 단 하나의 논어

온다는 일종의 부메랑 효과를 설명한다. 부메랑이 되기 위해서는 오염된 감정의 사슬이 연결되어야 한다. 하지만, 누군가가 사슬의 고리를 끊어버린다면 부정적인 감정은 더 이상 확산할 수 없다. 물론, 별다른 이유 없이 화를 낸 첫 번째 사람이 없다면 사슬의 고리를 끊어버리는 수고로움도 필요 없을 것이다.

"노여움을 옮기지 않는 것"과 "잘못을 두 번 되풀이하지 않는 것"은 연관되어 있다. 같은 잘못을 되풀이하지 않는 것은 생각보다 쉽지 않다. 사람들은 자신이 저지른 잘못을 인정하려 하지 않고 다른 사람에게 분노를 옮기거나 시스템, 환경, 경제 상황 등 외부 요인으로 책임을 떠넘기는 성향이 있다. 즉, 자기 잘못을 인정하지 않아 노여움을 옮기는 것이다. 그리고 그로 인해 같은 실수도 반복하게 되는 것이다. 따라서 자기 잘못을 인정하지 않으면 노여움을 옮기게 되고 같은 잘못을 반복하게 된다. 자기 자신을 되돌아볼 수 있는 사람만이 인생의 변화를 이룰 수 있다.

사람들이 자기 잘못을 잘 인정하지 못하는 이유는 어디에 있을까? 이것 역시 심리학적으로 설명해 볼 수 있다. 이번에는 고양이가 아니라 이솝 우화의 여우가 등장한다. 지치고 배고픈 여우 한 마리가 포도밭에 몰래 숨어들어 갔다. 탐스럽게 열린 포도를 먹기 위해 손을 뻗어 보지만 여우의 키는 열매에 닿지 못했다. 여우는 껑충껑충 뛰어보며 포도를 따려 했지만, 빈번히 실패하고 말았다. 결국 포기한 여우는 이렇게 말했다. "저 포도는 분명히 시어서 먹을 수도 없을 거야." 여우는 실패 원인을 합리화하고 있다.

이솝 우화의 여우 이야기는 '인지부조화' 원리를 설명한다. 믿는 것과 보는 것이 일치하지 않을 때 사람들은 불편한 감정을 느낀다. 사람들은 이 불편한 감정에서 벗어나기 위해 애초 믿었던 신념이나 행동을 바꾸게 된다. 가령, 여우는 분명히 포도가 먹음직스럽게 열렸기 때문에 포도밭으로 들어갔지만, 자기 목적을 이루지 못하자 정반대로 포도가 시어서 맛이 없을 것이라고 믿는다. 이것이 바로 '인지부조화의 원리'다.

노여움을 쉽게 옮기는 것도 인지부조화 원리에 해당한다. 사람들은 일을 제대로 처리하지 못했거나 자신이 원하는 결과를 얻지 못했을 때 불편한 감정을 해소하기 위해 자신은 문제가 없다고 생각한다. 하지만 자신을 되돌아볼 줄 아는 사람들은 원인을 자기 자신에게서 찾는다. 좀 괴롭지만 반성하며 해법을 고민한다.

안회는 노여움을 옮기지 않고 잘못을 두 번 되풀이하지 않았다. 이성적으로 차분히 분석하는 능력이 있었기 때문이다. 자기 자신을 객관적으로 바라보기 위해서는 용기가 필요하다. 자신의 잘못을 시인하는 사람들은 배우는 것을 좋아하는 사람이 될 수 있다.

노나라 애공이 제자 중에서 배우는 것을 좋아하는 사람이 있냐고 물었을 때 공자는 '안회만 그렇다'고 말했다.

그렇다면 매일 공자를 따라다니며 열심히 공부한 자공, 자로, 자장은 배우기를 싫어했던 것일까? 공자는 배운 지식을 다른 사람에게 드러내고 과시하는 사람은 배움을 좋아하는 사람이 아니라고 생각했다. 지금 우리가 읽고 있는 『논어』를 다른 사람들에게 자랑하는 것은 배움을 좋아하는 것이 아니라 자기 자신을 돋보이기를 좋아하는 것일 뿐이다. 안회처럼 잘못을 두 번 되풀이하지 않기 위해 배우고, 난관에 부딪혀도 노여움을 옮기지 않아야 비로소 진정으로 배움을 좋아한다고 말할 수 있다.

공자가 말하는 '배움을 좋아한다는 것'은 다다르기 힘들 정도로 까다로워 보인다. 공자는 스스로 자신을 반성하는 사람만이 배우는 것을 좋아하는 사람이라고 말했다. 안회는 공자가 생각하는 바로 그런 사람이었다. 하지만 안회는 안타깝게도 31세에 세상을 떠났다. 일찍 세상을 떠난 안회를 그리워하며 공자는 애공의 질문에 답변했다.

"지금은 없으니 배우는 것을 좋아한다는 사람을 듣지 못했습니다."

노여움을 옮기지 않는 안회와 같은 사람이 되기는 쉽지 않다. 현대인의 직장 생활은 그만큼 스트레스가 많다. 하지만 퇴근 후의 삶인 가정에서는 안회와 같은 사람이 되도록 노력해 보는 것은 어떨까? 부모가 노여움을 옮기지 않아야 화목한 가정을 이룰 수 있고, 가정이 화목해야 우리는 지친 몸과 마음을 재충전할 수 있지 않은가.

옹야雍也 | 지나침도, 모자람도 없이

불확실한 삶 앞에서도
일상은 단단해야 한다

∞

공자가 말하길 : "안회는 그 마음이 석 달 동안 어짊에서 떠나지 않았으나 나머지는 하루나 한 달 정도 어짊에 미칠 뿐이구나!"

子曰 : "回也, 其心三月不違仁, 其餘, 則日月至焉而已矣!"
자왈 : "회야, 기심삼월불위인, 기여, 즉일월지언이이의!"

'어짊'은 '배움'만큼이나 『논어』에 반복해서 나오는 말이다. 어짊에 대한 공자의 말도 반복된다. "그 사람의 어짊을 알지 못한다." 공자는 마치 어떤 사람도 어질다고 판단할 수 없다는 듯이 항상 이 말을 반복했다. 하지만 이번에는 좀 다르다. 공자가 제일 아끼던 안회가 등장했기 때문이다. 공자가 말했다.

"안회는 그 마음이 석 달 동안 어짊에서 떠나지 않았다."

문자 그대로 안회는 3개월 동안 어진 모습을 보여왔다. 다른 제자들은 몰라도 안회만큼은 어짊에 다가선 사람이라고 공자가 평가한 것이다. 다른 사람들은 기껏해야 "하루나 한 달 정도 어짊에 미칠 뿐"이라고 말했기 때문이다.

이 문장을 읽으며 안회의 어진 모습을 상상해 본다. 온화함, 침착함, 즐거움, 총명함, 관심과 사랑, 결단력, 자기반성을 하면서도 침울해하지 않고, 사리사욕에 휘둘리지 않는 마음의 상태. 우리는 수많은 도전과 유혹 앞에서도 어짊에 다가갈 수 있을까? 고난, 좌절, 물질적 유혹, 비방과 칭찬, 명예와 이익, 권력과 사랑…. 무수히 많은 삶의 불확실성 앞에서 우리는 빈번히 무릎을 꿇고 만다.

『논어』〈리인〉 편에는 어진 군자의 모습을 이렇게 표현했다.

"군자는 밥을 먹는 사이에도 어짊을 어기지 않으며, 급작스러운 상황에서도 반드시 어질어야 하며, 곤궁한 상황에서도 반드시 어질어야 한다."

공자는 자기 자신을 철저하게 단속하는 사람이었다. 그는 자신이 언제든지 어진 경지를 유지하며 사랑으로 자신과 다른 사람에게 관심을 가질 수 있길 바랐다.

어짊은 다가서기 어려운 경지다. 하지만 그렇다고 불가능한 일은 아니다. 어짊에 대한 공자의 또 다른 말은 이렇다.

"내가 어질어지고자 하면 어짊에 이를 수 있다.
我欲仁, 斯仁至矣."

어짊에 이르기 위한 특별한 방법이 있는 것은 아니다. 특별한 힘과 재능으로 전력을 다해 애를 쓴다고 어짊의 경지에 이르는 것도 아니다. 『맹자』〈공손추상公孫丑上〉에는 다음과 같은 문장이 있다.

"반드시 해야 할 일을 하되, 기대하지 말아야 하며, 마음에서 잊어서도 안 되고 조장해서도 안 된다.
必有事焉而勿正, 心勿忘, 勿助長也."

억지로 노력한다고 어진 상태에 다가가는 것은 아니다. 억지로 하는 행동은 오히려 어짊과 멀어지게 한다. 어짊은 겉으로 꾸민다고 이룰 수 있는 덕목이 아니다. 반복해서 강조하지만 어짊은 짧은 시간 동안 겉으로 드러나는 모습이 아니라 아주 오랜 기간 축적되어온 시간이 쌓여 내면의 상태에서 도달하는 덕목이다. 이것은 하루아침에 이루어지는 것은 아니다.

우리는 늘 인생을 멋지게 살고 싶다며 그럴듯한 계획으로 새해를 맞이한다. 하지만 그것은 작심삼일이 될 뿐, 일 년 중 자신이 계획했던 일들을 지키는 날들은 그리 많지 않다.

인생을 열심히 사는 것보다 중요한 것이 있다. 바로 일상을 부지런히 사는 것이다. 그리고 어짊은 매일 매일 그 부지런한 수신과 성찰의 노력 끝에 만들어지는 것이다.

공자는 사람을 다음과 같이 평가했다. 충성과 신용을 지키는 사람, 청렴한 사람, 간략한 사람 등등. 공자는 충성, 신용, 청렴, 간략함이 칭찬할 만한 덕목이지만 그렇다고 그 사람이 어질다는 것은 아니라고 말한다. "그 어짊은 알지 못한다."라는 공자의 말은 내면을 봐야만 어짊의 경지에 이르렀는지를 판단할 수 있다는 뜻이다.

옹야雍也 | 지나침도, 모자람도 없이

선위아사언 善爲我辭焉

마음이 누울 곳이
바로 내가 누울 자리다

∞

계씨가 민자건에게 비를 관리하게 하려 했다.
민자건이 말하길 : "나를 위해 말을 잘해주십시오! 만약 저를 다시 찾아온다
면 저는 반드시 문수에 있을 겁니다."

季氏使閔子騫爲費宰.
閔子騫曰 : "善爲我辭焉! 如有復我者, 則吾必在汶上矣."
계씨사민자건위비재.
민자건왈 : "선위아사언! 여유복아자, 즉오필재문상의."

민자건의 이름은 민손閔損이고 자건子騫은 그의 자이다. 계씨가 민자건

을 한 지방의 읍장으로 삼으려 했다.

민자건은 아버지, 계모와 함께 살았다. 계모는 민자건을 아껴주지 않

았다. 자신의 두 아들에게는 솜을 두텁게 넣어 겨울옷을 만들어주었지

만 민자건에게는 갈대꽃을 넣은 가볍고 얇은 옷을 만들어주었다.

어느 날 민자건이 수레를 몰았다. 추운 겨울 날씨에 민자건은 손이 꽁꽁 얼어 제대로 움직이지 못했다. 그 모습을 본 아버지가 화를 내며 채찍을 들어 민자건을 때리자 옷이 찢어지면서 갈대꽃이 떨어졌다. 아버지가 너무 놀라 다른 두 아들의 옷을 만져보니 두꺼운 솜이 들어 있었다. 아버지는 그때야 민자건이 계모에게 학대당했다는 사실을 알게 되었다.

화가 난 아버지는 집에 돌아와 계모를 내쫓으려 했다. 그러자 민자건이 아버지 앞에서 무릎을 꿇고 간절하게 말했다. "어머니가 계시면 이 아들 하나만 추위에 떨면 되지만, 어머니가 계시지 않으면 아들 셋이 추위에 떨게 됩니다."

공자는 민자건을 효성스러운 사람이라고 평가하며 "효성스럽다. 민자건이여. 사람들도 그 부모와 형제들의 말에 트집을 잡지 못한다孝哉, 閔子騫, 人不間於其父母昆弟之言."라고 말했다. '사람들도 그 부모와 형제들의 말에 트집을 잡지 못한다'라는 것은 그의 부모와 형제가 그를 칭찬하듯이 가족이 아닌 사람들도 트집을 잡지 않는다는 뜻이다. 이처럼 민자건은 가족의 화목과 단결을 중요시했다.

계씨의 전령이 민자건을 찾았다. 그는 한 고을을 관리해달라는 계씨의 뜻을 민자건에게 전했다. 민자건은 이렇게 대답했다. "당신이 나를 대신해서 완곡한 거절의 뜻을 전해주십시오. 만약 다시 나를 찾아오면 저는 제나라로 도망갈 겁니다."

공자의 제자들은 대부분 힘써 배우고 나서 벼슬길에 올랐다. 하지만 민자건은 공자의 다른 제자들과는 달랐다. 민자건은 '장자'와 비슷했다. 초나라 왕이 관직을 제안하기 위해 장자에게 사신을 보냈다. 강가에서 낚시하고 있던 장자는 낚싯대를 쥔 채 돌아보지 않고 이렇게 말했다. "어서 돌아가시오."

요순시대의 현인 '허유許由'도 비슷한 인물이다. 요임금이 자신에게 왕위를 물려주려 한다는 이야기를 듣자 멀리 도망쳐 몸소 밭을 갈면서 생계를 유지했다. 후에 요임금이 다시 그를 불러 지방의 관리로 임명하려 하자, 허유는 어지러운 소리를 너무 많이 들었다며 강가로 가서 자신의 귀를 씻었다. 이처럼 벼슬길에 오르고 싶어 하지 않은 민자건은 공자의 수제자 10명인 공문십철 중에서 덕행이 뛰어난 사람으로 평가받는다.

민자건과 허유, 모두 편히 살 수 있는 자리를 거부한 인물들이다. 이들은 왜 허울 좋은 지위를 마다했을까? 민자건은 왜 학대받고 있는 상황에서도 계모를 두둔하며 희생하려 했을까? 이것은 모두 자신의 몸보다 마음이 편하길 바라기 때문이다. 민자건은 엄마의 부재로 나머지 자식들이 자신을 미워하는 불편한 상황을 원하지 않았다. 마찬가지로 계씨의 부름을 받고 고을을 관리해 부를 축적할지언정, 이는 민자건이 마음 편히 있을 자리가 아니었다. 허유도 마찬가지로 지방의 관리로 있으며 시끄러운 소리를 감당하느니 차라리 자연에 묻혀 조용히 마음을 달래는 길을 택했다. 이들이 벼슬에 오르지 않은 이유는 단 한 가지이다. 바로 '마음이 가는 곳이 자신이 가는 곳'임을 알기 때문이다. 우리 주변에도 갖은 유혹으로 흔들리는 사람들이 있을 것이다. 생각해 보자. 불편함 속에서 산해진미를 즐기느니, 거친 나물을 먹어도 마음 편한 곳에서 여유로움을 음미하고 싶을 것이다.

작고 외진 지름길은
군자의 길이 아니다

∞

자유가 무성의 읍재가 되었다. 공자가 말하길 : "너는 인재를 얻었느냐?"
자유가 대답하길 : "담대멸명이라는 사람이 있는데 길을 갈 때 지름길로 가지
않고, 공사가 아니면 저의 집에 온 적이 없습니다."

子游爲武城宰. 子曰 : "女得人焉爾乎?"
曰 : "有澹臺滅明者, 行不由徑, 非公事, 未嘗至於偃之室也."
자유위무성재. 자왈 : "여득인언이호?"
왈 : "유담대멸명자, 행불유경, 비공사, 미상지어언지실야."

자유의 이름은 언언言偃이다. 그러니 공자가 '언偃'이라 말하면 주로
자유를 지칭하는 것이다.

자유가 '무성의 읍재가 되었다'는 것은 지방관이 되었다는 의미이다.
공자는 지방관에게 가장 중요한 일은 인재를 발견하는 것이며, 이는 국

가에도 아주 중요한 일이라고 말했다. 그러자 자유는 특이한 이름의 '담대멸명'이란 사람이 있다고 말했다.

담대멸명에 얽힌 고사가 있다. 명나라 말 청나라 초기에 활동한 문학가이자 역사가인 장대張岱는 『야항선夜航船』이라는 제목의 백과사전식 책을 집필했다. 장대는 재미있는 고사를 비롯한 사소한 지식을 시작으로 천문, 지리, 역사, 철학에 이르는 광범위한 이론을 집대성했다.

『야항선』에는 강남 지방에서는 다른 지방으로 이동할 때 배를 타야 한다는 글이 있다. 매우 길고 긴 여정이라 사람들은 잡담을 하며 시간을 보냈다. 재미있는 것은 배에 비해 승선 인원이 많아 재밌거나 교훈적인 이야기를 하는 사람들에게 편한 자리가 제공되는 것이었다. "천하의 학문 중에서 유일하게 밤에 배를 타는 것이 제일 어렵다."라는 말은 여기서 비롯된 고사다.

한 유생이 강남에서 배에 올랐다. 그는 쉴 새 없이 장광설을 늘어놓으며 배에서 넓은 자리를 차지하고 있었다. 그 옆에 다리를 잔뜩 웅크리고 앉은 승려가 유생의 장광설을 조용히 듣고 있었다. 그러던 중 갑자기 승려가 유생에게 물었다.

"담대멸명이란 사람은 한 사람을 말하는 거요? 아니면 두 사람을 말하는 거요?"

유생이 대답했다.

"그걸 질문이라 하는 겁니까? 당연히 두 사람이지요."

승려가 다시 물었다.

"요순은 한 사람을 말하는 거요? 두 사람을 말하는 거요?"

유생이 대답했다.

"당연히 한 사람이지요."

유생의 말을 듣던 승려가 모든 지식인에게 악몽 같은 말을 내뱉었다.

"소승 다리를 좀 뻗어야겠소."

『야항선』의 서문에 수록된 짧은 고사다. 담대멸명은 공자가 뒤늦게 받아들였던 제자였다. 하지만 말만 번지르르하게 늘어놓았던 유생은 이 특이한 이름이 두 명을 지칭하는 것이라고 아는 척하며 대답했다. 승려가 "다리를 좀 뻗어야겠소."라고 대답한 것은 유생의 말이 틀렸다고 말한 것이다. 누군가 참견하려고 할 때 "발을 뻗을 기회를 주지 말라."는 말도 여기서 비롯된 표현이다.

담대멸명의 또 다른 이름은 자우다. 공자는 "외모로 사람을 판단해 자우에게 실수했다以貌取人, 失之子羽."라고 말한 적이 있다. 외모로만 사람을 판단한 탓에 담대멸명의 단정하지 않은 모습을 보고, 그의 품성과 재능을 잘못 판단한 것이다.

문장으로 다시 돌아가 보자. 자유는 공자에게 자신이 담대멸명이란 인재를 발견했는데 "길을 갈 때 지름길로 가지 않는 사람"이라고 소개했다. 길을 갈 때 지름길로 가지 않는다는 것은 무슨 의미일까? 일단 '지름길'이 어떤 길인지를 알아야 한다.

옛날에는 잘 정비된 길이 아닌 작은 길을 지름길이라고 했다. 관청이 명확하게 표기해 놓은 대로를 제외한 작은 길은 대부분이 자주 지나다녀서 만들어진 지름길이었다. 가령, 한국의 종로 피맛길이 지름길에 해당한다.

담대멸명이 지름길로 가지 않았다는 것은 작은 길로 가지 않았다는 뜻이다. 즉, 담대멸명은 길이 아닌 길은 걷지 않으려 했다는 의미이다. 이렇게 해석해 볼 수도 있다. 담대멸명은 규칙을 잘 따르고 예법을 어기지 않는 군자의 길을 걸었다는 것이다.

다음 구절인 "공사가 아니면 저의 집에 온 적이 없습니다."라는 것은 아랫사람인 담대멸명이 공적인 일이 아니면 자유를 찾지 않았다는 뜻이다. 담대멸명은 본연의 업무가 아닌 일로 찾아와 사소한 청탁을 하지 않았던 사람인 것이다. 자유는 공자에게 '담대멸명이 자신의 이익을 위해 윗사람에게 아첨하는 부류의 사람이 아니'라고 말했다.

공적인 일이 아니어도 윗사람의 집을 찾는 사람은 지름길을 가고자 하는 소인이다. 담대멸명의 특이한 이름에 얽힌 고사는 재미도 주지만 그의 행적에 관한 이야기는 교훈적이기도 하다. 타인의 올곧은 품성을 알아본 자유의 판단력 역시 훌륭해 본받을 만하다.

비감후야 非敢後也

최악의 순간,
웃음을 택하라

∞

공자가 말하길 : "맹지반은 자랑하지 않는 사람이다. 도망칠 때 후미에 있다가 성문에 들어설 때 말에 채찍질하며 '내가 감히 뒤에 있었던 게 아니라 말이 나아가질 못한 거요!'라고 말했다."

子曰 : "孟之反不伐, 奔而殿, 將入門, 策其馬, 曰, '非敢後也, 馬不進也!'"
자왈 : "맹지반불벌, 분이전, 장입문, 책기마, 왈, '비감후야, 마부진야!'"

맹지반은 이름이 맹측孟側으로 『논어』에 딱 한 번 등장하는 장군이다.

공자는 맹지반이 자랑하지 않는 사람이라고 했다. 맹지반은 뭘 자랑하지 않았을까? 이어지는 구절을 살펴보자. 맹지반은 도망칠 때 후미에 있었다. 전투할 때 가장 위험한 위치가 어디일까? 공격할 때는 선두가 가장 위험하고 후퇴할 때는 후미가 가장 위험하다. 전투에서 패배해 후퇴할 때 맹지반이 후미에 있었다는 것은 그가 굉장히 용감한 사람이라는 점을 설명해 준다. 그래서 공자는 맹지반이 자신의 용맹을 자랑하지 않는 사람이라고 말한 것이다.

맹지반은 후퇴할 때 후미를 지키고 있다가 성문에 들어서야 비로소 말에 채찍질했다. 후퇴는 항상 위급한 상황이다. 그러나 맹지반은 천연 덕스럽게 자신의 행동을 농으로 받아친다.

"내가 제일 꼴찌로 후퇴하고 싶었던 것이 아니라 내 말이 빠르지 않아서 어쩔 수 없었소."

위급한 상황에서도 농담하는 여유는 그 사람의 용맹을 더 돋보이게 한다.

공자도 맹지반과 같이 자신의 장점과 공로를 드러내지 않는 사람이 었다. 누군가 공자에게 물었다. "어떻게 하면 그렇게 모든 육예를 두루 잘할 수 있습니까?" 공자의 대답도 맹지반만큼이나 유머러스하다.

"내 어린 시절 먹고살기 힘들어서 양 키우기, 회계, 제사 등 닥치 는 일은 뭐든지 하다 보니 이렇게 됐습니다."

유머는 인간관계를 부드럽게 만드는 감초다. 특히 자신의 장점을 익 살스럽게 표현하면 상대방의 호감을 살 수 있다. 아무리 어려운 상황이 펼쳐져도 유머 감각 하나만 있다면 지혜롭게 그 난관을 헤쳐나갈 수 있다. 유머는 최악의 상황에서 강력한 무기가 된다.

어느 날 한 교수가 나에게 이런 말을 했다.

"당신의 가장 큰 장점은 무엇이든 항상 즐기려는 태도입니다."

나는 이렇게 대답했다.

"그런 척 연기한 것뿐입니다."

지지자, 호지자, 락지자 知之者, 好之者, 樂之者

인생의 가장 높은 경지,
즐기는 사람

∞

공자가 말하길 : "아는 사람이 좋아하는 사람만 못하고, 좋아하는 사람은 즐거워하는 사람만 못하다."

子曰 : "知之者不如好之者, 好之者不如樂之者."
자왈 : "지지자불여호지자, 호지자불여락지자."

공자가 배움에 관해 이야기하고 있다. 배움을 아는 사람, 배움을 좋아하는 사람, 배움을 즐거워하는 사람에 관한 이야기다.

먼저 "아는 사람"은 어떤 사람일까? 우리가 일반적으로 만나게 되는 학교의 선생님들 대부분이 아는 사람에 해당한다. 초등학교부터 대학교까지 우리가 만나는 교사들은 주로 자신이 맡은 직무와 책임을 신경 쓰는 사람들이다. 이들은 성실히 가르치지만, 수업 방식은 매우 비슷하다. 생계를 위해 가르치는 업종에 종사하는 것이다.

공자가 말했다.

"아는 사람이 좋아하는 사람만 못하다."

즉, 학문을 좋아하는 사람은 생계를 위해 배우고 가르치는 사람보다 더 낫다는 이야기이다. 학문을 좋아하는 사람은 탐구의 목표를 세우고 자기 자신을 발전시키려고 한다.

학문에 대해 '좋아하는 사람'의 경지보다 더 높은 것은 '즐거워하는 사람'이다. 학문을 좋아한다는 것은 배움을 통해 더 많은 것들을 얻을 수 있기를 바라는 단계이다. 하지만 학문을 좋아하는 것과 즐기는 것은 다르다. 무엇을 얻고자 공부하는 것을 좋아하는 사람은 배움의 과정이 즐겁지 않을 가능성이 크다. 특정한 목표를 위해 공부할 뿐, 학문 그 자체를 즐기지 못하기 때문이다. 현대인들은 대부분 무엇을 성취하기 위해 학습한다.

배움을 즐거워하는 사람은 배움을 통해 무엇을 얻고자 하는 욕심이 없다. 따라서 결과에 연연하지 않아 공부가 즐거워질 수 있다. 그래서 배움을 즐거워하는 사람은 배우지 않으면 괴로움을 느낀다. 공자는 배움을 아는 사람보다는 좋아하는 사람이, 그리고 좋아하는 사람보다는 즐기는 사람이 더 낫다고 말하는 것이다.

〈색, 계〉, 〈브로크백 마운틴〉, 〈헐크〉 등 다양한 장르의 영화를 만든 이안李安 감독을 만난 적이 있다. 나는 감독에게 이런 질문을 했다.

"감독님 작품이 이전 작품과 매번 달라지는 이유는 뭔가요? 만드는 작품마다 스타일이 너무 달라서 그 이유가 궁금합니다." 이안 감독은 이해할 수 없다는 표정으로 이렇게 대답했다. "왜 그래서는 안 됩니까? 영화는 조건이 된다면 뭐든 시도해 볼 수 있어 너무 재미있습니다." 이 것이 바로 배움을 즐거워하는 사람의 전형적인 태도이다.

퀴리 부인, 아인슈타인, 뉴턴 등 우리가 기억하는 위인들은 배우는 과정을 즐겼던 사람들이다. 이들은 배우고 연구하는 그 자체에서 기쁨과 만족감을 느꼈다. 화가 레오나르도 다 빈치는 그림을 그리는 것 자체를 사랑하고 즐거워했다. 배움을 즐거워하는 사람이 되어 학습 과정을 즐길 수 있다면 비로소 인생의 가장 높은 경지에 오를 수 있는 것이다.

지자요수, 인자요산 知者樂水, 仁者樂山

물과 같은 즐거움 vs
산과 같은 즐거움

공자가 말하길 : "지혜로운 사람은 물을 좋아하고, 어진 사람은 산을 좋아한다. 지혜로운 사람은 동적이고, 어진 사람은 정적이다. 지혜로운 사람은 즐겁고, 어진 사람은 장수한다."

子曰 : "知者樂水, 仁者樂山. 知者動, 仁者靜. 知者樂, 仁者壽."
자왈 : "지자요수, 인자요산. 지자동, 인자정. 지자락, 인자수."

어진 사람은 산을 좋아하고 지혜로운 사람은 물을 좋아한다. 우리에게 "요산요수樂山樂水"라는 사자성어로 잘 알려진 문장이다. 그런데 많이 알려진 만큼 그 뜻을 제대로 알고 있는 사람은 그리 많지 않다. 해석을 하자면 '어진 사람은 산을 좋아하고, 지혜로운 사람은 물을 좋아한다'는 뜻이다. 그렇다면 왜 어진 사람은 산을 좋아하고, 지혜로운 사람은 물을 좋아할까? 그 이유가 나와 있지 않아 난해한 해석이 된다. 하지만 쉼표

당신이 만나야 할 단 하나의 논어

하나만 있으면 바로 해결된다. 문장에서 한자 '락樂' 뒤에 쉼표를 찍어
보자.

知者樂, 水. 仁者樂, 山

문장의 해석은 다음과 같이 변한다.

"지혜로운 사람의 즐거움은 물과 같고, 어진 사람의 즐거움은 산과
같다."

지혜로움을 추구하는 사람은 배움을 좋아하며 즐기기 때문에 흐르는
물처럼 활달하고 역동적인 이미지가 떠오른다. 반면 어진 사람은 내면
의 덕을 쌓기에 산처럼 중후하고 포용적이며 관대한 이미지를 떠오르
게 한다.

물과 산, 즉 동적임과 정적임은 변증법적 관계이다. 만약 산이 없다
면 물의 활달하고 유동적인 상태가 드러날 수 없고, 물이 없다면 산의
중후한 자태가 드러날 수 없다. 서로 반대되듯이 보이는 두 가지 속성은
정반합의 원리처럼 서로 뒤섞여 합을 이룬다.

지혜로움과 어짊은 우리가 추구해야 할 것들이다. 공자는 지혜를 통
한 즐거움은 물처럼 역동적이고, 어짊을 통한 즐거움은 산처럼 중후하
다고 말했다. 지혜로운 사람은 동적이고, 어진 사람은 정적이다. 지혜로

운 사람은 행동을 좋아하고, 어진 사람은 안정을 좋아한다. 지혜로운 사람은 다양한 즐거움을 얻을 수 있고, 어진 사람은 오랜 시간 즐거움을 느낄 수 있다. 그리고 결국 어짊과 지혜로움은 하나로 나아가게 된다.

지혜로움과 어짊은 대립하지 않는다. 이 세상에는 지혜롭기만 한 사람도 없고 어질기만 한 사람도 없다. 사람은 누구나 마음속에 지혜로운 부분과 어진 부분을 가지고 있다. 따라서 우리는 지혜로움과 어짊을 동시에 추구해야 한다. 산과 물이 어우러져야 아름답듯이 내면의 아름다운 산수화山水畵를 그리기 위해서는 어짊과 지혜로움이 조화를 이루어야 하는 것이다.

유교에서 말하는 '세 가지 미덕三達德'은 어짊과 지혜로움 이외에 용맹스러움이 추가된다. 지혜로운 사람은 미혹되지 않고, 어진 사람은 근심하지 않으며, 용감한 사람은 두려워하지 않는다. 공자가 말하는 완전한 사람이 되기 위해서는 이 세 가지 덕목을 모두 갖춰야 한다.

당신이 만나야 할 단 하나의 논어

가장 편안함에 이르는 길,
이것이 중용이다

∞

공자가 말하길 : "중용의 덕이 지극하구나! 백성 중에 오래 머무는 사람이 드물다!"

子曰 : "中庸之爲德也, 其至矣乎! 民鮮久矣!"
자왈 : "중용지위덕야, 기지의호! 민선구의!"

공자의 말은 다음과 같은 뜻을 지녔다.

"사람이 갖추어야 할 덕목 중에서 가장 중요한 것은 중용이다.
하지만 중용을 따르는 백성들은 드물다."

우리는 이 문장의 의미를 더 깊이 이해할 필요가 있다. 중용의 뜻을 어떤 일을 할 때 앞서거나 뒤처지지 않고 중간 정도를 유지하는 것이라고 오해하는 사람들이 많다. 중용은 어정쩡하게 중간에 머물며 이해타산을 따지는 기회주의가 아니다. 진정한 중용의 도는 가장 적절하고 편안한 상태로 다가서기 쉽지 않은 경지이다. 심지어 공자도 자기 자신이 중용에 이르지 못했다고 평가했다. 그리고 진정으로 중용에 이른 사람을 보지 못했다고 말했다.

'참다운 중용'이란 어떤 상태를 말하는 것일까? 공자는 "백성 중에 오래 머무는 사람이 드물다."라고 말했다. 그만큼 실천하기 어려운 상태이기 때문이다. 중용에 이르는 것이 어려운 이유는 뭘까? 중용은 생각보다 까다롭다. 우리는 그저 중간 즈음에 머무는 것이 중용이라고 생각한다. 하지만 이런 생각은 보수적이고 안일한 태도일 뿐이다.

무력을 대하는 태도를 살펴보자. 폭력은 나쁜 것이다. 그렇다고 아무것도 하지 않는 것도 좋은 것은 아니다. 중용은 어정쩡한 태도로 반응하는 것도 아니다. 불의 앞에서 용감한 것이 바로 중용이다. 다른 경우도 마찬가지다. 사치와 인색함의 중용은 관대함이다. 자만함과 열등감 사이에서 중용은 '자신감'이다.

배움에도 중용이 있다. 무지하면서 배우길 싫어하는 것은 옳지 않다. 하지만 종일 책만 보는 것도 좋지 않다. 중용은 배움을 즐기는 것이다. 육아에도 중용이 있다. 원칙 없이 아이를 지나치게 예뻐하는 건 옳지 않다. 하지만 아이를 사랑하지 않는 것은 더 옳지 않다. 원칙을 가지고 아

당신이 만나야 할 단 하나의 논어

이를 사랑하는 것이 중용이다. 회사 경영에도 중용이 있다. 경영인이 직원들에게 회사의 모든 일을 맡기는 것은 방임이다. 반면 무엇이든 관여하고 결정하는 것은 독단이다. 경영인이 할 수 있는 일과 직원들이 할 수 있는 일을 구분하는 것이 중용이다.

'중용은 가장 알맞은 상태를 추구하는 것이다.' 모든 일을 알맞게 하려면 끊임없이 고민하고 탐구하고 연구해야 한다. 반면 사람들은 옳고 그름, 흑백논리, 이것 아니면 저것과 같이 극단적이고 단순한 답을 좋아한다. 인터넷에서 가장 높은 조회 수를 기록하는 콘텐츠는 어떤 것일까? 연예인들의 스캔들, 폭로성 기사, 미담, 맛집 등 짧고 단순하면서 극단적인 내용들이다. 많은 시간을 들여 고민하는 것을 사람들은 어려워한다. 하지만 우리의 뇌가 복잡한 절차를 싫어하더라도 의식적으로 노력한다면 비판적 사고력을 키울 수 있다. 이것이 바로 배움의 장점이다.

옹야雍也 | 지나침도, 모자람도 없이

제7편

술이

述而

묵묵히

익히고 행하라

술이부작, 신이호고 述而不作, 信而好古

하늘 아래 완벽하게
새로운 것은 없다

∞

공자가 말하길 : "계승하되 창작하지 않으며 옛것을 믿고 좋아하니 은근히 나를 노팽과 견주어 본다."

子曰 : "述而不作, 信而好古, 竊比於我老彭."
자왈 : "술이부작, 신이호고, 절비어아로팽."

『논어』〈술이述而〉편은〈학이學而〉편에서 강조했던 지식과 배움으로 시작한다. 겸손한 지식인은 자신이 이룬 학문의 성과를 낮출 때 이런 말을 한다.

"계승하되 창작하지는 않았습니다."

학문에서 과거의 지식과 단절된 새로운 혁신을 성취하기는 어렵다. 지식인의 새로운 논문에는 항상 이미 발표된 다른 사람들의 논문이 인용된다. 그리고 여기에 자신의 생각을 덧붙여 새로운 개념을 만들어낸다. 엄밀히 말한다면 새로운 개념이 아니라 변형된 개념일 뿐이다. 그래서 겸손한 지식인은 자신의 학문적 성과가 자기 홀로 창작한 것이 아니라 이전 사람들의 지식을 정리해서 전달할 뿐이라며 위와 같은 말을 하는 것이다.

공자도 이전 사람들의 지식과 경험을 전하는 것이 지식인의 역할이라 생각했다. 과거의 지식과 학문을 존중할 줄 아는 지식인들은 그들의 생각을 보태어 창의적으로 계승하고 발전시킬 수 있다.

중국도 한국처럼 배달 음식을 좋아한다. 음식 배달 서비스인 메이퇀 美團은 중국 최대의 O2O(온라인과 오프라인의 협력체) 플랫폼이다. 메이퇀의 창업자 왕싱이 한 기자와 인터뷰한 내용을 짧게 소개한다.

기자 : 당신은 혁신성이 부족한 것 같습니다. 지금의 사업은 기존 요소들을 새롭게 조합해 새로운 기업을 만든 것일 뿐입니다. 뭔가 새로운 변화가 없으니 혁신이라 할 수 없습니다.

왕싱 : 기자님이 쓰시는 문장 중에서 자신이 만든 글자가 있습니까? 기존에 있는 글자를 새롭게 조합해 문장을 만드는 작가들의 일을 우리는 창작이라 인정하고 있지 않나요?

혁신이라는 것은 무에서 유를 창조하는 것이 아니다. 기자가 스스로 말한 "기존 요소들을 새롭게 조합해 새로운" 무언가를 만들어내는 것이 바로 '혁신'이다.

이어지는 "옛것을 믿고 좋아한다"라는 구절은 공자가 자주 했던 말이다. 공자는 과거의 사람들이 사용한 것들에 대해 신뢰를 갖고 있었다. "옛것을 믿고 좋아한다."는 것은 고지식하게 옛것을 따른다는 의미가 아니다. 옛것을 익혀 새로운 것을 아는 것이 바로 공자가 말하는 "옛것을 믿고 좋아하는" 것이다. 뉴턴의 이론을 공부하는 것이 '옛것'을 익히는 것이라고 말할 수 있지 않을까? 아인슈타인의 이론을 공부하는 것이 '옛것'을 익히는 것이라 말할 수 있지 않을까? 우리가 위대하게 생각하고 공부하는 이 두 과학자의 이론들은 모두 과거의 것이지만 우리는 그것을 믿고 좋아한다.

"옛것을 믿고 좋아한다."의 반대는 제멋대로 창작하는 '망작妄作'이다. 망작하는 사람은 과거 경험을 배우거나 다른 사람의 사례를 연구하지 않고 이론들도 신경 쓰지 않는다. 그저 자신의 생각이 기상천외하고 혁신적이라고 착각할 뿐이다.

다음 구절에 등장하는 '노팽'은 사람의 이름이다. '노老'는 노자를, '팽彭'은 팽조彭祖를 각기 말한다는 설이 있다. 팽조는 은나라의 대부로 알려진 현인이다. 800년을 살았다고 믿는 사람들도 있다.

공자가 자신을 노팽과 비교했다. "은근히 나를 노팽과 견주어 본다."

공자가 장수하고 싶어서 한 말은 아닐 테다. 옛 성현들의 말을 공부하는 것이 현명하다는 뜻이다. 새로운 것이 무조건 좋고 옳은 것은 아니다. 과거에 대한 어설픈 비판은 망작에 해당한다. 옛 가르침과 안 맞는 부분만 고쳐 쓰면 될 것이다.

시대적 배경을 생각해 보자. 공자가 살았던 춘추시대는 주나라의 왕권이 쇠퇴해 제후들끼리 서로 싸우는 혼란의 시대였다. 공자가 말한 '옛것'은 요순 임금 같은 '고대 성인들의 가르침'이다. 요순시대와 같은 태평성세를 사는 방법은 옛것을 믿고 좋아하며 따르는 것이다. 서양의 르네상스처럼 옛것을 복원하고 부흥시키는 것이 혁신의 시작이 될 수 있다.

학이불염 學而不厭

허기를 즐기고
만족을 미루는 힘

공자가 말하길 : "묵묵히 아는 것, 배움을 싫증 내지 않는 것, 사람을 가르치기를 게을리하지 않는 것. 이것 중에 나에게 무엇이 있겠느냐?"

子曰 : "默而識之, 學而不厭, 誨人不倦, 何有於我哉?"
자왈 : "묵이지지, 학이불염, 회인불권, 하유어아재?"

공자가 배움에 대한 세 가지를 말하고 있다. '묵묵히 아는 것, 배움을 싫증 내지 않는 것, 가르침을 게을리하지 않는 것'

첫 번째로 말한 "묵묵히 아는 것"은 지식을 쌓고 묵묵히 공부하는 것이다. 공자의 기억력은 비상했다고 전해진다.

두 번째는 "배움을 싫증 내지 않는 것"이다. 문장에 쓰인 한자 '염厭'은 고문에서 '싫다'는 뜻으로 해석하기도 한다. 가령 어떤 물건이 지나

당신이 만나야 할 단 하나의 논어

치게 많아져 귀찮고 싫어지는 상태를 '염'이라는 한자로 나타냈다. 따라서 "배움을 싫증 내지 않는 것"은 배운 것이 너무 많아도 싫증을 내지 않는다는 것을 말한다. 즉, 언제나 배우고자 하는 의욕이 넘치는 상태를 말한다.

세 번째 "가르치기를 게을리하지 않는 것"은 다른 사람을 가르치는 것을 고생이라고 생각하지 않는 태도를 말한다. 사람을 가르친다는 것은 결코 쉽지 않은 일이다. 자로와 같이 용맹스러우면서도 거친 제자는 특히 그러하다. 배우는 것보다 가르치는 일이 더 고될 수 있다. 하지만 공자와 같이 배움을 즐기는 경지에 오른다면 가르치는 것도 즐길 수 있다.

"배움을 싫증 내지 않는 것"과 "가르치기를 게을리하지 않는 것"은 끈기가 필요한 일이다. 공자는 자신이 성인을 만난 적이 없고 어진 사람을 본 적도 없다고 말했다. 성인과 어짊의 경지는 너무 높아서 평생 노력해도 이르지 못할 수 있기 때문이다. 끈기가 있는 사람은 한결같은 사람을 말한다. 배움을 싫증 내지 않고 가르치기를 게을리하지 않는다면 그 사람은 끈기를 가지고 있다고 말할 수 있다.

일반 사람은 하기 힘든 세 가지 일을 공자는 어떻게 어렵지 않게 해나갈 수 있다고 말한 것일까?

만족감을 억제하는 능력이 강한 사람일수록 큰일을 쉽게 할 수 있다는 '만족 지연'이라는 심리학 이론이 있다. 만족 지연 행동을 하는 사람

술이述而 | 묵묵히 익히고 행하라

들은 더 큰 보상을 위하여 작은 보상을 뒤로 미룰 것인지를 결정하는 '지연 선택'을 하게 된다. 만약 더 큰 보상을 선택했다면 그것을 얻기 위해서는 참고 견디는 인내력이 필요하다.

만족 지연 능력은 생애 초기부터 시작되어 나이에 따라 속도를 달리하며 발달 된다. 부모들은 아이들에게 힘들더라도 지금 열심히 공부한다면 성인이 되어 좋은 삶을 살 수 있을 것이라는 충고를 한다. 아이들 대부분은 그 사실을 알고 있지만 모두가 그렇게 행동하는 것은 아니다. 만족 지연 능력이 높은 아이들만 공부에 매진할 수 있는 것이다.

만족감을 지연하는 힘은 아주 중요한 능력이다. 일반 사람들은 배움에 싫증을 내고 하나를 가르쳐주면 당장 보답을 얻기를 원한다. 즉각적인 반응이 없다면 사람들은 일을 쉽게 포기한다. 좀 더 큰일을 할 수 없는 이유는 만족감을 지연하는 능력이 낮기 때문이다.

배움을 싫증 내고 사람을 가르치는 것을 게을리하는 근본적인 원인은 배우고 가르치는 것 자체에 즐거움을 느끼지 않고, 자신의 이익을 따지기 때문이다. 공자는 배우고 가르치는 일 자체에서 즐거움을 얻었기에 지치지 않을 수 있었다. 공자에게 배움은 인내해야 하는 과정이 아니었다. 배움을 인내해야 하는 과정으로 받아들이는 사람은 어느 단계가 되면 배움을 멈추겠다는 생각을 품고 있다. 정규직에 취직하자마자 공부와는 담을 쌓는 직장인들이 그런 사람들이다.

우리는 공자처럼 묵묵히 아는 것, 배움을 싫증 내지 않는 것, 가르치기를 게을리하지 않는 것을 어렵지 않게 할 수 있을까? 배움을 즐기는 공자의 경지에 다가가기 힘들다면 우리는 만족 지연 능력을 키우는 노력을 경주해야 할 것이다. 만족을 미룰수록 인생의 선물은 더 커질 것이다.

자행속수 自行束脩

누구에게나 내면 깊이
꿈틀대는 잠재력이 있다

∞

공자가 말하길 : "속수 이상의 예를 표시한 사람을 내가 일찍이 가르치지 않은 적이 없었다."

子曰 : "自行束脩以上, 吾未嘗無誨焉."
자왈 : "자행속수이상, 오미상무회언."

'수脩'는 말린 고기를 말한다. '속수束脩'는 말린 고기 열 개를 뜻한다. 공자는 자신에게 말린 고기 10개를 가져다준 사람을 가르치지 않은 적이 없다고 말했다. 말린 고기 10개가 어느 정도의 값어치였는지 알 수는 없지만, 공자의 말투로 보아 아주 비싸지는 않았던 것 같다. 그리고 공자의 말은 본인의 수업료를 말하는 것이 아니다. 부자든 가난하든, 귀족이든 천민이든 다 가르칠 것이라는 뜻이다.

당시에는 귀족들만 교육을 받을 수 있었다. 책을 읽고 글을 쓸 수 있는 것은 귀족들의 특권이었다. 하지만 가르침에 대한 공자의 대문은 항상 활짝 열려 있었다. 그는 인류에게 불을 전해준 프로메테우스처럼 귀족이 아닌 일반 백성들에게 글을 가르치고 예악을 배울 수 있는 기회를 제공했다. 공자의 제자가 왕공 대신부터 천한 직업의 사람까지 다양했던 이유가 여기에 있다. 그는 옥살이 경험이 있는 사람과 장애인도 차별하지 않았다.

누구나 배울 수 있다는 공자의 생각과 비슷한 농담이 있다. 사람들은 명문대가 유명한 이유는 학교가 명문이 아니라 그 학교에 입학한 학생들의 자질이 뛰어나기 때문이라고 말한다. 훌륭한 학생들을 뽑아서 4년을 가르치면 졸업할 때는 더 뛰어난 사람이 된다. 물론 재밌으려고 한 이야기일 테지만 어느 정도 일리는 있다. 교육은 모든 사람들이 받을 수 있다는 어찌 보면 지금은 당연한 생각을 고대의 공자가 실천했던 것이다.

『안티프래질』의 작가 나심 니콜라스 탈레브Nassim Nicholas Taleb는 하버드 대학의 교육 모델은 새에게 나는 법을 가르치는 것과 같다고 비판했다. 새는 태생부터 날 수 있는데도 정교한 비행 기술을 알려준 뒤 "내가 너에게 나는 방법을 알려줬어."라고 말하는 식으로 교육을 한다는 것이다. 새는 스스로 날 수 있다. 구체적인 방법을 알려줄 필요가 없다. 그저 내면에 잠재된 능력을 발현할 수 있도록 용기를 주는 것이 필요할

술이述而 | 묵묵히 익히고 행하라

뿐이다.

　기존의 교육 시스템을 전복시킨 공자의 교육 방법론은 모든 사람을 가능성을 가진 존재로 여기는 혁신적인 시도였다. 말린 고기 10개라는 수업료가 중요한 것이 아니다. 누구든 차별하지 않고 가르치고, 누구든 차별받지 않고 교육을 받을 수 있다면 사회에 공헌할 유능한 인재를 양성하는 데 큰 도움이 됐을 것이다.

　저명한 논어 해설가인 난화이진 선생은 공자가 적은 돈이라도 수업료를 받았던 이유를 그가 정치적 야심이 없었기 때문이라고 설명한다. 공자의 제자는 3천여 명에 달했다. 공자가 정치적 야망이 있었다면 그를 따르는 많은 사람과 함께 정권을 좌지우지했을 것이다. 그리고 다른 사람들도 공자가 충분히 그러할 능력이 있는 사람으로 평가했을 것이다. 그래서 공자는 자신이 정치적 야망이 없다는 뜻으로 굳이 필요하지도 않은 수업료를 받았다는 것이 난화이진 선생의 해석이다. 즉, 권력자들을 안심시키기 위한 방편이었던 셈이다.

　프랑스 영화 〈코러스Les Choristes〉에서 한 교사가 소년원처럼 운영되는 학교에 부임한다. 학생들은 다른 학교에서는 원치 않는 아이들로 불우한 환경에서 지내고 있다. 교사는 음악의 힘을 활용해 천천히 아이들의 마음을 움직이며 교육하고 인성을 바꿔나간다. 결국 교사는 아이들이 옳은 방향으로 성장할 수 있도록 이끌어주는 데 성공한다. 영화 속에 등장하는 교사도 공자처럼 누구나 차별하지 않고 내면의 선한 본성을 일깨우기 위해 노력했던 것이다.

거일우불이삼우반 擧一隅不以三隅反

스승과 제자의 가장 좋은 관계, '줄탁동시'

공자가 말하길 : "번민하지 않으면 일깨워주지 않고, 애써 표현하려 하지 않으면 말해주지 않는다. 한 모퉁이를 들었을 때 세 모퉁이에 반응하지 않으면 더는 반복하지 않는다."

子曰 : "不憤不啓, 不悱不發. 擧一隅不以三隅反, 則不復也."
자왈 : "불분불계, 불비불발. 거일우불이삼우반, 즉불부야."

가르쳐 일깨워준다는 뜻인 '계발啓發'이라는 단어는 이 문장에서 유래된 것이다. 한자 '분憤'은 마음이 답답한 상태를 말한다. '비悱'도 '분'과 비슷한 뜻으로 입가에만 맴돌고 말이 나오지 않는 상태를 묘사했다. '계啓'는 질문과 비슷한 뜻이다.

공자가 제자들에게 배움에 대해 말했다.

"마음속 괴로움과 고통을 말로 표현하지 못해 답답해하지 않는다는 것은 문제를 진지하게 고민하지 않았다는 의미이니 나는 너희들을 성급하게 일깨워주지 않을 것이다. 답을 알려주기 보다는 질문을 던져 스스로 문제를 깨닫게 할 수도 있다. 문제에 대한 답이 입가에 맴돌 정도로 고민한 흔적이 보일 때에서야 나는 너희에게 설명해 줄 것이다."

고대에는 스승과 제자 사이의 가장 좋은 상태를 '줄탁동시啐啄同時'라고 말했다. 이 말은 무슨 뜻일까? 어미 닭이 알을 품고 있다. 부화 직전의 병아리는 부리로 껍질을 쪼아댄다. 새끼의 움직임을 알아차린 어미 닭은 병아리가 나올 수 있게 껍질을 쪼아 깨뜨려준다. 병아리는 그렇게 세상에 나오게 된다. 이것이 바로 '줄탁동시'이다. 하지만 성급한 어미 닭은 새끼를 죽음으로 몰고 간다. 알 속에서 병아리가 움직이지도 않았는데 껍데기를 쪼아 깨뜨리면 병아리는 죽게 된다. 반대의 경우도 마찬가지다. 병아리가 알 속에서 열심히 껍질을 쪼고 있는데도 어미 닭이 도와주지 않으면 병아리는 질식해 죽게 된다.

"번민하지 않으면 일깨워주지 않고, 애써 표현하려 하지 않으면 말해주지 않는다."라는 공자의 교육 사상은 어미 닭과 병아리가 안과 밖에서 호응하며 노력하는 것과 비슷하다.

공자의 교육 사상은 학생들이 먼저 토론하고 체험하고 질문하게 하는 현재의 교육 형태인 '역진행 수업'과 비슷하다. 학생들이 진정으로 흥미를 느껴 답을 알고 싶어 하지만, 말로 표현할 수 없으면 어떻게 될까? 학생들은 그때에야 비로소 스승에게 도와달라고 질문을 하게 된다. 이때 교사가 학생들에게 질문하고 일깨워주고 지도하는 역진행 수업을 진행하면 학생들은 가장 많은 것을 배울 수 있다.

다음 문장을 살펴보자. "한 모퉁이를 들었을 때 세 모퉁이에 반응하지 않으면"이라는 구절은 어떤 의미일까? 여기서 한자 '우隅'는 어떤 모서리를 말한다. 책상은 네 개의 모서리가 있다. 스승이 그중에 한쪽 모서리를 알려주었는데, 제자가 다른 모서리를 이해하지 못한다면 융통성이 없다고 할 수 있다. 공자는 제자들이 하나를 알려주면 스스로 생각하고 추론해 세 개를 깨달을 수 있기를 바랐다.

"더는 반복하지 않는다."라는 구절에는 두 가지 해석이 있다. 첫 번째 해석은 약간 매정하게 들릴 수 있다. 공자는 모든 사람을 차별하지 않고 가르쳤지만 깨달음은 천차만별이었다. 공자가 하나를 통해 세 개를 깨우치지 못하는 사람은 더는 가르치지 않았다는 것이 첫 번째 해석이다. 나는 이런 해석이 마음에 들지 않는다. 공자는 의지력이 강했기 때문에 인내심 없이 가르치지 않았다.

두 번째 해석은 공자가 가르치지 않았던 것이 아니라 제자에게 주입식 교육을 하지 않았다는 의미이다. 공자는 한 모서리를 알려준 뒤 제자가 나머지 모서리를 이해하지 못하면 더는 설명하지 않았다. 제자가 스스로 설명해 준 한 모서리의 이치를 이해하고, 나머지 모서리를 깨달을 수 있을 때까지 기다렸다.

　대부분의 교사는 어느 한 문제를 알려준 뒤 학생이 같은 유형의 문제를 이해하지 못하면 이해할 때까지 반복해서 계속 설명해 준다. 이런 방식은 학생이 스스로 생각할 수 없어 오히려 고통만 느낄 것이다. 체벌이 아니라 머릿속에서 일어나는 갈등과 충돌의 고통이다. 주입식 교육은 조금이라도 변형된 문제만 나오면 당황해서 해결할 엄두를 내지 못하게 된다.

　『어떻게 공부할 것인가Make It Stick』의 저자는 머릿속에서 불꽃이 튈 정도로 뇌를 활용해야 한다고 말한다. 답을 생각해내지 않아도 머리를 활발히 쓰는 것만으로도 성과가 있다는 것이다. 가장 최악의 경우는 이런 것이다. 교사가 머리를 쓰는 것을 싫어하는 학생에게 사각형의 모서리 하나를 알려줬다. 학생은 나머지 모서리들의 존재를 깨닫지 못했다. 교사는 다른 모서리의 존재를 알려 주었다. 하지만 그 학생은 처음 알려준 모서리에 대해서만 질문을 했다. 이는 그 학생이 사각형의 모서리에 대한 개념을 이해하지 못했기 때문이다. 교사가 여러 가지 지식을 알려주었지만, 학생이 학습 과정에서 핵심을 파악하지 못하고 표면적인 지식만 이해하는 것은 교육이라고 할 수 없다. 공자는 반복해서 설명해 주지 않고 제자들이 스스로 문제의 본질을 생각할 수 있게 해야 한다는 점을 일깨워 준다.

　다시 한번 강조하지만 공자의 교육 방식은 대단히 혁신적이었다. 공자는 많은 제자를 데리고 밖으로 나가 강가에서 놀고먹고 이야기를 나누었다. 책을 읽어 주는 것이 아니라 일상에서의 모습을 행동으로 보여주며 제자들을 가르쳤다.

주입식 교육 방식은 쉽게 사라지지 않고 있다. 생각해 보자. 대부분의 학교는 교실에 여러 명의 학생을 앉혀 놓고 교사 한 사람이 수업을 진행한다. 중학교 시절 한 반의 학생들은 70여 명이나 되었다. 최소한 절반은 교사의 말을 이해하지 못했고, 절반은 이미 아는 내용이라서 지루해했다. 하지만 교사는 이런 상황을 알고 있으면서도 평균적인 학생들만 이해할 수 있을 만한 내용을 가르칠 수밖에 없었다. 똑똑한 학생들은 시간을 낭비하고 부족한 학생들은 수업 내용을 따라갈 수 없었다.

공자는 번민하지 않는 제자들은 일깨워주지 않고, 애써 표현하려 하지 않으면 말해주지 않았다. 제자들의 상황을 살펴보며 알고자 하는 욕구가 강해졌을 때 비로소 일깨워줬다. 공자는 모든 제자가 자신에게 알맞은 방향을 선택해 더 큰 사람이 될 수 있도록 도왔다.

교육의 중요한 점과 어려운 점은 학생이 번민하고 애써 표현하려 할 때와 답을 진심으로 알고 싶어 할 때를 포착해 내는 곳에 있다. 교육은 학생의 마음에 물을 가득 채워 만족하게 하는 것이 아니라 불을 지피는 것이다. 학생들 스스로 이해하고 배움의 매력을 느껴야 한다. 간단한 방법론처럼 들리겠지만 쉽지 않다. 학생들이 자발적으로 공부한다면 교사가 할 일은 그다지 많지 않다. 학생들은 능동적으로 답을 찾으려 할 때 더 쉽게 배운다.

일부 교사 중에는 질책하고 윽박지르거나 심지어는 협박하는 방식으로 학생을 가르친다. 이런 교사들은 학생이 자기 생각대로 움직이지 않으면 협박을 한다. '계속 그렇게 따라오지 않는다면 부모님에게 알리겠다. 계속 이렇게 노력하지 않으면 취직도 못 하게 될 것'이라며 학생들을 공갈 협박하는 것이다. 협박은 깡패나 하는 짓이다. 스승은 학생들에게 깨달음을 주는 사람이다.

학생을 가르치는 것은 자동차를 조립하는 일과는 완전히 다르다. 자동차는 움직이지 않는 강철들을 하나로 모아 움직이도록 만들기만 하면 된다. 하지만 아이들은 성장하고 생각할 줄 알기에 하나로 모은다고 움직이는 것은 아니다. 아이들도 자신만의 생각과 욕구가 있다. 어른들이 해야 할 일은 아이들이 자신의 인생을 사랑할 수 있게 해주고 자신의 성장을 주도할 수 있게 해주는 것뿐이다.

많은 어른이 잘못된 교육 방식으로 아이가 공부를 싫어하게 만들고, 심지어 아이가 자신의 인생을 실망하게 만들고 있다. 다른 것은 몰라도 『논어』에서 공자의 교육 철학만큼은 자기 것으로 만들어 보자. 자식을 올바르게 키워야 우리가 사는 공동체가 발전할 수 있다.

임사이구, 호모이성 臨事而懼, 好謀而成

'만용'은
진지함이 사라진 객기일 뿐

공자가 안연에게 말하길 : "써주면 행하고 버려지면 숨는 것을 오직 나와 너만이 가지고 있구나!"
자로가 말하길 : "스승님께서 삼군을 통솔하게 된다면 누구와 함께하시겠습니까?"
공자가 말하길 : "맨손으로 범을 잡으려 하고 맨몸으로 강을 건너려다가 죽어도 후회하지 않을 사람과 나는 함께 하지 않을 것이다. 반드시 일에 임함에 두려워하고 계획하길 좋아하여 성공하는 사람과 함께 할 것이다."

子謂顏淵曰 : "用之則行, 舍之則藏, 惟我與爾有是夫!"
子路曰 : "子行三軍, 則誰與?"
子曰 : "暴虎馮河, 死而無悔者, 吾不與也. 必也, 臨事而懼, 好謀而成者也."
자위안연왈 : "용지즉행, 사지즉장, 유아여이유시부!"
자로왈 : "자행삼군, 즉수여?"
자왈 : "포호빙하, 사이무회자, 오불여야. 필야, 임사이구, 호모이성자야."

공자가 제자 안회에게 말했다.

"써주면 행하고 버려지면 숨는 것을 우리 두 사람만 할 수 있지 않으냐?"

여기서 "써주면 행한다."라는 것은 나라가 필요로 한다면 즉시 관직에 오른다는 뜻이다. 공자도 나라가 필요로 했을 때 대사구라는 관직을 맡았다. "버려지면 숨는다."라는 것은 관직에 임용이 되지 않으면 담담하게 집으로 돌아가 수련하고 배움에 힘쓴다는 것이다.

노나라에서 대사구 관직을 맡았던 공자는 나라 제사 음식이 자신에게 돌아오지 않자 관인을 두고 떠났다. 노나라 군왕은 제사 음식을 관리들에게 나눠주었는데, 이는 영광스러운 일이었다. 하지만 공자에게는 이러한 영광이 돌아오지 않았다. 며칠을 기다리던 공자는 관인을 두고 국경을 넘는다. 여러 나라를 돌아다니는 험난한 여정이 시작된 것이다.

"써주면 행하는 것"과 "버려지면 숨는 것" 중 쉬운 일은 하나도 없다. 어떤 관직을 맡아 달라는 제안이 오면 망설이는 사람들이 있다. 자신감이 없을 수도 있고, 일이 뜻하는 대로 되지 않아 되돌아올 나쁜 평판을 걱정하거나, 자기 이익을 헤아리는 것이 우선이기 때문이다. 나랏 일이 주어졌을 때 그것을 받아들이기 위해서는 용기와 능력과 책임감이 필요하다. 영국 아편 상인들을 내쫓았던 청나라 정치가 임칙서는 "만일 국가에 이롭다면 목숨도 바칠 것이니 어찌 화복을 이유로 피하겠는가[苟]

利國家生死以, 豈因福禍避趨之."라고 말했다.

"버려지면 숨는 것"도 하기 힘든 일이다. 기대하던 관직에 오르지 못한 사람들은 상처받고 원망할 뿐 자신의 능력이 부족하다는 점을 인정하려 들지 않는다. 모욕을 당했다는 생각에 집에 돌아와서도 쉽게 분노를 가라앉히지 못한다. "버려지면 숨는 것"은 집으로 돌아와 수련하고 배움에 정진하는 것이다.

공자는 안회와 자신은 이 두 가지 점을 실천할 수 있다고 생각했다. 제자인 안회 입장에서 공자의 말은 칭찬이었다. 옆에서 동료의 칭찬을 들었던 다른 제자 자로가 서운했던 모양이다. 일찍부터 공자를 따라다니며 공부했던 자로는 수제자가 되길 원했을 것이다. 기분이 상한 자로가 공자에게 물었다. "스승님께서 전투를 이끌어야 한다면 어떤 제자를 데리고 가시겠습니까?" 자로는 안회가 몸이 약하다는 사실을 알면서도 이런 질문을 했던 것이다.

공자는 자로에게 매정하게 말했다.

"맨손으로 범을 잡으려 하고 맨몸으로 강을 건너려 하는 것은 무작정 용기만 믿고 경솔하게 행동하는 사람이다."

수호지의 영웅호걸인 무송武松도 호랑이를 때려잡을 때 막대기를 이용했다고 알려졌다. 그런데 맨손으로 호랑이와 싸운다는 것이 얼마나

249

무모한 짓인가? 맨몸으로 강을 건너는 일도 마찬가지다. 생명은 소중한 것이다. 죽어도 후회하지 않겠다며 만용을 부리는 사람을 공자는 경계했다.

전쟁이 발발해 나라가 위험에 처했는데 전투를 할 줄 모르는 사람들은 어떻게 해야 할까? 옛날에는 자신의 죽음으로 군왕에게 보답했다. 비록 싸울 줄은 모르나 자신은 비겁하지 않다며 군왕에게 충성심을 표현했던 것이다. 하지만 이런 행동이 나라에 도움이 될까? 공자는 죽어도 후회하지 않는 태도는 단지 무모한 것이라고 생각했다.

공자는 모든 생명은 소중하기에 자신의 목숨을 함부로 해서는 안 된다고 보았다. 그는 "일을 할 때 두려워하고 계획하길 좋아하여 성공하는 사람과 함께 하겠다."고 말했다. 두려워한다는 것은 용기가 없다는 뜻이 아니다. 위험한 현실을 정확하게 파악하고 지혜롭게 대처하는 것이 진정으로 용기 있는 행동이다. 용기와 만용을 구분할 줄 아는 진지함이 필요하다.

요즘에는 진지한 자세가 부족한 청년들을 자주 목격하게 된다. 그들은 자신이 하는 일을 놀이라고 표현하며 진지하게 열심히 하는 것을 부끄러워한다. MBA 과정을 공부하는 학생들을 만나보니 꽤 많은 학생이 시험을 위해 특강을 듣는 것을 숨기려 한다는 사실을 알았다. 가령, 이런 식으로 그들은 생각한다. 'MBA 시험을 준비하려고 특강을 듣는 거야? 집에서 혼자 책으로 공부하면 충분하잖아?' 무언가 진지하게 열심히 하는 사람들을 고지식하게 생각하는 것이다.

이렇게 하는 이유는 그들이 너무 남을 의식하기 때문이다. MBA 과정을 수료하는 것이 가장 중요한데, 그들은 그것이 중요하지 않은 것처럼 행동해야 멋있어 보인다고 생각한다. 반대의 경우도 있다. 자신은 이미 시험 준비를 다 해서 문제없다는 모습을 보여주고 싶은 것이다. 요즘 말로 하면 쿨하게 보이고 싶은 것이다.

어떤 일이든 그 일의 어려움을 알아야 책임감이 생기게 된다. 그리고 실제 상황에 근거해 진지한 계획을 세울 수 있다. 사소한 부분까지 대처 방법을 세워 놓아야 해당 일에 최선의 노력을 기울일 수 있다. 공자의 말처럼 "반드시 일에 임함에 두려워하고 계획하길 좋아하여 성공하는 사람"이 되기 위해 정진해야 한다.

나폴레옹이 유럽을 정복할 수 있었던 이유는 전쟁의 모든 세밀한 부분을 파악하고 있었기 때문이다. 자신의 군대가 몇 명의 병사를 수용할 수 있고, 그들을 이끄는 데 필요한 식량 보급을 위한 곡창이 얼마나 있고, 보유한 대포가 몇 대이고, 지형지물에 대한 모든 정보를 나폴레옹은 파악했다. 나폴레옹과 같은 태도가 바로 일에 임함에 두려워하고 계획하길 좋아해 성공한 사례이다.

하지만 결국 나폴레옹은 실패했다. 그 원인은 또 어디에 있을까? 60만 대군을 이끈 러시아 원정에서 나폴레옹은 무모했다. 참모들은 러시아의 원정길에는 곡창이 많지 않고 보급이 어려울 것이라 조언했다. 하지만 이미 여러 전투에서 승리해 자만해진 나폴레옹은 계획을 밀고 나갔

251
술이述而 | 묵묵히 익히고 행하라

다. 예상대로 러시아는 나폴레옹의 대군이 후퇴하면서 물자를 조달할 수 없도록 곡창을 파괴하고 도주하는 작전을 펼쳐 그의 군대는 굶주림에 허덕였다.

다시 한번 강조한다. 용기와 만용을 구분하자. 만용은 진지함이 없는 객기다. 성공하고자 한다면 반드시 일에 임함에 두려워하고 계획하길 좋아하는 태도를 갖추어야 한다.

당신이 만나야 할 단 하나의 논어

락역재기중의 樂亦在其中矣

의롭지 않은 부富는
허황된 뜬구름이다

∞

공자가 말하길 : "거친 밥을 먹고 물을 마신 뒤 팔을 굽혀 베니 즐거움이 그 가운데 있다. 의롭지 않은 부유하고 귀한 것은 나에게는 뜬구름과 같다!"

子曰 : "飯疏食, 飮水, 曲肱而枕之, 樂亦在其中矣. 不義而富且貴, 於我如 浮雲!"
자왈 : "반소사, 음수, 곡굉이침지, 락역재기중의. 불의이부차귀, 어아여부 운!"

공자가 행복에 관해 말하고 있다.

"거친 밥"은 초라한 음식을 말한다. 문장에 쓰인 한자 '수水'는 차가운 물이다. 뜨거운 물은 '탕湯'이라고 적는다. 변변치 않은 음식에 찬물을 마셨다는 것은 허기진 배를 값싼 음식으로 채웠다는 말이다. "팔을 굽혀 벤다"라는 구절은 팔베개를 한다는 뜻이다. 공자는 거친 음식과 냉

253

술이述而 | 묵묵히 익히고 행하라

수가 산해진미와 다를 게 없다는 듯 "즐거움이 그 가운데 있다."고 말했다.

공자가 말하는 즐거움은 어떤 것일까? 다음 구절에 그 이유가 나온다.

"의롭지 않은 부유하고 귀한 것은 나에게는 뜬구름과 같다!"

공자는 부정한 방법으로 축적한 부보다 의로운 가난함이 더 즐거운 일이라고 말한다.

송나라 유학자들은 다음과 같은 시험 문제를 냈다고 전해진다. "공자와 안회의 즐거움은 무엇인가?" 안회는 더러운 골목에 살면서 한 그릇의 밥과 표주박의 물로 하루를 지내도 즐거움이 변하지 않았다고 『논어』에 기록돼 있다. 공자는 거친 밥을 먹고 물을 마신 뒤 팔베개를 하며 즐거워했다. 살아있다는 것 자체가 즐거운 일이다. 숨을 쉰다는 것은 신비롭다. 우리는 공기를 내뱉으면 자연스럽게 다시 공기를 들이마신다. 들숨과 날숨의 신비함과 즐거움을 깨닫는 것은 불교에서 말하는 '법희法喜의 충만함'이다.

공자는 언제 어디서든지 물질에 구애받지 않고 즐거움을 느낄 수 있는 사람이었다. 행복은 어떤 상태가 아니라 능력이다. 권력을 쥐는 것, 돈방석에 앉는 것, 호화로운 집에서 사는 것 등 물질적인 상태가 곧 행복을 의미할 수는 없다. 아무리 많은 재산이 있어도 마음이 어지럽다면 행복할 수 없다. 행복은 내면의 만족을 느낄 수 있는 능력이 있는지에 따라 결정된다. 행복을 느끼는 능력을 갖추었다면 거친 음식을 먹고 차가운 냉수를 마신 뒤 팔베개하는 것에서 즐거움을 찾을 수 있다. 하지만 행복을 느끼는 능력이 없는 사람은 돈방석에 앉아 있어도 마음이 초조하고 불안하다.

혹자는 공자가 부에 대해 냉소적인 태도로 말한다고 한다. 하지만 공자는 부유함 그 자체를 배척한 것이 아니다. 그는 의롭지 않은 방법으로 부자가 되는 것을 비판하는 것이다. 부에 대한 냉소적인 태도는 다음과 같은 것이다.

해변을 지나던 한 사람이 게으름을 피우는 사람을 만났다.

나그네 : "자네는 아무 일도 안 하고 해변에 누워서 청춘을 낭비하고 있군."

게으름뱅이 : "그럼 자네는 바쁘게 일하는가?"

나그네 : "나는 일하느라 바쁘네."

게으름뱅이 : "무슨 일을 하느라 바쁜가?"

나그네 : "돈을 버는 일을 하지."

게으름뱅이 : "돈을 벌어서 뭘 하려고?"

나그네 : "돈을 벌어서 집을 사야지."

게으름뱅이 : "집을 사서 뭐 하려고?"

나그네 : "아들에게 줄 거네."

게으름뱅이 : "집을 사서 아들에게 준 뒤에는 뭘 할 건가?"

나그네 : "해변에 누워서 즐겨야지."

게으름뱅이 : "나는 지금 이미 그걸 하고 있네."

공자는 부유함을 냉소적으로 바라보지 않았다. 다만 의롭지 못한 방법으로 부자가 된다면 행복을 느낄 수 없을 것이라고 공자는 말한다. 행복은 내면에 있는 것이고, 그것을 느낄 수 있는 능력은 돈으로 살 수 있는 것이 아니기 때문이다.

천생덕어여 天生德於予

사명감이 때론
기적을 만든다

∞

공자가 말하길 : "하늘이 나에게 덕을 주었으니 환퇴가 나를 어찌할 수 있겠느냐?"

子曰 : "天生德於予, 桓魋其如予何?"
자왈 : "천생덕어여, 환퇴기여여하?"

이 문장에서 쓰인 한자 '여여하^{如予何}'는 '나를 어떻게 할 수 있겠는가?'라는 뜻이다.

사마천의 역사책 『사기』에 따르면 노년의 공자는 목숨이 위태로웠던 일을 겪었다. 위나라를 떠나 진나라로 향하던 공자는 잠시 송나라에 체류했다. 공자가 큰 나무 아래서 제자들과 함께 세상의 이치를 논하고 있었을 때의 일이다. 송나라의 대부 사마환퇴^{司馬桓魋}가 공자를 암살하려 했다. 그의 지령을 받은 병사가 공자를 죽이기 위해 큰 나무를 베어 넘어 뜨렸다. 다행히 공자는 목숨을 건졌지만 즉시 송나라를 떠날 수밖에 없었다. 이 문장은 제자들이 공자에게 빨리 송나라를 떠나자고 권할 때 한 말이다.

송나라의 실세였던 사마환퇴는 어째서 나무를 베어 쓰러뜨리는 기괴한 방법으로 공자를 죽이려 했을까? 활을 쏴서 죽이는 것이 더 쉽지 않았을까? 나는 사마환퇴가 공자를 꼭 죽이려 했던 것이라기보다는 송나라에서 공자를 내쫓기 위해서 일부러 나무를 쓰러뜨려 겁을 주었다고 생각한다. 송나라 군왕은 공자를 공손히 맞이하고 공자와 제자들을 중용하려 했다. 군왕의 총애를 받았던 사마환퇴는 공자가 자신의 자리를 차지할 것이라는 위협을 느꼈을 것이다.

암살 시도가 벌어지자 제자들이 공자에게 말했다. "스승님, 얼른 떠나셔야 합니다. 여기는 위험하니 최대한 빨리 떠나는 게 좋겠습니다." 공자가 대답했다.

"하늘이 나에게 덕을 주었으니 환퇴가 나를 어찌할 수 있겠느냐?"

이 말은 '하늘이 나에게 덕행을 부여해 많은 책임을 짊어지게 하고 덕행을 알릴 임무를 주었는데 환퇴가 하늘의 뜻을 거스를 수 있겠느냐'라는 의미이다.

송나라의 광匡이라는 지역에서도 공자는 신변의 위협을 받았다. 광은 공자의 고향인 노나라의 침략을 받았던 지역이다. 공자는 이때도 비슷한 말을 했다. "광 지역 사람들이 나를 어찌할 수 있겠느냐?" 하늘이 나에게 책임을 짊어지게 했는데, 이 사람들이 나를 어떻게 할 수 있겠느냐는 말이다. 위험한 상황에서 자신감 넘치는 말을 한다는 것은 무엇을 의미할까?

전한前漢 시대의 정치가 왕망王莽도 한나라 군대가 왔을 때 주변 사람들에게 "한나라 군대가 나를 어찌할 수 있겠는가?"라고 말했다. 왕망은 자신을 정통을 이을 계승자로 생각했기에 한나라 군사가 나를 어쩔 수 있겠냐고 말한 것이다. 하지만 공자와 달리 왕망은 처참한 최후를 맞았다. 하늘이 왕망에게 덕을 주지 않았던 것일까?

공자의 말은 유학자들에게 정신적 지주가 되었다.

일본이 중국을 침략했을 때의 일이다. 한 유학자가 중국에서 홍콩으로 가기 위해 배를 탔다. 일본군의 전투기가 나타나 폭탄을 퍼부었다. 홍콩으로 향하던 많은 배들이 폭격을 맞고 좌초했다. 사람들은 모두 선실 안에 숨었다. 하지만 그 유학자는 전혀 두려워하지 않고 뱃머리에 꼿꼿이 서 있었다. 폭격이 멈추자 한 사람이 그 학자에게 물었다. "선생님, 폭격이 내리치는 데도 뱃머리에 계시다니, 무섭지 않으셨습니까?" 그러자 학자가 말했다. "아직 책 두 권을 마저 쓰지 못했는데, 어찌 죽을 수 있겠습니까." 공사가 한 밀과 같은 이치이다. 『논어』를 읽은 사람들은 이 말을 정신적 지주로 삼았다.

술이述而 | 묵묵히 익히고 행하라

노벨문학상을 수상한 알베르 카뮈^{Albert Camus}를 다룬 『카뮈, 지상의 인간^{Albert Camus: A Biography}』에 소개된 일화를 하나 소개한다. 독일에 점령당했던 파리에서 일어났던 일이다. 전쟁에서 수세에 몰린 독일군이 파리에서 철수하기 시작했다. 이에 연합군의 전투기가 독일군을 폭격했다. 연합군의 전투기 폭격만으로는 점령당한 파리를 되찾을 수 없었다. 하지만 연합군의 폭격은 프랑스 시민들에게 승리의 확신을 안겨다 주었다. 숨죽이고 지내던 프랑스인들은 총을 들고 포탄이 쏟아지는 전장으로 향했다. 그들은 마지막까지 시가전을 벌이며 독일군을 내쫓았다. 파리가 해방될 때 많은 프랑스인이 사망했다. 파리 시민들이 죽음을 두려워하지 않았던 것은 그들이 곧 전쟁에서 승리하리라는 믿음이 있었기 때문이다. 책에는 이런 말이 적혀 있다.

"여기서 적을 차단하면 우리 동부 전투지역은 탄알을 적게 사용할 수 있다!"

파리 시민들은 프랑스 전체를 생각했다. 그리고 이 지역에서 승리하는 것이 다른 도시의 시민들을 돕는 것이라고 생각했다. 연대감에 의해 촉발된 책임감이다.

공자는 책임감이 강했다. 자신이 맡은 일을 천명으로 여겼다. 이러한 사명감은 때로는 기적을 만들어낸다.

제8편

태백
泰伯

시詩와 예禮와 악樂으로 만나는

배움의 철학

공이무례즉로 恭而無禮則勞

모든 일에 예를 갖추면
지나침이 없다

∞

공자가 말하길 : "공경하면서 예가 없으면 수고롭고, 신중하면서 예가 없으면 두려워지며, 용맹스러우면서 예가 없으면 어지럽고, 강직하면서 예가 없으면 헐뜯게 된다."

"군자가 가족과 돈독하면 백성들은 어짊이 흥기하고, 오랜 친구를 버리지 않으면 백성들이 각박해지지 않는다."

子曰 : "恭而無禮則勞, 愼而無禮則葸, 勇而無禮則亂, 直而無禮則絞."

"君子篤於親, 則民興於仁; 故舊不遺, 則民不偸."

자왈 : "공이무례즉로, 신이무례즉사, 용이무례즉란, 직이무례즉교."

"군자독어친, 즉민흥어인; 고구불유, 즉민불투."

공자는 '중용의 도'를 강조했다. 어떤 일을 하든지 지나침이 없는 것이 중용이다. 『논어』에 종종 등장하는 "공경하면서 예가 없으면"이나 "신중하면서 예가 없으면"이라는 말과 비슷한 구절들은 '예'를 통행 행동을 절제하는 중용의 중요성을 강조한다. 공자는 좋은 미덕일지라도 예로 절제하지 않으면 의미를 상실한다고 했다.

"공경하면서 예가 없으면 수고롭고"라는 구절을 살펴보자. '수고롭다 勞'라는 단어의 의미는 아주 명확하다. 예로 절제하지 않은 과도한 공경은 상대방이 받아들이지 않을 테니 자신의 에너지만 소비하게 된다는 의미이다. 계산적으로 공손하게 행동하는 경우도 마찬가지이다. 도움을 얻고 싶어서 겉으로 자기를 낮추며 행동한다면, 기준과 한계가 없는 탓에 수고롭기만 할 뿐 원하는 것을 얻을 수 없다. 외국인을 대할 때도 마찬가지이다. 상대 나라의 예의범절을 알지 못한 채 무턱대고 지나치게 자신을 낮춘다면 오히려 예의를 잃을 수 있다.

다음 구절을 살펴보자. "신중하면서 예가 없으면 두려워진다."라는 것은 신중함은 좋지만 지나치면 유약해진다는 의미이다. 어떤 상황을 마주쳤을 때 너무 신중하면 자신의 뜻을 신속하게 행동에 옮길 수 없게 된다. 우리는 이런 상황을 자주 겪게 된다. 가령 도둑질하는 장면을 목격했다고 가정해 보자. 지나치게 신중해서 그 상황에 개입하지 않는 것은 방관을 넘어서 악행을 돕는 꼴이 된다. 이른바 지나친 신중함은 '일상의 악덕'이 될 수도 있다. 그래서 공자는 신중함에도 기준을 가지고 자신이 어디까지 절제해야 하는지를 알아야 한다고 말했다.

"용맹스러우면서 예가 없으면 어지럽다."라는 구절은 공자의 제자 자로를 떠올리게 한다. 자로는 용맹스러웠지만 절제가 부족했다. 용감하

태백泰伯 | 시詩와 예禮와 악樂으로 만나는 배움의 철학

지만 예가 없다면 제멋대로 행동할 수도 있다. 심하게는 분란을 초래할 수도 있는 일이다. 공자는 어떤 상황에서도 통하는 세 가지 미덕을 말했다. 지혜로움, 어짊, 용맹스러움이다. 용맹은 그만큼 중요한 덕목이다. 하지만 공자는 용맹스러움에도 경계와 규범, 그리고 기준이 필요하다고 했다.

이어지는 구절 "강직하면서 예가 없으면 헐뜯게 된다."는 것은 지나치게 강직하면 상대방에게 가혹해질 수 있다는 뜻이다. 강직함을 설명하는 다음과 같은 말이 있다.

"산에는 곧은 나무가 있어도 세상에는 강직한 사람이 없다.
山中有直樹, 世上無直人."

산에서는 곧게 자란 나무를 쉽게 볼 수 있지만, 세상에는 강직한 사람을 찾기 어렵다. 자기 자신이 강직하다고 말하는 사람은 타인에게 상처를 주는 인물일 가능성이 높다. 강직한 겉모습을 통해서 자신의 부족한 소양을 감추려 하기 때문이다.

고대에는 황제를 비방해 강직한 모습을 보이려는 사람들이 있었다. 일부의 문신들은 죽기를 각오하고 황제에게 직언을 했다. 그렇게 죽는 것이 역사에 자신의 이름을 남기는 방법이라고 생각한 것이다. 언뜻 보기에는 강직하고 충직한 신하의 모습처럼 보이기도 한다. 물론, 그런 충신들이 있었던 것 또한 사실이다. 하지만 일부의 신하들은 무리하게 충언을 해 자신의 강직함을 알리고 싶어 했다.

강직함은 넓은 도량에서 나온다. 강직함은 도에 부합하게 행동하고, 이기적이지 않으며 진심으로 다른 사람을 대하는 태도이다. 한마디로 말한다면 '마음을 비운 무심함'이다. 겉으로만 강직한 척 행동하는 것은 자신의 부족한 소양을 감추려는 위장이다. 강직한 사람은 상대방을 헐뜯거나 상처를 주지 않는다.

다음 문장을 살펴보자. "군자가 가족과 돈독하면 백성들은 어짊이 흥기하고."라는 구절에서 '돈독하다篤'라는 것은 두텁다는 뜻이다. 가족과 돈독하게 지낸다는 것은 식구들의 잘못을 용인하거나 보호해 준다는 의미는 아니다. 군자는 가족이 출중한 덕행을 갖춘 사람이 되길 바라고, 행복해지기를 바란다.

군자를 묘사한 문장을 하나 살펴보자. "군자의 덕은 바람이고 소인의 덕은 풀이니, 풀은 바람이 불면 반드시 쓰러진다君子之德風 小人之德草 草上之風 必偃."라는 말이 있다. 군자는 만물을 자라게 하는 봄바람과 봄비처럼 백성들에게 영향을 준다. 군자가 어질고 너그럽게 행동해야 백성들도 더욱 관대해지고 온화해지게 마련이다.

이어지는 "오랜 친구를 버리지 않으면 백성들이 각박해지지 않는다."라는 구절에서 '각박하다偷'는 매정하다 혹은 야박하다는 뜻으로 해석할 수 있다. 군자가 자신의 지위가 높아졌다는 이유로 오랜 친구를 무시하거나 버리지 않고 계속 좋은 관계를 유지한다면 백성도 야박하거나 매정해지지 않게 된다는 의미이다.

공자는 중용의 도를 강조했다. 중용은 예와 도에 부합하게 행동하는 것이다. 예에 부합하는 것은 규범의 경계를 아는 것이다. 예를 모른다면 솔직하게 물어보는 용기가 필요하다. 공자는 태묘에 들어갔을 때 모든 예법을 물어보았다. 이에 누군가가 '정말 예를 알고 있냐'고 의문을 제기하자 공자는 "모르는 것을 물어서 정확하게 아는 것이 예"라고 대답했다.

태어나면서부터 예를 아는 사람은 없다. 다만 살아가면서 자신을 반성하며 천천히 일의 경계를 배우고 기준을 명확히 세우며 예로써 절제하는 법을 배워야 한다. 예에 부합하는 사람은 과격하지 않고, 극단적이지 않고, 무모하지 않으며, 다른 사람에게 상처를 주지 않는다. 이것이 바로 중용의 모습이다.

호감을 사는
가장 손쉬운 방법

증자가 병에 걸려 맹경자가 문병을 갔다.

증자가 말하길 : "새는 장차 죽을 때가 되면 그 울음소리가 슬퍼지고, 사람은 장차 죽을 때가 되면 그 말이 선해진다고 합니다. 군자가 도에서 귀하게 여기는 세 가지가 있으니 용모를 움직일 때는 난폭함과 오만함을 멀리하고, 얼굴빛을 바로잡을 때는 믿음에 가깝게 하며, 말이나 소리를 낼 때는 비루함과 어긋남을 멀리해야 합니다. 변과 두를 다루는 일에는 관리가 있습니다."

曾子有疾, 孟敬子問之.

曾子言曰 : "鳥之將死, 其鳴也哀; 人之將死, 其言也善. 君子所貴乎道者三; 動容貌, 斯遠暴慢矣; 正顏色, 斯近信矣; 出辭氣, 斯遠鄙倍矣. 籩豆之事, 則有司存."

증자유질, 맹경자문지.

증자언왈 : "조지장사, 기명야애; 인지장사, 기언야선. 군자소귀호도자삼; 동용모, 사원포만의; 정안색, 사근신의; 출사기, 사원비배의. 변두지사, 즉유사존."

여기에 등장하는 맹경자孟敬子는 노나라 권력을 잡고 있던 세 집안 중 맹손씨의 계승자를 말한다. 당시 증자는 맹경자의 스승이자 참모였다.

증자가 맹경자에게 한 말은 후대의 문학작품에 자주 인용되는 명문장으로 전해지고 있다.

"새는 장차 죽을 때가 되면 그 울음소리가 슬퍼지고, 사람은 장차 죽을 때가 되면 그 말이 선하게 되기 마련입니다."

사람이 세상을 떠날 때는 평상시와 다른 체험을 한다고 한다. 임종을 앞둔 이의 말이 의미심장한 이유이다. 중병에 걸린 자의 말도 비슷할 것이다. 증자의 말을 좀 더 쉽게 풀어보면 다음과 같다. "이렇게 돼서 더는 감출 필요가 없게 되었으니 내가 가장 중요하다고 생각하는 일을 허심탄회하게 말하겠습니다."

증자는 군자가 도를 배울 때 중요한 것이 세 가지가 있다고 말한다. 첫째는 용모를 움직이는 것이고, 두 번째는 안색을 바로잡는 것이고, 마지막으로 말에 신경 쓰는 것이다. 이 세 가지는 첫인상을 관리하는 방법이기도 하다. 처음 상대방을 만났을 때 어떤 인상을 남기느냐는 아주 중요하다.

원문을 살펴보자. "용모를 움직인다."라는 것은 행동과 말을 뜻하고, "얼굴빛을 바로잡는다."라는 것은 표정을 말하며, "말이나 소리를 낸다."라는 것은 대화할 때를 의미한다. 사람은 대화를 나눌 때 말뿐만 아니라 행동과 표정으로도 의사소통을 한다. 우리는 이러한 '비언어적 표현'을 통해서 상대방의 진실성을 판단한다. 상대방이 유려한 말주변으로 시선을 끌어도 표정과 행동이 가벼우면 신뢰성은 떨어지게 마련이다. 말주변이 좋은 사람을 경계해야 하는 이유가 여기에 있다. 만약 사람이 오직 말을 통해서만 의사소통을 할 수 있다면 얼굴빛을 좋게 꾸미고 말을 유창하게 하는 사람이 가장 영향력이 큰 사람이 될 수 있을 것이다.

증자가 말한 "용모를 움직인다."라는 것은 자신의 행동에 주의를 기울여야 한다는 의미이다. 행동에 흠이 없다면 푸대접을 받거나 의심을 받는 일도 없다. 증자는 의사소통을 할 때, 신체언어가 첫 번째라고 보았다. 이는 현대의 미디어 이론에서도 일맥상통하는 이야기이다. 의사소통에서 가장 많은 정보를 전달하는 것은 말이 아니라 신체 언어라고 미디어학자들은 말한다.

이어서 "얼굴빛을 바로잡는다."라는 것은 단정하고 진지한 표정으로 상대방에게 믿음을 주는 것을 말한다. 마지막으로 "말과 소리를 낸다."라는 것은 저속한 말이나 욕을 하지 않고, 교양있고 아름답게 말하는 것이다. 대화에서 중요한 것은 지적이면서 점잖고 온화한 태도이다.

"변과 두를 다루는 일에는 관리가 있습니다."라는 구절에서 한자 '변邊'과 '두豆'는 모두 제사 때 사용하는 제기를 말한다. 따라서 '변과 두를 다루는 일'이라는 것은 제사의 예식, 규범을 뜻하며 '관리가 있다'라는 것은 맹경자와 같은 귀족이 번거로운 예식을 직접 관리할 필요 없고 전문가에게 맡기면 충분하다는 의미이다.

증자는 태도, 표정, 말을 잘 관리해 단정하고 위엄 있는 모습을 유지하는 것이 중요하다고 말한다. 이 세 가지를 갖추어야 다른 사람과 의사소통을 할 때 존경과 믿음을 얻으며 인정을 받을 수 있다.

첫인상은 아주 중요하다. 심리학자들은 처음 만났을 때 몇 초 안에 무의식적으로 상대방이 어떤 사람인지 판단한다고 한다. 첫인상은 쉽게 변하지 않아 사람과의 관계에서 큰 영향을 미친다. 『왜 사람은 첫눈에 반할까First impressions』라는 책은 첫인상의 중요성에 대해 설명한다. 우리는 난폭하거나 거칠게 행동하지 말고 일거수일투족 규범에 맞게 행동해 온화하면서 우아한 이미지를 유지해야 한다. 예의 바르고 진솔한 모습을 보여주는 것은 타인으로부터 호감을 살 수 있는 가장 올바르면서도 쉬운 방법이다.

진솔함은 일상에서 자연스럽게 풍기는 이미지다. 일상의 수련을 등한시하며 지식과 학문에만 정진하는 사람들도 있다. 하지만 교양에 대한 책을 많이 읽고 공부해도 실천하지 않으면 아무 의미가 없다. 일상생활에서 사람들과 교류하면서 말과 행동을 예의 바르게 표현하는 연습이 필요하다.

겉모습으로 상대방의 성격을 알아맞히는 사람을 만난 적이 있었다. 신기해서 어떻게 그렇게 할 수 있냐고 방법을 물었다. 그 사람은 상대방이 걷는 자세를 유심히 관찰한다고 했다. 용감한 사람, 우유부단한 사

당신이 만나야 할 단 하나의 논어

람, 거만한 사람은 걸음걸이가 다르다는 것이 그의 설명이었다. 사람은 말을 하지 않아도 그의 행동으로 자신이 어떤 사람인지 드러낸다는 것이다.

불교 경전에 이와 관련된 고사가 등장한다. 부처의 수제자가 길을 걷고 있었다. 그를 본 행인이 곧장 무릎을 꿇고는 "귀의하고 싶습니다."라고 말했다. 수제자가 이유를 물었다. 행인이 이렇게 대답했다. "당신이 유명한 부처이기 때문입니다." 수제자는 자신은 부처가 아니고 부처의 제자라고 설명했다. 행인은 이렇게 말했다. "당신이 걷는 모습은 나에게 경외심을 불러일으킵니다." 위엄이 있는 사람은 걸음걸이에서도 그것이 드러나게 마련이다.

있으나 없는 것처럼,
가득 찼으나 텅 빈 것처럼

증자가 말하길 : "재능이 있으면서 재능이 없는 사람에게 묻고, 아는 게 많으면서 아는 게 적은 사람에게 물으며, 있으면서 없는 것처럼 하고, 가득 차 있으면서 텅 비어있는 것처럼 하며, 잘못을 해도 따지지 않았다. 옛날의 내 친구가 일찍이 이를 따랐다!"

曾子曰 : "以能問於不能, 以多問於寡; 有若無, 實若虛; 犯而不校. 昔者吾友嘗從事於斯矣!"
증자왈 : "이능문어불능, 이다문어과; 유약무, 실약허; 범이불교. 석자오우상종사어사의!"

증자가 세상을 먼저 떠난 친구 안회를 그리워하고 있다. 공자의 수제자였던 안회는 스승이나 친구들로부터 높은 평가를 받는 인물이었다. 증자가 말하는 안회의 품성을 살펴보자.

"재능이 있으면서 재능이 없는 사람에게 묻는다."라는 구절은 유능한 사람이 자신보다 못한 사람에게 묻는 상황을 설명한다. "아랫사람에게 질문하는 걸 부끄러워하지 않는다."라는 옛말과 비슷한 의미이다. 다음 구절인 "아는 게 많으면서 아는 게 적은 사람에게 묻는다."라는 의미도 크게 다르지 않다.

안회는 왜 자신보다 못한 사람에게 질문을 했던 것일까? 아무리 학식이 풍부하고 재능이 많더라도 완벽할 수 없는 것이 사람의 일이다. 게다가 자신보다 못한 사람에게도 배울 점은 있게 마련이다. 하지만 우리는 언뜻 자신보다 못한 사람에게 질문을 하는 것을 창피해하는 사람들을 종종 목격하게 된다. 박사 학위를 받은 사람은 어느 한 분야의 박사일 뿐이지 모든 것에 통달했다는 평가를 받은 것은 아니다. 문화인류학자 레비 스트로스는 아마존의 원주민들의 지혜에 경탄했다.

이어지는 안회의 성품을 살펴보자. "있으면서 없는 것처럼 하고 가득 차 있으면서 텅 비어있는 것처럼"이라는 구절에서 '있음과 없음'과 '가득 차 있음과 텅 비어있음'의 의미는 노자의 『도덕경』에서 말하는 개념과는 차이가 있다. 어떤 것을 갖고 있으면서 가지고 있지 않은 것처럼 생각하는 것이 "있으면서 없는 것처럼" 하는 것이다. 지식이 풍부하다고 해서 자만하지 말고 겸손하게 행동해야 한다는 뜻이다. 그래야 더 많은 지식과 정보를 습득할 수 있다. 이는 진실하면서 과감하게 자아를 인식하려는 대도이다.

불교의 『금강경金剛經』에 등장하는 '불착상不著相'은 아주 넓고 깊은 주제다. 불착상은 "아상도 없고 인상도 없고 중생상도 없고 수자상도 없는 것無我相, 無人相, 無眾生相, 無壽者相"이다. 망상妄想을 일으키고 미혹迷惑하게 하는, 들리고 보이는 모든 것을 말하는 '명상名相'에 빠지지 않는 것이 불착상이다. 쉽게 말해 사회적 신분이나 직함, 학위 등을 따지지 않는 자세를 말한다. 우리가 집중해야 할 것은 겉으로 나타나는 직함이 아니라 본질이다.

『도덕경』에서는 높은 수련의 경지를 다음과 같은 말로 설명한다.

"예리한 것을 꺾어 그 어지러움을 풀고 그 빛을 부드럽게 하여 그 티끌과 함께한다.
挫其銳, 解其紛, 和其光, 同其塵."

노자는 사회생활을 하는 사람이 주변 사람들과 다르게 행동하며 자신을 드러내는 것을 현명하지 못한 처사라고 말한다. 진정으로 뛰어난 사람은 자신의 예리함을 드러내지 않고, 주변 사람들과 싸우지 않고 하나가 되어 평화로운 관계를 유지할 수 있다. 자신이 돋보이기를 원하는 사람은 높은 수련의 경지에 올랐다고 볼 수 없다.

안회는 공자가 가장 아낀 제자였다. 친구이자 같은 제자였던 자공과 증자도 안회를 존중했다. 하지만 안회는 그런 점을 의식하지 않고 항

당신이 만나야 할 단 하나의 논어

상 "있으면서 없는 것처럼 하고 가득 차 있으면서 텅 비어있는 것처럼" 행동했다. 외부의 명성에 집착하지 않았고 부담으로 생각하지도 않았다. 학식이 높으면서도 자신을 뽐내지 않았던 안회는 이러한 것들을 내면의 일부분일 뿐이라고 생각했다. 그래서 "있으면서 없는 것처럼 하고 가득 차 있으면서 텅 비어있는 것처럼" 행동할 수 있었다.

마지막 구절인 "잘못을 해도 따지지 않았다."라는 것은 누군가 무례한 짓을 해도 따지지 않았다는 뜻이다. 안회는 "잘못을 해도 따지지 않고", "재능이 있으면서 재능이 없는 사람에게 묻고", "아는 게 많으면서 아는 게 적은 사람에게 물으며", "있으면서 없는 것처럼 하고 가득 차 있으면서 텅 비어있는 것처럼" 행동했다. 행동하는 경지에 이르렀기에 비로소 큰일을 감당할 능력을 갖출 수 있었다.

소설 『참을 수 없는 존재의 가벼움The Unbearable Lightness of Being』의 저자 밀란 쿤데라Milan Kundera는 사람은 무거운 것은 물론 가벼운 것으로 인해 무너질 수 있다고 말한다. 현대사회를 사는 우리에게 적은 월급, 주택 마련, 교육비 등은 삶의 무게를 짓누르는 요소들이다. 하지만 우리는 이러한 것들보다 가벼운 것들 때문에 더 쉽게 무너진다. 직함, 명성, 다른 사람들의 평가 등은 허구이지만 우리들의 내면을 쉽게 무너트릴 수 있는 요소들이다. 그래서 우리의 존재는 '참을 수 없이 가벼운 것'이다. 헛된 명성의 족쇄에서 벗어나지 못하고 괴로워하는 우리의 존재는 어찌 보면 무척 경솔한 존재이기도 하다.

안회가 이룬 경지는 불교에서 '무아無我'의 경지라고 할 수 있고 유교에서 '겸손과 조화'의 경지라고 할 수 있다. '겸손'과 '조화'가 함께 거론된 이유는 뭘까? 사람의 내면이 '겸손'해야 다른 사람들과 '조화'를 이룰 수 있기 때문이다. 거만하거나 날카로운 사람은 명성을 추구하며 다른 이들과 어울리려 하지 않는다. 겸손함은 위장할 수 없다. 거짓된 겸손함은 사람들이 쉽게 알아채기 마련이다. 명성, 지위, 직함에 신경 쓰지 않고 겸손하게 행동할 수 있을 때 비로소 다른 사람과 조화를 이룰 수 있다. 이것이 바로 '겸손과 조화'의 경지이다.

당신이 만나야 할 단 하나의 논어

독신호학, 수사선도 篤信好學, 守死善道

도리가 없는 나라에서의
부유함은 부끄러운 일이다

공자가 말하길 : "독실하게 믿으며 배우길 좋아하고, 죽음으로써 선한 도를 지켜야 한다. 위태로운 나라에는 들어가지 말고 혼란스러운 나라에는 살지 말아야 한다. 천하에 도가 있으면 나타나고 도가 없으면 숨는다. 나라에 도가 있음에도 가난하고 천한 건 부끄러운 일이고, 나라에 도가 없음에도 부유하고 귀한 건 부끄러운 일이다."

子曰 : "篤信好學, 守死善道. 危邦不入, 亂邦不居. 天下有道則見, 無道則隱. 邦有道, 貧且賤焉, 恥也; 邦無道, 富且貴焉, 恥也."
자왈 : "독신호학, 수사선도. 위방불입, 란방불거. 천하유도즉현, 무도즉은. 방유도, 빈차천언, 치야; 방무도, 부차귀언, 치야."

나는 배움의 힘을 굳게 믿고 있다. '판덩독서'를 여러 해 동안 운영하면서 초청을 받아 여러 강연회에 참석했었고, 매번 다양한 주제로 강연을 했지만, 목표는 단 하나였다. 바로 '배움의 힘'이다. 배움은 생활을 바꾸고 인성을 발전시켜 우리를 다른 사람으로 변화시킬 수 있다.

"죽음으로써 선한 도를 지켜야 한다."라는 구절을 살펴보자. 공자는 사람은 필사적으로 선한 도를 지키며 좋은 사람이 되는 데 뜻을 두어야 한다고 보았다. 플라톤도 철학의 목적을 '자기 자신을 더 좋은 사람으로 만들기 위한 것'이라고 말했다. 배워서 좋은 사람이 되는 것은 동양이나 서양이나 차이점이 없다. 독실하게 믿으며 배우길 좋아하는 건 학문의 부분이고, 죽음으로써 선한 도를 지키는 건 도덕의 부분이다. 학문과 도덕을 두루 갖추는 것은 모든 학자가 추구했던 목표였다.

이어서 공자는 제자들에게 "위태로운 나라에는 들어가지 말고 혼란스러운 나라에는 살지 말아야 한다."라고 알려준다. 당시에는 국경을 넘는 여행이 흔치 않았다. 그러니 "위태로운 나라에 들어가고 혼란스러운 나라에 사는 것"은 모험이자 도박이었다. 공자는 생명을 소중하게 생각했다. 그래서 위태로운 나라에 가지 말 것을 권고했다.

"천하에 도가 있으면 나타나고 도가 없으면 숨어야 한다."라는 것도 일맥상통하는 의미이다. 공자는 천하에 도가 있는지 없는지에 신경을 많이 썼다. 천하에 도가 있어 사회가 질서정연하고 사람들이 예절과 도리를 지킨다면 과감히 세상에 나가 열심히 일할 수 있다. 하지만 난세에는 몸을 온전히 보전하는 일이 더 중요하다.

다음 구절을 보자. "나라에 도가 있음에도 가난하고 천한 건 부끄러운 일"이라는 것은 나라가 질서를 갖추고 번영하는 상황에서 가난하고 천하다는 것은 무능함의 표현이라는 뜻이다. 국가가 안정되고 정치가 잘 이뤄져 모두가 앞다투어 발전하는데 본인만 제자리에서 게으름을 피우다가 가난하고 천해진다면 부끄러운 일이다.

이어지는 구절도 앞 구절과 쌍을 이루며 해석할 수 있다. "나라에 도가 없음에도 부유하고 귀한 건 부끄러운 일"이라는 것은 국가가 위태롭고 정치가 어지러운 상황에서 호의호식하는 건 부끄러운 일이라는 뜻이다. 나라가 혼란에 빠졌을 때 혼자서만 호사스러운 생활을 하는 것은 덕을 갖추지 못했으니 부끄러운 일이다. 무능하고 덕이 없는 것을 공자는 치욕으로 생각했다.

이 문장의 뜻을 깊이 이해하고 싶다면 '안티프래질anti-fragile'의 의미를 생각해 보자. 앞에서도 언급했던 적이 있는 안티프래질은 글자 그대로 해석하자면 '깨지기 쉬운fragile' 것이 '깨지지 않는anti' 상태라고 생각하기 쉽다. 하지만 안티프래질의 핵심은 충격이 닥쳤을 때 잠재적 손실보다 이득이 커지는 비대칭적인 현상을 말한다. 이 개념을 고안한 경영학자 나심 탈레브는 안티프래질의 대표적인 예를 그리스 신화에 나오는 머리가 여럿 달린 뱀인 히드라로 소개했다. 히드라는 머리가 잘리면 그 자리에서 머리 두 개가 나오는 전설 속의 생명체다. 공격을 당하면 더 강해지는 속성이 안티프래질이다.

공자는 안티프래질 능력이 아주 강한 사람이었다. "천하에 도가 있으면 나타나고 도가 없으면 숨는다."라는 말은 공자가 천하에 도가 있을 때는 관직에 나갔고 천하에 도가 없을 때는 돌아와 스승이 되었다는 뜻

태백泰伯 | 시詩와 예禮와 악樂으로 만나는 배움의 철학

이다. 만약 공자가 관직에 나가는 데만 집착했다면 인생에 어떤 즐거움도 느끼지 못하고 다른 가치도 찾지 못하게 되었을 것이다.

집착에 사로잡히면 단순해진다. 모든 목표가 오직 관직에 오르는 한 가지 일에만 집중되기 때문에 세상의 변화에 대응할 수 없게 된다. 나라에 도가 있다면 문제가 없겠지만, 나라에 도가 없어진다면 목숨을 부지하기도 힘들어질 수 있다. 나라에 도가 있든 없든 공자는 여유 있게 현실을 받아들이고 자기 삶을 살아갈 수 있었다. 공자의 내면이 다른 사람과 차별화된 점이 있다면 그것은 즐거움이다.

공자의 말은 항상 침착하고 여유가 있다. 그는 천하의 도가 있고 없는 것과 같이 중요한 주제까지도 담담하게 말한다. 그가 이처럼 담담할 수 있는 이유는 운명이 자신을 어디로 이끌든 침착하게 받아들일 수 있기 때문이다. 공자는 자신이 갈 수 있는 가장 좋은 위치를 찾아 계속해서 더 높은 곳으로 오를 줄 아는 사람이었다.

부재기위, 불모기정 不在其位, 不謀其政

상대방의 불확실성까지
끌어안을 수 있는 용기

∞

공자가 말하길 : "그 자리에 있지 않으면 그 정사를 도모하지 않는다."

子曰 : "不在其位, 不謀其政."
자왈 : "부재기위, 불모기정."

이 문장은 지금도 종종 쓰는 말이다. 예를 들어서 어떤 사람이 도움을 청할 때 '그 자리에 있지 않으면 그 정사를 도모하지 않는 법이니 내가 관여할 일이 아니다'라고 말하며 거절한다. 즉, 어떤 문제의 책임을 회피하는 것이다. 하지만 이런 용도로 이 문장을 사용하는 것은 공자의 본래 뜻과 맞지 않는다.

『책임감 중독The Responsibility Virus』의 저자 로저 마틴은 책임감 중독이 조직의 도전 정신을 없애고 직원들을 무능하게 만든다고 역설한다. '그 자리에 있지 않으면 그 정사를 도모하지 않는다'는 태도는 항상 의식적으로 선을 분명하게 긋는 행동이다. 즉, 내 일은 다른 사람이 간섭할 수 없고, 내 일이 아닌 것은 내가 신경 쓸 필요가 없다고 생각하는 것이다. 이와 같은 생각이 팽배해지면 조직은 책임감 바이러스에 감염되고 다음과 같은 상황이 펼쳐진다.

"자네가 틀렸으니까 내가 관리해야겠어."
"그래, 이제 자네가 관리하니 나는 손 떼겠어."

모든 사람이 '여러 일에 관여하지 말고 내가 맡은 작은 일만 잘하면 그만이야'라고 생각하는 문화는 조직을 발전시킬 수 없다. 자신의 책임을 아주 좁은 범위로 축소하면 조직은 침체 상태에 빠지게 되고, 어떤 문제가 출현했을 때 누구도 자기 잘못이라 생각하지 않는다.

책임감 바이러스는 공동의 목표와 바람을 잃게 만든다. 감정적으로 일을 처리하고 구성원 사이에 신뢰가 부족해져 혼자 도맡아 처리하려 하거나 전혀 관여하지 않으려 한다. 책임을 감당해야 한다는 두려움 때문에 모두 자기가 잘못을 저지를 확률을 줄이는 데만 집중하게 된다. 누구도 잘못을 저지르지 않지만, 전체 조직은 처음 목표에서 갈수록 멀어지게 되는 것이다.

공자가 "그 자리에 있지 않으면 그 정사를 도모하지 않는다."라고 말한 것은 서로 상대를 신뢰하면서 다른 사람의 일에 왈가왈부하지 말라는 뜻이다. 경영자가 부하 직원에게 일에 대한 권한을 넘겼다면 부하 직원이 뭘 하든 관여하지 말고 시행착오를 겪도록 내버려 두어야 한다. "그 자리에 있지 않으면 그 정사를 도모하지 않는다."라는 것은 바로 이런 상황을 말하는 것이다. 하지만 실제 생활에서 이를 실천하기란 쉽지 않다. 용감한 경영자들만이 부하 직원을 전적으로 신뢰할 수 있다.

『경영자 양성 노트』의 저자 야나이 다다시柳井正는 경영자를 양성하려면 먼저 마음껏 일할 수 있게 권한을 주고, 실수해도 못 본 척해야 한다고 말한다. 실수는 배우기 위해 반드시 거쳐야 하는 과정인 만큼 내버려 두어야 한다는 것이다.

공자는 이 문장에서 용감하게 다른 사람을 믿어야 한다고 말한다. 이것은 단순한 믿음의 문제가 아니다. 공자의 말은 상대방의 불확실성까지 감내할 수 있는 포용력을 의미한다. 설사 상대방이 잘못했다고 하더라도 결과를 두려워하지 말며 시행착오를 인정해 주고 성장의 기회를 제공해 주어야 한다. '그 자리에 있지 않으면 그 정사를 도모하지 않는다'라는 것은 절대 방관하거나 책임을 회피하는 태도가 아니다. 일에 관심이 많지만, 상대방이 직접 경험하는 것이 가장 좋다는 걸 알기에 믿고 맡기는 태도를 말한다.

이를 실현하기 위해서는 윗선과 아랫선 모두 기본적인 신뢰가 있어야 한다. 말단 직원들은 윗선에서 잘못된 결정을 내릴까 봐 걱정하며 언제든지 자신을 보호할 수 있는 상태를 취하게 마련이다. 즉, 경영자가 잘못하든 안 하든 일단 자신이 살길을 찾기 위해서 경영자의 지시를 건성으로 처리하는 경향이 강하다. 직원이 이런 자세로 일하는데, 과연 회사의 목표가 실현될 수 있을까? 경영진에 대한 믿음이 필요한 이유가 여기에 있다. 그래야 자신이 해야 할 일에 최선을 다할 수 있고, 가장 좋은 방법을 선택해 경영자의 비전이 이뤄질 수 있도록 도울 수 있다.

다시 한번 강조한다. '그 자리에 있지 않으면 그 정사를 도모하지 않는다'라는 말은 책임 회피가 아니라 불확실성까지 포용할 수 있는 신뢰의 중요성을 설명한다. 이제부터 이 글을 읽는 독자들은 공자의 본래 뜻을 살려 이 문장을 사용하기를 바란다.

광이부직 狂而不直

'단점+단점'의
가공할 만한 파괴성

∞

공자가 말하길 : "호기스러우면서 곧지 못하고 무지하면서 성실하지 않으며 무능하면서 신뢰가 없다면 나는 알지 못하겠다!"

子曰 : "狂而不直, 侗而不愿, 悾悾而不信, 吾不知之矣!"
자왈 : "광이부직, 동이불원, 공공이불신, 오부지지의!"

공자가 사람들이 멀리해야 할 세 가지 단점에 대해 이야기한다.

첫 번째 단점은 "호기스러우면서 곧지 못한 것"이다. 문장에 쓰인 한 자 '광狂'은 굉장히 진취적이고 이상과 추진력을 갖추고 있으면서 호기스러운 상태를 말한다. 이런 사람이라면 문제가 없을 것 같다. 하지만 공자는 이런 성향의 사람이 곧지 못하다면 위험하다고 말한다. 호기스러우면서 곧지 못한 사람은 겉으로는 털털하고 너그럽게 행동해 뭐든 문제 삼지 않는 것처럼 보이지만, 실제 마음은 그렇지 못하기 때문이다.

두 번째 단점은 "무지하면서 성실하지 않은 것"이다. 이 구절에 쓰인 한자 '동侗'은 무지한 상태이고, '원愿'은 성실하다는 의미이다. 성실한 사람이 무지한 것은 큰 문제가 아니다. 하지만 무지한 사람이 성실하지도 않다면 문제가 될 수 있다.

세 번째 단점은 "무능하면서 신뢰가 없는 것"이다. 여기서 '공공悾悾'은 어리석으면서 무능하다는 의미이다. 이런 사람은 대부분 성실하고 신용을 지킬 줄 안다. 만약 어리석고 무능하면서 신용도 지키지 않는 사람이라면 받아들일 만한 점이 없는 사람이라 할 수 있다.

공자는 위와 같은 단점을 가진 사람들을 어떻게 도와줘야 할지 모르겠고 뭐라 해줄 말도 없다고 말한다. 공자가 "나는 모르겠다."라고 표현할 때는 부정적인 의미가 강하다.

사람은 누구나 장단점을 갖고 있다. 장점으로 단점을 보완하고 균형을 맞출 수 있다면 문제가 되지 않는다. 그리고 만약 장점이 더 많은 사람이라면 장점과 장점이 합쳐져 서서히 시너지 효과를 낼 수 있다. 예를 들어서 겸손하고 배우길 좋아하는 사람이 사람들과 잘 어울린다면 지혜로우면서 어질게 변할 수 있다. 장점들은 서로 합쳐져서 상부상조한다.

단점들은 반대이다. 단점들이 합쳐진다면 파괴성이 더욱 강해져 소용돌이에 빠진 것처럼 그 안으로 빨려 들어가게 된다. 거만하지만 솔직한 사람이나, 어리석지만 관대한 사람이나, 무능하지만 신용을 잘 지키는 사람이라면 문제가 없다. 하지만 호기로우면서 곧지 못하거나, 무지하고 무능하면서 신중하지 못하거나, 겉보기에는 성실해서 다른 사람의 믿음을 쉽게 얻으면서 이를 이용해 속이려 하는 것은 단점과 단점이 합쳐져 더욱 안 좋은 상황으로 빠지게 되는 경우이다.

공자는 겉으로는 호기스러우면서 내면은 곧지 못하거나, 무지하면서 성실히 배우려 하지 않거나, 능력이 없으면서 다른 사람을 속이길 좋아하는 사람을 가장 경계해야 한다고 말한다. 이런 경우는 가르친다고 바꾸지 않는다.

공자는 화가 날 때면 푸념을 잘 늘어놓았다. 아마도 공자가 가르친 제자 중에서 그를 실망하게 한 제자들도 많았을 것이다. 그러니 이런 제자들을 바른길로 이끌어주려 노력하면서 가르치기 어렵다고 한탄을 했을 수 있다.

공자는 우리에게 단점이 있는 것을 걱정하지 말고, 단점과 단점이 합쳐지는 것을 걱정해야 한다고 말한다. 어떤 단점이든 그 자체로는 치명적이지 않다. 하지만 다른 단점과 합쳐져서 위력이 강해진다면 심각한 문제가 될 수 있다. '호기스러우면서 곧지 못하다면' 겉으로는 호방하면서 실제로는 마음이 좁아 사소한 일도 마음에 두게 된다. 또 '무지하면서 성실하지 않다면' 무식하면서 배우려 하지 않아 너그럽지 않게 된다. 아울러 능력이 없는 사람이라도 '신용'을 지킨다면 인정받을 수 있지만,

'무능하면서 신뢰가 없다면' 능력도 없으면서 신용도 없는 것이니 아무에게도 도움을 얻을 수 없다.

단점을 극복해 장점으로 변화시켜보자. 내가 가진 장점으로 새로운 장점을 만들어 시너지 효과를 일으킨다면 삶은 더욱 좋게 변할 것이다.

학여불급, 유공실지 學如不及, 猶恐失之

천하의 공자도 느끼는
배움의 아쉬움

공자가 말하길 : "배움을 따라가지 못하는 것 같으면서 잃을까 두렵다!"

子曰 : "學如不及, 猶恐失之!"
자왈 : "학여불급, 유공실지!"

공자의 배움에 대한 열망이 너무 커 초조함마저 느껴지는 문장이다. 적당한 초조함과 긴장감은 삶의 활력소가 될 수 있다. 배우는 과정에서 조금도 초조해하지 않는다면 자기계발의 속도는 더딜 것이다. 물론 여기서 말하는 긴장감은 과도하지 않은 적절한 수준이다.

심리학자 여키스Yerkes와 도슨Dodson의 이름을 딴 '여키스 도슨 법칙 Yerkes-Dodson Law'은 초조함의 긍정적인 힘을 설명한다. 적절한 초조함은 더 많은 것을 배우려는 욕구를 불러일으키고 효율성을 높여준다. 하지

태백泰伯 | 시詩와 예禮와 악樂으로 만나는 배움의 철학

만 과도한 초조함은 지나친 긴장감에 휩싸이게 만들어 실제 행동에서 효율성을 떨어뜨리게 한다.

공자의 문장을 보자. "배움을 따라가지 못하는 것 같다."라는 것은 어떤 상태일까? 배울수록 아는 게 부족하다고 느끼는 사람이 있다. 배워야 할 것이 갈수록 많아져서 따라가지 못하는 것 같다고 느끼는 사람도 있다. 다른 사람보다 학식이 풍부했던 공자도 배움을 따라가지 못하는 것 같다고 생각할 때가 있었다.

지식의 범위가 넓어질수록 접촉하는 영역도 그만큼 넓어진다. 따라서 배울수록 자신이 알지 못하는 범위를 더 넓게 의식하게 된다. 하지만 어느 한 분야에만 파고든 사람이라면 자신이 모든 것을 다 안다고 착각할 수 있다. 그러나 전문가들도 결국 자신의 분야를 넘어서야 좀 더 완벽한 지식에 다가갈 수 있다. 이렇게 접촉하는 지식의 범위가 넓어지면 넓어질수록 모르는 것이 많다는 사실을 자각하게 된다.

마지막 구절인 "잃을까 두렵다."라는 것은 지식을 잃게 될까 두려워하는 것이다. 많은 것을 배우지도 못하는데, 힘들게 배운 것마저도 잊어버릴까 봐 초조해하는 사람들이 있다. 배움의 바다에서 헤엄치는 사람들이라면 이런 상황을 피하기 어렵다. 공자도 배운 것을 '잃을까 두렵다'고 했으니 우리는 너무 초조해할 필요는 없다.

배움에 대한 공자의 고백은 자신의 초조한 마음을 인정했다는 의미이다. 자기 자신을 알면 우리는 문제를 극복할 수 있는 기회를 얻을 수 있다. 배움에 대한 초조함을 받아들였다면 더욱 열심히 배우게 된다. 공자는 다음과 같은 말로 이를 강조한다.

"내가 종일 밥을 먹지 않고, 밤새도록 잠을 자지 않으며 생각했으나 유익한 점이 없었으니 배우는 것만 못하였다.
吾嘗終日不食, 終夜不寢, 以思, 無益, 不如學也."

장자도 배움에 대해서 다음과 같이 말했다.

"나의 삶에는 끝이 있지만, 아는 것에는 끝이 없으니 끝이 있는 것으로 끝이 없는 걸 찾으면 위태로울 뿐이다.
吾生也有涯, 而知也無涯. 以有涯隨無涯, 殆已."

인생은 끝이 있지만 지식은 끝이 없다. 유한한 생명으로 무한한 지식을 추구하는 것이 위태로운 이유는 배움은 다 이룰 수 없기 때문이다.

공자와 장자의 배움에 대한 관점은 다소 차이가 있다. 공자는 자신이 '배움을 따라가지 못하는 것 같으면서 잃을까 두려워'한다는 점을 인정하고 여전히 노력해서 배워야 한다고 생각했다. 세상의 모든 지식을 배우는 것은 불가능하다. 또 모든 것을 다 배울 필요도 없다. 하지만, 살아 있는 동안에 계속해서 지식을 탐구하는 삶은 아름답지 않겠는가?

배움에 대한 초조함을 완화하려면 어떻게 해야 할까? 공자는 이미 방법을 말했다. 초조한 마음을 있는 그대로 받아들이는 것이다. 초조함도 정상적인 상태이다. 우리가 멀리해야 할 것은 초조해하는 것이 아니라 자기 자신을 인정하지 않는 태도이다. 마음이 초조해질 때는 이렇게 생각해 보자.

'내가 지금 초조해하는 것은 정상이야. 공자도 겪었던 일이잖아.'

제 9 편

자한

子罕

공자,

그리고 그의 아름다운 제자들

자절사 子絶四

공자가 하지 않은
'네 가지'만 멀리하라

∞

공자는 네 가지를 절대 하지 않았다 : 함부로 추측하시 않았고, 독단적이지 않았으며, 고집하지 않았고, 아집을 부리지 않았다.

子絶四 : 毋意, 毋必, 毋固, 毋我.
자절사 : 무의, 무필, 무고, 무아.

나는 리더십 강의에서 이 문장을 자주 인용한다.

"공자는 네 가지를 절대 하지 않았다."라는 건 공자가 네 가지 일을 경계하고 조심했음을 말한다. 그는 개인과 조직에 심각한 피해를 줄 수 있는 네 가지 일을 하지 않으려 노력했다.

첫 번째는 '무의毋意'이다. 무의는 함부로 추측하거나 단정 짓지 않는 걸 말한다.

당신이 만나야 할 단 하나의 논어

두 번째는 '무필毋必'. 무필은 독단적이지 않음을 말한다. 리더가 개인의 주관적인 의견을 전체 회사의 기준으로 삼는 건 굉장히 위험한 일이다. 조직에서 모든 사람이 리더의 말에 따라 행동하고 리더의 요구가 틀렸음에도 아무런 이의 없이 실행하는 건 상당히 좋지 않은 자세다. 무엇보다 위험한 것은 독단을 '집행력이 있다거나 추진력이 있다'는 말로 포장하는 경우이다. 리더 중에 "추진력 없이 팀을 이끄는 것보다는 실수하더라도 추진력을 갖는 게 낫다."라고 주장하는 경우가 있는데, 이는 팀 전체를 위험한 상황으로 몰고 갈 수 있다.

세 번째 '무고毋固'는 고집하지 않는 것이다. 만약 어떤 일에서 알게 된 새로운 정보가 자신의 관점과 완전히 상반되지만 사실이라면 자신의 관점이 잘못되었다는 걸 인정하고 바꿔야 한다. 마지막 '무아毋我'는 주관적이지 않음을 말한다. 아집에 갇혀 자신을 중심에 두고 생각하지 않는 것이 무아이다. 이처럼 공자는 '추측, 독단, 고집, 아집'을 절대 하지 않으려 했다.

추측하지 않고, 독단적이지 않고, 고집하지 않고, 아집을 부리지 않는 태도를 지금의 생활에 대입해 보면 일련의 추리 과정이 떠오른다.

'함부로 추측하지 않는다'에서 '추측'은 추리의 과정에 해당한다. 우리 중 대부분은 다른 사람의 섣부른 추측을 통해 오해를 받은 적이 있을 것이다. 우리 자신도 원하지 않은 상황에서 누군가의 어설픈 추측으로 실제와 다른 결론이 났을 경우 섭섭함과 억울함, 분노마저 느끼게 된다. 그렇다면 우리는 다른 사람의 행동을 추측하고 판단하는 행동을 하지 말아야 할까?

인간관계에는 많은 갈등이 존재한다. 친구 관계이든 동료 관계이든 상사와 부하 관계이든 협력 관계이든 갈등이 생기면 사람들은 소통보다는 추측하거나 추리하는 걸 더 선호한다.

그렇다면 어째서 소통을 하지 않고 함부로 추측하거나 추리하려 하는 걸까? 소통을 부끄러워하기 때문이다. 사람들은 솔직하게 말하는 게 부끄러운 일이라고 생각해 소통 없이 상대의 속마음을 추측하려 한다. 하지만 추측으로 상대의 속마음을 알려고 하는 건 관계를 포기하는 행동이다. 이처럼 '추리의 과정'은 조직에 심각한 피해를 줄 수 있다. 그래서 공자는 2천 5백여 년 전에 함부로 추측해서는 안 된다고 말한 것이다.

그렇다면 '독단적이지 않다'라는 건 무엇일까? 나는 회사 직원들에게 내가 회의에서 한 말을 아무 고려 없이 그대로 집행해서는 안 된다고 말한다. 예를 들어서 내가 혁신을 위해 다양한 새로운 아이디어를 제시한다고 해보자. 그 아이디어 중에는 잘못된 부분이 있을 수 있다. 그러니 모두가 현실에 적용할 수 있는지를 토론해 결정해야 한다.

반대로 경영자가 자신의 의견을 그대로 따르는 걸 중요시 한다면 어떻게 될까? 직원들에게 자신의 생각을 강요할 테니 회사는 경영자의 말을 실현하기 위해서 모든 대가를 지불해야 할 것이다. 이것은 굉장히 위험한 상황이다.

한 심리학 강의에서 두 개의 그룹에 결정이 필요한 복잡한 문제를 주고 테스트를 진행했다. A그룹은 같은 지역에 사는 사람들로 공통된 문화 배경과 가치관을 따르고 있어 사고방식이 거의 같았다. 반면 B그룹은 구성원들이 모두 각기 다른 지역에서 와서 문화도 다르고 사고방식도 달라 논쟁이 끊이질 않았다. 언뜻 논쟁 없이 원활한 토론을 마친 A그룹의 결과가 더 좋을 것 같았지만, 테스트 결과 논쟁이 끊이질 않았던 B그룹의 과학적인 수준이 월등히 높았다.

투자 클럽에서 발생한 현상도 비슷한 결과를 보여준다. 지인, 친척, 친구로 조직된 투자 클럽과 모르는 사람끼리 조직된 투자 클럽을 비교해 보았다. 대량의 투자데이터를 분석한 끝에 익숙한 사람들끼리 조직한 투자 클럽의 성적이 더 나쁘고, 투자 프로젝트의 성공률도 낮다는 결과가 나왔다. 원인은 모두가 서로를 잘 아는 관계라서 체면과 시선을 너무 신경 쓰기 때문이었다. 누군가가 정보를 제공하면 사람들은 너무 쉽게 그 정보를 믿었고 조사하려 하지 않았다. 이에 정보가 지나치게 단일화되면서 투자 실패의 확률이 높아지게 된 것이다.

반면 모르는 사람들끼리 조직된 투자 클럽은 누군가가 어느 회사에 투자 가치가 있다고 제안하면 사람들은 그 말을 쉽게 믿지 않았다. 개별적으로 조사를 진행해 데이터를 찾았고, 서로 정보를 교환하면서 토론을 진행했다. 그렇게 적극적인 소통, 토론을 통해서 최적의 결론을 얻어낸 것이다.

그래서 공자는 함부로 추측하지 않고, 독단적이지 않고, 고집하지 않고, 아집을 부리지 않도록 주의를 기울여야 한다고 말했다. 이처럼 함부로 추측하지 않고 독단적이지 않으면 자신의 견해만 고집하거나 자기중심적으로 생각하지 않게 된다. 공자가 이 네 가지를 하지 않을 수 있었던 건 사실에 근거해 탐구하고 불확실성을 받아들였기 때문이다. 불확실성을 과감히 포용하고 받아들여야 비로소 삶의 발전 속도가 빨라질 수 있다.

만약 모든 일이 자신이 설정한 방향에 따라 진행되고, 목표가 이뤄져야 한다고 생각한다면 진정한 성장을 하기 힘들어진다. 이런 경우 상상력이 부족해 '확실한 발전'만 이루려 하기 때문이다. 하지만 오히려 불확실성이야말로 성장을 위한 가장 강력한 동기부여가 된다. 만약 불확실성과 함께 춤을 출 수 없다면, 세계의 다양한 정보를 받아들이려 하지 않는다면, 다른 사람을 믿지 않고 자신의 생각만 고집한다면, 주위 사람들을 자신의 생각을 실현하기 위한 도구로 생각하게 된다. 이런 사람은 필연적으로 함부로 추측하고, 독단적으로 행동하고, 고집하며 아집을 부리게 되는 것이다.

반대로 개방적인 마음으로 세상을 대하며 다른 사람을 믿고, 다른 사람의 결정을 존중할 줄 안다면 추측, 독단, 고집, 아집에서 벗어날 수 있다. '공자가 하지 않은 네 가지'는 간단해 보이지만 실제로 실천하기는 쉽지 않은 태도다.

죽음도 넘보지 못한
강한 사명감

∞

공자가 광에서 두려운 일을 당했을 때 말하길 : "문왕은 이미 돌아가셨으나 문화는 여기 있지 않으냐? 하늘이 앞으로 이 문화를 없애려 한다면 뒤에 죽은 자는 이 문화를 얻지 못하였을 것이지만, 하늘이 이 문화를 없애지 않았으니 광 지역 사람이 나를 어찌할 수 있겠느냐?"

子畏於匡, 曰 : "文王旣沒, 文不在玆乎? 天之將喪斯文也, 後死者不得與於斯文也; 天之未喪斯文也, 匡人其如予何?"
자외어광, 왈 : "문왕기몰, 문부재자호? 천지장상사문야, 후사자부득여어사문야; 천지미상사문야, 광인기여여하?"

이번 문장은 공자가 위험한 일을 당했을 때를 다루고 있다.

'공자가 광에서 두려운 일을 당했을 때'라는 구절에서 '외畏'는 포위한다는 뜻의 '위圍'를 뜻한다.

공자가 광 지역에서 포위를 당했다. 역사 기록을 보면 당시 공자는 광 지역에서 포위되어 5일 동안 아무 곳에도 갈 수 없었다고 한다. 광 지역 사람들이 공자를 포위한 이유는 그가 양호란 사람과 닮아서 오해했기 때문이었다. 양호는 계씨 집안 가신으로 추후에 반란을 일으킨 인물이다. 그는 공자와 얼굴 생김새가 비슷했을 뿐만 아니라 키가 크고 풍채도 좋아 체형도 비슷했다고 한다. 양호는 과거 광 지역 사람들을 괴롭히며 많은 악행을 저질렀다. 그래서 앙심을 품고 있던 광 지역 사람들은 그 지역을 지나던 공자를 보고 양호라고 착각해 포위했던 것이다.

공자가 생명에 위협을 당하자 제자들은 이제 어떻게 할 것인지 물었다. 그러자 공자는 주위를 안심시키며 "문왕은 이미 돌아가셨으나 문화는 여기 있지 않으냐?"라고 말한다. 중국의 문화는 요임금, 순임금, 우임금, 탕왕, 문왕, 무왕, 주공까지 한 계통으로 이어져 내려왔으니 문왕의 문화가 자신에게까지 이어져 있다는 뜻이다. 이어 공자는 제자들의 걱정을 덜기 위해 이렇게 말한다.

"문왕의 문화가 여기 있지 않으냐? 만약 하늘이 이 문화를 없애려 했다면 내가 어찌 이 문화를 계승할 수 있었겠느냐? 하늘이 이 문화를 오늘날까지 이어지도록 했으니 광 지역 사람들이 나를 어찌할 수 있겠느냐?"

공자는 문화의 혈통을 잇는 계승자로서의 신념을 가지고 있었다. 그래서 그는 자신은 중임을 맡은 사람이니 광 지역 사람들이 자신을 어찌

당신이 만나야 할 단 하나의 논어

지는 못할 것이라고 생각했다. 만약 광 지역 사람들이 그를 죽인다면 황하 문화에 큰 불행일 테니 말이다. 또한 그는 문화가 지금껏 사라지지 않고 이어져 내려온 점을 근거로 자신이 문화 계승자임이 틀림없다고 믿었다.

여기서 잠깐, 모두와 공유하고 싶은 이야기를 소개하고자 한다. 대덕을 지닌 고승 허운虛雲이 항일전쟁 시기에 길을 가다가 일본군을 만났다. 일본군이 총검을 빼고 위협하며 말했다. "출가한 사람도 죽는 게 두렵나?" 허운 대사가 총검을 바라보며 이렇게 말했다.

"만약 내가 오늘 자네에게 죽을 운명이라면 두려워할 필요가 뭐가 있겠는가? 그리고 오늘 자네가 나를 죽이지 못할 운명이라면 또 두려워할 필요가 뭐가 있겠는가."

그의 말에 잔학무도한 일본군도 총검을 거두고 허운 대사에게 인사를 하고 떠났다.

"명을 모르면 군자가 될 수 없다."라는 공자의 말처럼 강인한 사명감이 있는 사람은 삶과 죽음 앞에서도 초연해질 수 있다.

다시 문장으로 돌아가 보자. 공자는 자신은 문화를 계승할 사명을 짊어진 사람이니 설대 이곳에서 죽지 않을 것이라고 말한다. 이 점은 공자가 한평생 견지해온 신념이자 논리였다.

그렇다면 생사의 위협 앞에서도 공자가 침착할 수 있었던 이유는 뭘까? 이는 문화가 자신의 편에 있다고 생각했기 때문이다. 그렇기에 그는 "하늘이 정말 이 문화를 없애려 한다면 내가 문화를 계승하지도 못했을 것이다. 그러니 나는 오늘 죽지 않을 것이고 이 문화를 계승해 나갈 것이다."라고 말할 수 있었다.

그리고 공자의 이 말은 주위 사람들에게도 상당한 믿음을 주었을 것이다.

위험이나 재난을 겪을 때 이를 이겨내는 가장 좋은 방법은 자신의 사명이 무엇이고, 아직 이루지 못한 사명이 무엇인지를 떠올려 보는 것이다. 그 순간에는 어떠한 장애 앞에서도 버틸 힘을 지닐 수 있다. 그래서 의사들은 아무리 죽음을 목도에 둔 환자라 할지라도 살고자 하는 욕구를 갖는 것이 무척 중요하다고 말한다. 때로 암 환자가 수술을 받고 방사선 치료와 화학치료를 받아도 효과가 없는 이유는 치료 과정에서 삶에 대한 의지가 꺾였기 때문이다. 삶이 즐겁지 않아 차라리 죽는 게 낫겠다고 생각하게 되면 약을 써도 좋은 효과를 얻지 못하게 된다. 속담에 "사람은 굴하지 않는 기개를 가져야 한다."라는 말이 존재하는 이유이다.

오소야천, 고다능비사 吾少也賤, 故多能鄙事

꾸밈없는 솔직함이 매력인
귀여운 공자

태재가 자공에게 묻기를 : "부자께서는 성인인가? 어찌하여 그리 능한 것이
많을 수 있는가?"
자공이 말하길 : "본래 하늘이 내보낸 성인이시니 능한 것도 많은 것입니다."
공자가 이 말을 듣고 말하길 : "태재가 나를 아느냐? 나는 어렸을 때 천하게 살
아서 비천한 일 중에 잘하는 게 많다. 군자가 할 수 있는 일이 많겠느냐? 많
지 않다!"

大宰問於子貢曰 : "夫子聖者與? 何其多能也?"
子貢曰 : "固天縱之將聖, 又多能也."
子聞之, 曰 : "大宰知我乎? 吾少也賤, 故多能鄙事. 君子多乎哉? 不多也!"
태재문어자공왈 : "부자성자여? 하기다능야?"
자공왈 : "고천종지장성, 우다능야."
자문지, 왈 : "태재지아호? 오소야천, 고다능비사. 군자다호재? 부다야!"

중국의 문학자이자 사상가인 루쉰의 한 소설에서 쿵이지[孔乙己]가 입버릇처럼 하던 "많은가? 많지 않다."라는 말은 이 문장에서 유래한 것이다. 사실 나는 이전에 이 문장을 잘 이해하지 못했다. 그러던 중 이 문장을 앞의 내용과 결합해 보았고 비로소 뜻을 깨달을 수 있었다.

태재[太宰]의 경우 위나라 사람이라거나 정나라 사람이라는 주장도 있는데, 대체로 노나라 사람으로 판단하고 있다.

어느 날 태재가 자공에게 "공자는 분명 성인이시지 않는가?"라고 물었다. 고대 사람들은 자신이 이해할 수 없는 사람이나 물건, 혹은 사건을 신격화해서 신이라거나 성인이라고 평가하는 경우가 많았다. 신이나 성인으로 치부하면 이해할 수 없는 현상을 납득할 수 있는데 이것은 인류가 예전부터 이해할 수 없는 일을 납득하기 위해 사용한 방법이다.

예를 들어서 하늘에서 내리친 번개 때문에 나무가 불타는 원인을 모른다면 인지부조화가 생겨 의혹과 고통에 빠지게 된다. 이때 하늘에 있는 번개의 신이 한 행동이라고 생각하면 납득이 가능하다. 전해져 내려오는 신화나 전설은 이처럼 이해할 수 없는 현상을 납득하기 위해서 만들어진 것이다.

이어서 태재는 이렇게 말한다. "공자는 어째서 모든 일을 잘하는 건가? 공자가 노나라, 제나라에 있을 때나 여러 나라를 돌아다닐 때도 사람들은 이해할 수 없는 일이 생기면 그를 찾아가서 물었네. 사람들이 '보시기에 어떻습니까? 이 일은 왜 이렇게 되는 겁니까?' 하고 물으면

당신이 만나야 할 단 하나의 논어

공자는 단번에 보고 대답을 해주었네. 공자는 정말 아는 게 많지 않은 가.”

그러자 자공은 아마도 하늘이 성인으로 만들려 생각한 사람이기에 할 수 있는 일도 많고, 아는 것도 많은 것 아니겠냐고 대답한다.

우리는 자공이 태재에게 한 대답을 통해서 공자가 자공보다 안회를 더 높이 평가한 이유를 알 수 있다. 자공은 세속에 초탈하지 못했기에 스승인 공자가 성인으로 불리기를 원했다. 자공은 공자가 죽은 뒤 그가 성인으로 불릴 수 있도록 많은 공을 쏟았고, 평생 공자의 사상을 알리는 데 힘썼다.

그렇다면 과연 공자는 자신이 성인으로 불리기를 원했을까? 그렇지 않았을 것이라 생각한다. 공자는 자신을 과시하는 걸 좋아하지 않았다. 하지만 자공은 공자의 경지에 이르지 못한 평범한 사람이었기에 스승을 성인이라고 말했다.

당시 마을은 규모가 크지 않아서 무슨 말이든 삽시간에 소문이 났다. 그래서 자공과 태재의 대화를 전해 듣게 된 공자는 “태재가 나를 아느냐?”라고 말한다. 고서에 문장 부호가 없는 탓에 이 문장 뒤에 느낌표를 붙이는 사람도 있고 물음표를 붙이는 사람도 있는데, 나는 물음표가 더 일리가 있다고 생각한다. ‘태재가 나를 아느냐’라는 문장에 느낌표를 붙이게 되면 마침내 나를 알아주는 사람을 만났다며 감탄하는 게 된다. 공자가 태재의 말에 동의하며 “태재가 나를 아는구나. 나는 성인이다!”라는 말을 하게 되는 것이다. 이건 합리적이지 않은 해석이다.

반면 물음표를 붙이면 "태재가 나를 어떻게 알겠느냐? 그는 내가 어 렸을 때 비천해서 할 수 있는 일이 많게 되었다는 걸 모르지 않느냐."라 고 해석할 수 있다.

공자의 어린 시절을 보자. 공자는 태어난 지 얼마 되지 않아 아버지 가 세상을 떠났고, 형은 장애가 있는 탓에 어렸을 때부터 홀어머니와 함 께 의지하며 살아야 했다.

몰락한 귀족 가문에서 태어나 가난과 싸우며 자라야 했으니 공자의 어린 시절은 무척이나 피로했을 것이다. 그는 마을 사람 장부를 기록해 주거나 회계 일을 하고, 제사 일을 관장해 주거나 다른 집 성묘를 도와 주는 일을 했다. 또 양이나 돼지를 키우거나 수레를 모는 일을 하기도 했다. 이처럼 어린 시절부터 여러 일을 전전했기에 할 수 있는 일도 많 아지게 되었던 것이다. 공자는 자신이 어렸을 때 가난해서 여러 일을 할 수밖에 없었다고 말한다.

이어서 그는 "군자가 능한 일이 많겠느냐? 많지 않다."라고 말한다. '귀족 출신인 군자가 할 줄 아는 일이 많겠느냐? 그렇지 않다'라는 뜻이 다. 생활이 궁핍하지 않아 다양한 일을 하며 생계를 꾸려갈 필요가 없다 면 여러 일을 잘할 수도 없다는 것이다.

이 문장은 공자가 자신을 어떻게 생각하고 있는지를 분명하게 보여 준다. 그는 자신이 성인이라고 생각하지 않았다. 그리고 모두에게 솔직

당신이 만나야 할 단 하나의 논어

하게 자신이 어린 시절 너무 가난해서 여러 일을 할 수 있게 된 것이라 말한다. 하지만 평범한 사람 중에는 공자의 말을 받아들이려 하지 않는 사람이 많다. 자신보다 뛰어난 사람이 '평범한 사람'이 되면 그보다 못한 자신은 '평범한 사람보다도 못한 사람'이 되기 때문이다. 그래서 자신보다 뛰어난 사람을 성인으로 칭하거나 천부적인 재능을 갖춘 사람이라거나 하늘이 내린 사명을 짊어진 사람이라고 치부하려 한다.

하지만 공자는 자신이 성인으로 불리는 걸 원치 않았다. 자신은 비천하게 태어나 갖은 고생을 하며 노력한 끝에 지금의 것들을 익힐 수 있었기 때문이다. 그러니 자공이 자신을 '본래 하늘이 내보낸 성인'이라고 말했다는 걸 알았을 때 서글픈 마음이 들었을 것이다.

신격화하는 건 절대 공자가 바라는 일이 아니었다. 만일 공자에게 부유한 제자가 있지 않았다면, 그는 모두에게 잊혔을지도 모른다. 부유하고 세력을 가진 자공은 계속해서 공자의 사상을 널리 알렸고, 공자를 성인으로 칭했기에 후대의 사람들에게까지 존경을 받을 수 있었다. 설혹 공자가 원하지 않았을지라도 말이다.

나는 이 문장에서 공자가 자신을 설명하는 말을 보면 정말 사랑스러운 노인이라는 생각이 든다. 『논어』를 읽고 이해할수록 공자가 허세를 부리거나 자신을 성인으로 꾸미는 사람이 아니었다는 걸 발견할 수 있다. 그는 정말로 꾸밈없이 솔직한 노인이었다.

오불시, 고예 吾不試, 故藝

인생의 불확실성을
포용해라

.... ∞ ....

뢰가 말하길 : "공자께서 말하길, '나는 등용되지 않았기 때문에 재주가 있는
것이다.'"

牢曰 : "子云, '吾不試, 故藝.'"
뢰왈 : "자운, '오불시, 고예.'"

이 문장은 앞의 문장과 하나로 연결해도 의미가 통한다.

공자가 "나는 어렸을 때 천하게 살아서"라고 탄식할 때 금뢰琴牢가 옆
에서 "스승님께서는 '나는 등용되지 않았기 때문에 재주가 있는 것이
다'라고 말씀하셨습니다."라고 덧붙여 설명했다고 볼 수 있다.

공자는 과거에 등용되어 고위직 관리가 되지는 못했지만, 이후 스승
이 되었으니 이는 인생의 불확실성으로 얻은 이득이다.

312

당신이 만나야 할 단 하나의 논어

다른 사람이 부사장이 되었을 때 자신이 사장이 되거나 다른 사람이 부감독이 되었을 때 자신이 총감독이 되면 사람들은 자신이 성공했다고 생각한다. 하지만 실제로는 별다른 격차 없이 같은 길 위에 서 있는 것일 뿐이다.

공자는 불확실성을 받아들였다. 그는 관직에 나가지 못했지만, 오히려 그 덕분에 능력을 기르는 데 시간과 정력을 쏟을 수 있었다. 만일 등용되어 관리가 되었다면 전력을 다해 그곳의 게임 법칙에 따라 대응해야 했을 테니 새로운 문화를 만들고, 글을 쓰고 싶어도 그럴 시간이 없었을 것이다. 아마 다양한 회의를 진행하고 핵심을 파악해 지시하기에도 시간이 부족했을 것이다.

물론 관리가 되면 백성을 위해 일할 수 있으니 그 자체만으로도 큰 의미가 있다. 하지만 나랏일을 하게 되면 많은 기회비용을 소모해야 한다. 비록 관리가 되지 않아도 관성적인 생각을 타파하면 인생에서 생각지 못했던 이득을 얻을 수 있다.

한 부모가 '나는 초등학교, 중학교, 고등학교까지 모든 학업 과정이 순조로웠어. 그러니 내 자식도 순조롭게 공부를 해서 명문대에 진학해야 해.'라고 생각한다면 어떻게 될까? 과연 이것이 인생에서 할 수 있는 유일한 선택일까? 가장 전형적인 반대 사례로는 레오나르도 다 빈치를 들 수 있다. 사생아였던 그는 귀족학교에 갈 자격이 없었다. 하지만 귀족의 종교교육을 받지 않은 덕분에 그는 더 넓은 사고의 폭을 가질 수 있었다. 만일 그가 귀족학교에 들어가 성실히 공부했다면 아마 부귀영화를 누리는 귀족 레오나르도 다 빈치는 될 수 있었을 것이다. 하지만 〈모나리자〉를 그린 레오나르도 다 빈치, 발명가 레오나르도 다 빈치, 의사 레오나르도 다 빈치, 철학가 레오나르도 다 빈치가 되지는 못했을 것이다.

인생의 불확실성에 정확하게 대처하고 관성을 타파해야 대중과는 다른 독특하고 생동감 넘치는 사람으로 성장할 기회를 가질 수 있다.

그러니 이 책을 읽는 부모들이 이 문장을 계기로 초조함을 줄였으면 좋겠다. 아이가 학업에서 뒤처지거나 원하는 명문 학교에 진학하지 못해도 걱정할 필요는 없다. 학습 능력이 강했던 공자도 당시 공무원 시험에서 떨어졌으니 말이다.

기갈오재, 여유소립 旣竭吾才, 如有所立

가히 범접할 수 없는 공자의 지혜

∞

안연이 탄식하며 말하길 : "우러러볼수록 더욱 높아지고 뚫을수록 더욱 견고해진다. 바라보면 앞에 있더니 어느새 뒤에 가 있다. 부자께서는 차근차근 사람을 잘 이끌어 문으로써 나를 넓혀주시고 예로써 나를 단속해주시니 그만두고 싶어도 그럴 수가 없구나. 나의 재주를 다하여도 앞에 우뚝 서 있는 것 같으니 따르려 해도 따라갈 방법이 없구나!"

顏淵喟然歎曰 : "仰之彌高, 鑽之彌堅. 瞻之在前, 忽焉在後. 夫子循循然善誘人, 博我以文, 約我以禮, 欲罷不能. 旣竭吾才, 如有所立卓爾, 雖欲從之, 末由也已!"

안연위연탄왈 : "앙지미고, 찬지미견. 첨지재전, 홀언재후. 부자순순연선유인, 박아이문, 약아이례, 욕파불능. 기갈오재, 여유소립탁이, 수욕종지, 말유야이!"

이 분장에서 안회는 스승인 공자를 높이 평가하고 있다. 그러니 만일 스승에게 감사함을 표시할 상황이 생긴다면 이 문장을 인용하는 것도

좋은 방법이다.

안회는 『논어』에 자주 출현하지만, 그가 직접 한 말은 많지 않다. 이번 문장은 그런 면에서 희귀한 문장이며 이를 통해 공자에 대한 존경을 표하고 있다.

"우러러볼수록 더욱 높아지고"라는 구절은 공자의 경지가 얼마나 높은지를 말하는 것이고, "뚫을수록 더욱 견고해진다."라는 구절은 공자의 깊이가 얼마나 깊은지를 말하는 것이다. 여기서 안회가 '스승님의 학문의 경지가 정말 넓고 심오하다'라고 탄복한 건 무예가가 동사서독^{東邪西毒}이나 남제북개^{南帝北丐}를 만났을 때의 감정과 같다고 할 수 있다.

"바라보면 앞에 있더니 어느새 뒤에 가 있다."라는 구절은 앞에 있는 것 같았는데, 어느새 바라보면 자신의 뒤에 있다는 것으로 '스승이 어디에나 존재한다'는 뜻이다.

이 네 구절을 하나로 합쳐보면 공자의 학문이 측정할 수 없을 정도로 깊고 높다는 걸 설명한 문장이 된다.

이어서 안회는 "부자께서는 차근차근 사람을 잘 이끌어"라고 말한다. 여기서 '차근차근'이라는 건 공자가 여타 스승들과는 달리 절대적인 답을 제시해 외우게 하는 주입식 교육을 하지 않았다는 의미이다. 만약 스승이 제자의 시험 점수를 높이는 데만 집중한다면 이는 시험을 잘 보는 기계를 육성하는 것일 뿐이지 '차근차근 이끈다'고 할 수는 없다.

'사람을 이끌어 준다'라는 건 제자가 학문에 흥미를 느껴 배움 자체를 좋아하게 만드는 것을 말한다. 그러니 '차근차근 사람을 잘 이끌어'라는 말은 시험 중심의 교육 방식과는 다른 점을 설명한 것이다. 공자는 충분한 인내심을 가지고 제자들을 일깨워주고 싶어 했다. 그는 항상 번민하지 않으면 일깨워주지 않고, 애써 표현하려 하지 않으면 말해주지 않으며 질문을 통해서 제자가 스스로 생각하도록 이끌었다.

"문으로써 나를 넓혀주시고"라는 건 자신이 더 넓은 지식을 얻을 수 있도록 스승이 도와준다는 의미이고, "예로써 나를 단속해주시니"라는 건 자신이 더 좋은 사람이 되도록 스승이 가르쳐준다는 의미이다. 공자는 지식뿐만 아니라 사람이 되는 방법도 가르쳐 주었다. "그만두고 싶어도 그럴 수가 없구나."라는 구절은 스승과 함께 배우는 게 너무 좋아서 그만두고 싶어도 그만둘 수가 없다는 것이다. 진심으로 열정을 가지고 학문과 예를 즐겁게 배우는 상태이다.

"나의 재주를 다하여도"라는 건 이미 전력을 다해 배우고 있음에도 여전히 스승이 높은 산처럼 앞에 우뚝 서 있다는 의미이다.

"따르려 해도 따라갈 방법이 없구나."라는 건 스승과 같아지고 싶어도 스승의 학식이 너무 넓어서 어느 방향으로 가야 할지 모르겠다는 것이다.

이 문장은 안회가 어느 중요한 장소에서 공자에 대한 감사한 마음과 탄복한 심정을 표현한 것일 수 있다.

그렇다면 공자와 제자의 격차가 정말 이렇게나 컸을까? 그랬을 수 있다.

사람의 두뇌는 선형 구조가 아니다. 만약 우리의 두뇌가 선형 구조라면 70세까지 산 사람과 50세까지 산 사람이 얻은 지식함량 비율은 7:5가 되어야 하지 않을까? 하지만 실제로는 그렇지 않다. 사람의 두뇌는 지수형 성장을 한다.

사람의 두뇌는 신경원으로 연결되어 있다. 사람마다 대뇌 신경의 수량은 거의 차이가 없지만, 대뇌 신경의 연결이 지수적 구조의 양상을 띠기 때문에 공자처럼 어려서부터 배움을 좋아하고 '비천한 일 중에 잘하는 게 많은' 사람은 대뇌 신경의 연결이 더 많을 수 있다. 하물며 공자는 열정적으로 다른 사람에게 지식을 가르쳐주었다. 지식을 익히는 가장 효과적인 방법은 바로 지식을 전수해 주는 것이다. 이 과정에서 공자의 대뇌 신경은 아주 긍정적인 자극을 받아 지수형 성장을 할 수 있었을 것이다.

이런 상황에서 공자의 제자들은 스승과 자신의 나이 차이가 5년, 10년밖에 나지 않는데도 학문의 경지는 상상할 수 없고 비교할 수 없는 차이가 난다는 걸 발견했을 수 있다. 즉, 안회의 말은 지나친 칭송이 아니라 실제로 느낀 감상을 이야기한 것이다.

배움의 과정은 항상 직선으로 상승하지 않는다. 오히려 임곗값을 돌파하면서 성장한다.

임곗값 돌파란 무엇일까? 중국의 리산여우李善友 교수의 『제2곡선 혁

당신이 만나야 할 단 하나의 논어

신^{第二曲線創新}』에서는 이렇게 설명하고 있다. 일반 대기압에서 물을 끓인다면 온도계가 없어도 섭씨 99도에서는 물이 끓지 않는다는 걸 알고 있다. 섭씨 99도에서는 어떤 변화도 보이지 않기 때문이다. 하지만 섭씨 100도에 이르면 보글거리며 거품이 생겨난다. 섭씨 99도에서 섭씨 100도에 이르는 과정을 바로 '임곗값 돌파'라고 한다.

슬럼프와 같이 견디기 힘든 상황을 겪으면 자신이 제대로 배우고 있는 건지 확신이 서지 않고 '배우는 게 무슨 가치가 있나' 하는 생각이 든다. 동시에 '다른 사람은 왜 쉽게 배우는 거지? 다른 사람은 어떻게 저렇게 많은 성과를 거두고 논문을 쓸 수 있는 거지? 왜 나는 저렇게 되지 않은 걸까?'라는 의문이 생기게 된다. 이런 상황에 부딪히는 이유는 줄곧 평지만 걸어와서 지수형 성장 과정에 진입하지 못했기 때문이다. 만약 이때 포기한다면 임곗값을 돌파하지 못하게 되고 계속 평지에만 머무르게 된다. 난관에 직접 부딪혀야만 임곗값을 돌파하고 S형 곡선을 그리며 위로 상승할 수 있다.

한 사람의 인생은 임곗값을 돌파하는 과정이다. 안회, 자공, 자로가 오랜 시간 배웠음에도 공자와의 격차를 좁히지 못했던 이유는 무엇일까? 이들은 임곗값의 근사치에만 머물렀고 공자는 이미 임곗값을 돌파했기 때문이다.

공자의 사상과 학문의 경지가 헤아릴 수 없을 만큼 깊고 넓었다는 건 지나친 칭찬이 아니다. 이 점은 『논어』를 읽으면 알 수 있는 부분이다.

안회의 말은 우리가 무엇을 배우든 인내심을 가져야 한다는 점을 알려준다. 심지어 안회마저도 입신의 경지에 가기까지 배우는 것이 어렵다고 토로했으니 우리도 조급해서는 안 된다.

우리 모두 인내심을 가지고 배움에 전념할 수 있으면 좋겠다. 지금 『논어』를 읽는 과정에서도 인내심을 가져야 한다. 우리는 어쩌면 임곗값을 돌파하지 못할 수도 있다. 하지만 평생 학습의 마음가짐을 가지고 즐겁게 배울 수 있다면 상관없다. 배움의 매력은 어느 날 지금껏 배운 것들이 풍부한 깨달음과 혜택을 가져다줄 것이라는 걸 믿는 데 있기 때문이다.

자질병 子疾病

죽음을 앞둔
공자의 마지막 바람

∞

공자의 병이 심해지자 자로가 문인을 가신으로 삼았다.
병이 나아지자 공자가 말하길 : "오래되었구나. 유가 거짓을 행한 것이! 가신이 없는데 가신을 두었다. 내가 누구를 속이겠느냐? 하늘을 속이겠느냐? 또 내가 가신의 손에 죽는 것보다는 자네들 손에 죽는 게 낫지 않겠느냐? 내가 큰 장례를 얻지는 못한다고 해도 길거리에서 죽기야 하겠느냐?"

子疾病, 子路使門人爲臣.
病間, 曰 : "久矣哉, 由之行詐也! 無臣而爲有臣. 吾誰欺? 欺天乎? 且予與其死於臣之手也, 無寧死於二三子之手乎? 且予縱不得大葬, 予死於道路乎?"
자질병, 자로사문인위신.
병간, 왈 : "구의재, 유지행사야! 무신이위유신. 오수기? 기천호? 차여여기사어신지수야, 무녕사어이삼자지수호? 차여종부득대장, 여사어도로호?"

이 문장에서 공자는 무척이나 화가 나 있다.

공자가 심각한 병에 걸렸다. 여기서 '질병疾病'의 '질'은 형용사로 심각한 병이란 뜻이다. 공자가 위독한 병에 걸린 것이다.

자로는 이미 공자가 얼마 지나지 않아 세상을 떠날 것을 대비해 준비까지 해두었다. 그리고 문인을 조직해 '가신'으로 삼았다. 여기서 '가신'은 장례를 전문적으로 담당하는 직분을 말한다. 이후에 병세가 나아진 공자는 자로가 한 일을 알고는 격분해 말했다.

"자로는 항상 다른 사람을 속이고 사실을 날조하려 하는구나! 가신이 없는데 가신을 두는 것은 분수에 맞지 않는 행동이다. 제후가 아닌 내가 어찌 이런 대우를 받을 수 있단 말이냐? 나는 분명 평범한 사람이거늘 제후처럼 사람을 고용해 가신으로 삼고 스스로 똑똑한 척하며 허세를 부리는구나. 내가 누구를 속이게 하려는 것이냐? 내가 하늘을 속이게 하려는 것이냐?"

공자는 모든 걸 다 지켜보는 하늘을 속일 수는 없으니 허장성세해서는 안 된다고 보았다.

공자의 마지막 몇 마디 말을 꼼꼼히 음미해 보면 공자가 단순히 분수에 어긋나는 행동을 해서 화가 난 게 아니라는 걸 알 수 있다. 그는 자신과 가장 가까운 제자들이 직접 나서지 않고 다른 사람을 고용해 장례를 맡기려 했다는 사실에 화를 내고 있다.

공자는 자신이 죽은 뒤의 일을 가장 가까운 제자들이 해주길 바랐고, 그래야 가치 있는 죽음이라고 생각했다. 그는 "내가 비록 제후들처럼 가신의 도움을 받아 훌륭하고 성대한 장례를 치르지는 못하더라도 제

당신이 만나야 할 단 하나의 논어

자들이 설마 내가 죽은 뒤 시신을 길바닥에 버리겠느냐?"라고 말한다.

공자의 아들 백어는 일찍 목숨을 여의었다. 안회보다 1년 일찍 세상을 떠났으니 공자는 말년에 제자들의 보살핌을 받으며 살았을 것이다. 그래서 그와 제자들의 감정은 무척이나 뜻깊었다. 그는 자신은 제후가 아니니 제후인 것처럼 허례허식을 해서는 안 된다고 보았다. 그가 진정으로 중요하게 생각한 것은 스승과 제자 사이의 감정이었다. 그래서 성대한 장례를 치른다는 이유로 제자들이 직접 나서지 않고 외부 사람을 고용해 '가신'으로 삼았다는 사실에 가장 실망한 것이다.

공자가 관료의 신분이 아닌 스승의 신분으로 마지막을 보내고 싶어한 것을 보면 그가 자신의 인생을 어떻게 정의했는지를 알 수 있다.

자로는 약간 우둔하고 경솔한 면이 있었다. 그래서 그는 일반적으로 통용되는 관습에 따라서 일을 계획한 것이다. 단순히 스승의 명성을 고려해 장례 규모를 성대하게 해야 한다고 생각한 것이다. 하지만 진정으로 제자를 사랑하고 교육을 중시한 공자는 성대한 대우를 바라지 않았다. 더구나 자로의 행동은 공자의 아픈 점을 자극했을 수도 있다. 자로는 관직을 중시해 자신의 스승이 사회적 지위를 가지길 바랐으며, 그 지위를 얻지 못했음에도 얻은 것처럼 장례 규모를 키우려 했다. 공자가 실망한 것은 바로 이런 점이었다.

사실 공자가 크게 화를 내는 장면은 그리 많지 않다. 평소 공자는 침착하고 온화하며, 심지어 가끔 제자에게 비판을 당해도 차근차근 이끌어주었다.

심리학에서는 분노가 무기력을 의미한다고 말한다. 사람은 어떤 일에서 통제력을 잃으면 화를 내고, 완벽하게 통제하면 차분해진다. 사람이 싸우는 것도 같은 원리이다. 다른 사람과 토론하면서 탁자를 치며 일어나거나 얼굴이 벌겋게 달아오르는 건 속으로 상대방의 말이 일리가 있다는 걸 알고 있기 때문이다. 그래서 말로는 상대방을 제압할 수 없기에 화를 내서 자기 입장을 지키려 한다. 반대로 자기 입장이 확고하고 다른 사람의 관점이 완벽하지 않다고 생각한다면 화를 내지 않고 미소로 응수할 수 있다.

자로의 행동에 공자는 분명 무력감을 느꼈다. 인생이 이미 종점에 이르러 몇 년밖에 남지 않은 상황이었지만, 그가 평생 주장해온 이념은 노나라나 제나라에서 제대로 인정받지 못했다. 그러니 공자는 무기력에 고통스러웠을 것이다. 이런 상황에서 자로의 행동은 공자를 진심으로 화나게 했다.

이 문장에는 당시 공자의 복잡했던 내면이 그대로 드러나 있다. 공자의 분노는 그의 내면이 흔들렸다는 걸 반영하면서 한편으로는 그의 내면이 확고하다는 걸 보여준다. 그는 자신이 스승으로서 제자를 가르치는 일에서만큼은 상당한 성과를 거두었다고 확신했다. 그래서 '자네들 손에 죽는 게 낫다'라고 말하며 가장 아끼는 제자들이 자신의 마지막을 함께 해주기를 원했던 것이다.

자신을 알아주는 사람을 만나면
주저 없이 나서라

자공이 말하길 : "여기에 아름다운 옥이 있다면 궤에 넣어 감추어 두시겠습니까? 아니면 좋은 상인을 구하여 파시겠습니까?"
공자가 말하길 : "팔아야지! 팔아야지! 나는 좋은 값을 기다리는 사람이다!"

子貢曰 : "有美玉於斯, 韞櫝而藏諸? 求善賈而沽諸?"
子曰 : "沽之哉! 沽之哉! 我待賈者也!"
자공왈 : "유미옥어사, 온독이장저? 구선고이고저?"
자왈 : "고지재! 고지재! 아대가자야!"

자공은 상인이라서 주로 비유를 할 때 장사와 관련된 일을 사례로 들었다.

자공의 말에서 온독韞櫝의 '온韞'은 감춘다는 뜻이고 '독櫝'은 나무로 만든 궤를 뜻한다. '상자는 사고 구슬은 돌려준다'는 뜻의 '매독환주買櫝

還珠'라는 사자성어에서도 '독'은 궤를 뜻한다.

　가賈는 평소에는 '값 가'로 자주 읽히지만, 자공이 한 말에서는 '장사고'로 읽어 상인으로 해석해야 한다. 그러니 '선고善賈'라는 건 좋은 상인을 의미한다. 반면 공자가 말한 "나는 살 사람을 기다리는 사람이다."라는 구절에서 가賈를 '값 가'로 읽고 가격으로 해석해야 한다.

　자공은 상인의 관점에서 "아름다운 옥이 여기에 있다면 그것을 궤에 넣어 보관하시겠습니까? 아니면 좋은 상인을 찾아서 파시겠습니까?"라고 묻는다.

　그러자 공자는 "팔아야지, 팔아야지. 나는 좋은 값을 기다리고 있다."라고 대답한다.

　자공은 자주 비유와 사례를 사용해서 공자의 생각을 알아보려고 했다. 예를 들어서 자공은 공자가 위나라에 머물려 하는지를 알기 위해 "백이와 숙제는 어떤 사람입니까?"라고 물었고, 공자는 "어짊을 구해 어짊을 얻었는데 어찌 원망했겠느냐."라고 대답했다.

　자공은 직설적으로 표현하지 않고 에둘러 질문함으로써 자신의 총명함을 드러내는 걸 좋아했다. 그리고 그런 자공을 잘 알고 있는 공자는 솔직하게 "팔아야지, 나는 물건을 볼 줄 아는 사람을 찾고 있다."라고 대답한다. 이 말로 '값이 오르기를 기다려 판다'라는 뜻의 '대가이고待價而沽'라는 사자성어가 만들어졌다.

　공자는 이 문장에서 다른 사람이 자신을 찾아 써주기를 기다리고 있지만, 아무도 찾지 않아 어쩔 수 없이 궤 속에 감추어져 있다는 뜻을 표현했다. 이처럼 공자는 적극적으로 세상에 나가 뜻을 펼치기를 바랐다.

공자를 잘 이해하지 못한 제자들은 공자가 능력이 출중하고, 귀족들과 잘 교류하고, 모두의 존경을 받는 데도 관직에 나가지 않는 이유는 스스로 원하지 않아서라고 생각했다. 공자가 세상에 나갈 뜻이 없어서 궤 속에서 자신을 숨긴 채 은둔자로 살고 있다고 생각한 것이다.

하지만 이것은 공자에 대한 오해이다. 공자는 사실 자기 능력을 드러내고 싶어 했다. 하지만 그는 세상일은 생각만큼 쉽지 않다는 걸 알고 있었다. 하물며 적당한 자리를 찾거나 자신을 이해해 주는 사람을 만나기도 쉽지 않았다. 이처럼 이 문장에는 세상에 나가 관직에 오르고 싶어 하는 공자의 마음이 표현되어 있다.

오미견호덕여호색자야 吾未見好德如好色者也

모든 인류는
이기적 유전자를 갖고 있다

∞

공자가 말하길 : "나는 덕을 좋아하는 걸 색을 좋아하는 것처럼 하는 사람을 보지 못했다!"

子曰 : "吾未見好德如好色者也!"
자왈 : "오미견호덕여호색자야."

이 문장은 많은 사람에게 인용되었다. 공자는 이때 무척이나 화를 내며 "내가 지금껏 덕행을 좋아하는 걸 미인을 좋아하는 것처럼 하는 사람을 보지 못했다."라고 말했다.

공자가 위나라에 갔을 때 위나라 영공은 공자를 매우 반겨 자주 대화를 나누었다. 당시 공자는 위나라에서 국빈으로 대우를 받았으니 위나라 영공의 요청을 받아 외출할 때는 예법에 따라서 군왕의 마차에 함께 타야 했다. 그런데 공자가 마차에 오르려 하자 위나라 영공이 이렇게 말했다. "부자께서는 뒤에 따라오는 마차에 타십시오. 저는 남자와 함께 타려 합니다." 위나라 영공은 부인인 남자를 무척이나 아끼고 사랑했다. 너무 좋아한 나머지 기본예절도 어기는 것을 보고 공자가 한탄하며 이 말을 한 것이다.

사실 이 문장은 쉽게 이해할 수 있다. 색을 좋아하는 건 인간의 본능적인 욕구라서 굳이 노력할 필요가 없다. 반면 덕을 좋아하려면 인간의 본능을 억누르고 욕망을 구속하며 품행을 수련해야 한다.

공자는 "자신을 극복해서 예에 돌아가는 게 어짊이다克己復禮爲仁."라고 말했다. 자신의 본능을 통제해야 비로소 성숙한 사회인이 될 수 있고, 도덕적으로 완전한 사람이 될 수 있다. 하지만 이것을 이루는 건 무척이나 어렵다. 그래서 자신의 본능을 이기지 못해 '덕을 좋아하는 걸 색을 좋아하는 것처럼 하지 못하는 사람'을 자주 볼 수 있다.

한편으로 우리는 인류가 색을 좋아하는 이유도 알고 있다. 바로 인류가 이기적인 유전자의 영향을 받기 때문이다.

리처드 도킨스Richard Dawkins의 유명한 저서 『이기적 유전자The Selfish Gene』에서는 우리의 행동이 우리의 생존이 아닌 유전자의 생존을 위한 행동이며, 모든 사람은 '유전자 기계'라고 주장한다.

남성과 여성은 생식능력을 상실하면 노화가 빨라진다. 중국 옛사람들은 '여칠칠, 남팔팔女七七, 男八八'이라 말했는데, 여성은 49세, 남성은 64세

자한子罕 | 공자, 그리고 그의 아름다운 제자들

때부터 빠르게 늙기 시작한다는 의미이다. 이 시기 이전에는 여성호르몬과 남성호르몬이 비교적 왕성해서 활력을 유지할 수 있다.

리처드 도킨스는 이것 역시 유전자가 원인이라고 보았다. 유전자는 사람의 생존에는 관심이 없고, 자신이 계속 생존할 수 있는지에만 관심이 있다. 살이 찌면 각종 질병이 생기기 쉽기 때문에 다이어트로 식욕을 자제하지만, 유전자는 우리가 계속 단 음식을 먹게 만들고, 중독되게 한다. 그 이유는 뭘까? 인체에 지방이 많이 축적되면 건강에는 좋지 않지만, 생식에는 유리하기 때문이다. 이것이 『이기적 유전자』에서 주장하는 색을 좋아하는 원인이다.

다른 책인 『로봇의 반란The Robot's Rebellion』에서는 인류는 유전자를 보호하기 위한 로봇이라고 규정한다. 이 책에서 '로봇의 반란'이라는 건 인류가 유전자를 위해서가 아니라 자신을 위해 사는 걸 의미한다. 예를 들어 반드시 결혼해서 자식을 낳아야 한다는 생각에 사로잡히지 않고 그저 건강하고, 즐거운 삶을 위해 인생을 계획하는 것이다. 이런 점에서 공자가 사람들이 덕을 좋아하기를 바라는 건 '로봇의 반란'이라고 할 수 있다.

이처럼 유전자 연구를 통해서 덕을 좋아하는 것과 색을 좋아하는 관계를 비교해 보면 새로운 재미를 느낄 수 있다.

『논어』의 매력 중의 하나는 매번 읽을 때마다 새롭다는 점이다. 매 시대 사람들이 『논어』를 읽고 해석한 주석과 다양한 과학연구를 대입하면 『논어』를 참신하고 새롭게 해석해 볼 수 있다.

지자불혹, 인자불우, 용자불구 知者不惑, 仁者不憂, 勇者不懼

2천 년이 지나도 변하지 않는
유교의 세 가지 미덕

공자가 말하길 : "지혜로운 사람은 미혹되지 않고, 어진 사람은 근심하지 않고, 용맹한 사람은 두려워하지 않는다."

子曰 : "知者不惑, 仁者不憂, 勇者不懼."
자왈 : "지자불혹, 인자불우, 용자불구."

불교의 세 가지 보배三寶는 불佛, 법法, 승僧이다.

도교에도 세 가지 보배가 있다. 노자는 "나에게 세 가지 보배가 있으니 항상 잘 지켜 보존한다. 하나는 자비고 둘째는 검소함이고 셋째는 감히 천하의 일에 앞장서지 않는 것이다我有三寶, 持而保之: 一曰慈, 二曰儉, 三曰不敢爲天下先."라고 말했다. 여기시 '감히 천하의 일에 앞장서지 않는 것이다'라는 건 겸손을 뜻한다. 그러니 도교의 세 가지 보배는 '자애, 검소, 겸손'이

자한子罕 │ 공자, 그리고 그의 아름다운 제자들

라 할 수 있다.

유교에도 세 가지 보배가 있다. 바로 '지혜로움, 어짊, 용맹스러움'이다. 이것은 어떤 상황에서도 통하는 '세 가지 미덕'이자 유교가 이상으로 추구하는 인격이다.

공자는 "지혜로운 사람은 미혹되지 않는다."고 말했다. 여기서 말하는 '미혹되지 않는다'라는 건 외부 사물에 흔들리지 않는 걸 말한다. 사기는 탐욕 때문에 당하는 경우가 많다. 조금의 탐욕도 없다면 사기꾼이 사기를 칠 기회도 없다. 지금의 보이스피싱도 모두 사람의 '탐욕'을 이용한 것이다.

한펑제^{韓鵬傑} 교수는 『중국 고대의 사기꾼과 사기 수법^{中國古代的江湖騙子與騙術}』이란 책을 저술했다. 그는 중국 고대 철학을 연구하던 중 고대부터 전해져 내려온 각종 사기 수법을 모은 책을 출판했는데, 아주 재미있는 내용이 많다. 우리는 이 책을 통해 현재의 사기 수법에 이용되는 도구는 더 발달되었지만, 기본 논리는 고대 수법과 같다는 점을 알 수 있다. 모든 사기 수법의 핵심은 '사람의 탐욕을 자극하는 것이 가장 기초적'이기 때문이다. 탐욕이 생기면 쉽게 속는다.

'지혜로운 사람은 미혹되지 않는다'라는 건 지혜로우면 외부 사물에 흔들리지 않는다는 의미이다. 외부 사물이나 유혹에 흔들리지 않으면 이익이나 명성을 얻는 것에 무감할 수 있다. 겉으로 보이는 허영을 중요하게 생각하지 않는 것인데 이것이 바로 '지혜로움'이다.

이어지는 문장, "어진 사람은 근심하지 않는다."라는 건 어진 마음으로 다른 사람을 생각하는 사람은 걱정을 적게 한다는 의미이다. 가령 자신의 이익, 승패만을 생각한다면 항상 자신이 공평한 대우를 받았는지, 어떤 이익을 얻었는지를 따지기 때문에 쉽게 초조해하고 고집스러워진다. 반면 드넓은 세상을 품을 수 있다면 개인의 득실을 신경 쓰지 않게된다. '내가 잃어서 세상이 유익해지고, 내가 손해를 봐서 세상이 풍요로워졌'라고 생각하면 편안하고 즐거운 마음을 가질 수 있다.

초나라 왕은 부하가 잃어버린 활을 찾으려 하자 "초나라 사람이 잃었으니 초나라 사람이 얻을 것이다."라며 활을 찾을 필요가 없다고 했다. 내가 잃어버린 화살을 어차피 초나라 사람이 주울 테니 괜찮다는 경지에 이를 수 있다면 근심하는 일도 줄어든다.

이 말에서 '초나라'를 뺀다면 '사람이 잃었으니 사람이 얻을 것이다' 라는 말이 된다. 만약 우리가 이런 마음가짐을 가진다면 어떤 갈등도 생기지 않을 것이다.

이와 관련된 이야기가 있다. 한 노인이 기차에 오르다 새로 산 가죽 구두 한 짝을 잃어버렸다. 그러자 노인은 아무 말 없이 나머지 한 짝도 벗어서 창밖으로 던져 버렸다. 옆에서 그 모습을 본 사람이 물었다. "왜 신발을 버리는 겁니까?" 그러자 노인이 말했다. "내가 나머지 한 짝도 버리면 다른 사람이 신발 두 짝을 모두 줍겠지만, 내가 버리지 않으면 한 짝만 줍게 될 텐데, 그걸 어디에 쓰겠는가?"

다른 사람을 생각할 줄 안다면 자신이 본 손해에 집착하지 않을 수 있다.

하지만 실제로 이런 마음을 먹는 건 쉽지 않다. 내가 친구와 함께 강물에서 놀고 있을 때였다. 친구가 신고 있던 신발이 강물에 휩쓸려가자 순간 나는 신발을 버린 노인의 이야기가 떠올라 친구에게 말했다. "얼른 다른 한 쪽도 버려. 그래야 두 쪽이 같이 강물에 떠내려갈 거 아니야." 그러자 친구가 말했다. "무슨 소리야. 최소한 한 쪽이라도 가지고 있어야지." 친구는 남은 신발을 신은 채 돌아온 뒤에야 한 쪽으로는 아무 쓸모가 없다는 걸 깨달았다.

하지만 막상 신발 한 쪽을 잃어버렸을 때 남은 신발까지 버리기란 쉬운 일이 아니다.

자기중심적으로 생각하면 근심도 많아지게 된다. 반면 다른 사람을 생각하는 마음을 가진다면 근심도 자연스럽게 줄어들 수 있다.

마지막으로 "용맹한 사람은 두려워하지 않는다."라는 구절을 '용맹한 사람은 무엇도 두려워하지 않는다'라는 의미로 이해해서는 안 된다. 여기서 '두려워하지 않는다'라는 건 무엇도 두려워하지 않는다는 게 아니라 '두려움에도 용기를 가지고 있다'는 의미이다. 용기란 무엇일까? 용기는 두려움을 갖지 않는 것이 아니라, 죽을 지경으로 두려워도 해야 할 일을 하는 것이다. 이것이 바로 여기서 말하는 '두려워하지 않는다'의 의미이다.

나는 이 문장이 공자가 자신을 표현한 말이라고 생각한다. 그는 비록 직접 '나는 지혜로움, 어짊, 용맹스러움을 모두 갖추고 있다'라고 말하지 않았지만, 실천을 통해 지혜롭고 어질고 용맹스러운 사람이라는 걸 보여주었다. 공자는 종종 영웅의 기개를 드러내며 싸울 줄 알았고, 군왕들과 외교를 해서 노나라를 위해 많은 이익을 가져다줄 줄도 알았다. 그리고 노예를 위해 공정한 말을 할 줄도 알았고, 어려운 상황에 놓인 제자들을 도와주기도 했다. 이처럼 그는 용맹스러우면서 지혜롭고 어진 사람이다. 그러니 우리도 이런 인품을 가질 수 있도록 노력해 보자.

가여공학 可與共學, 가여적도 可與適道, 가여립 可與立, 가여권 可與權

배움의 네 가지 단계

공자가 말하길 : "함께 배울 수는 있어도 함께 도에 나아갈 수는 없으며, 함께 도에 나아갈 수는 있어도 함께 설 수는 없으며, 함께 설 수는 있어도 함께 권을 할 수는 없다."

子曰 : "可與共學, 未可與適道; 可與適道, 未可與立; 可與立, 未可與權."
자왈 : "가여공학, 미가여적도; 가여적도, 미가여립; 가여립, 미가여권."

배움은 기본적으로 네 가지 단계로 나누어볼 수 있다.

먼저 "함께 배운다."라는 건 입문의 단계이다. 다음으로 "함께 도에 나아갈 수는 없다."라는 건 비록 모두가 함께 배우더라도 모두가 도를 추구하지는 않는다는 의미이다. 배우는 사람 중에는 친구를 사귀기 위해 배우는 사람도 있고, 생계를 유지할 능력을 기르기 위해 배우는 사람도 있다. 그러니 도를 구하는 데 뜻을 둔 사람은 소수에 불과하다. 그

다음으로 "함께 도에 나아갈 수는 있어도 함께 설 수는 없다."라는 건 함께 도를 구하는 데 뜻을 둘 수는 있어도 함께 도를 지키지는 못한다는 것이다.

그렇다면 배워서 도를 구하고, 그 도를 지키는 법도 배웠다면 충분할까? 그렇지 않다.

마지막 "함께 설 수는 있어도 함께 권을 할 수는 없다."라는 건 도를 지킬 줄 알면서 임기응변도 할 줄 알아야 함을 말한다. 바로 임기응변이 배움의 마지막 단계이다.

상황에 따라 임기응변을 할 줄 아는 건 유교에서 추구하는 경지인데, 왕양명은 이 임기응변을 할 줄 알았던 사람으로 평가받는다.

왕양명은 영왕 주신호와 싸울 때 공문서를 위조해 그에게 속임수를 썼다. 만약 왕양명이 고지식한 유학자였다면 군자는 거짓말을 하지 않는다는 원칙을 지키려 했을 것이다. 하지만 반란을 일으킨 영왕 주신호를 온화함, 선량함, 공손함, 검소함, 겸양함을 사용해 제압하는 건 불가능했다. 왕양명은 정의를 위해 적을 속이는 방법을 동원해서라도 이겨야 한다는 걸 알고 있었다. 이것이 바로 임기응변이다.

공자는 자신의 인생을 개괄하면서 70세 이후에는 "하고 싶은 대로 행동해도 법도에 어긋나지 않았다."라고 말했다. 임기응변에도 일정한 제한이 있으니 우리는 임기응변을 하면서도 법도에 어긋나지 않는 걸 추구해야 한다. 만약 누군가의 요청을 들어주기 위해 뇌물을 받는 건 임기응변이 아니라 최소한의 양심마저도 버리는 행동이다. 임기응변은 정

자한子罕 | 공자, 그리고 그의 아름다운 제자들

해야 할 기준을 파악해 지키는 게 핵심이다. 그래서 이것은 수련하는 사람만이 이를 수 있는 아주 높은 경지인 것이다.

이 문장에서 공자는 배움의 네 가지 단계를 설명하고 있다. 첫 번째 단계는 '함께 배우는 것'이고, 두 번째 단계는 '함께 도에 나아가는 것'으로 도를 추구하는 걸 말한다. 세 번째 단계는 '함께 서는 것'으로 도를 지키는 걸 말한다. 네 번째 단계는 '함께 권할 수 있는 것'으로 임기응변을 말한다. 원칙을 지키는 건 쉬워도 자유자재로 임기응변하는 건 어렵다.

이 점을 이해하고 싶다면 주희와 왕양명의 작품을 비교해 보는 것도 좋은 방법이다. 주희가 쓴 작품은 기본적으로 '함께 서는 단계'에 머물러 있다. 그는 도를 지킬 줄 알았던 만큼 성인이었다. 하지만 왕양명이 쓴 작품은 더 자유롭고 실용적이다. 왕양명이 많은 공적을 쌓을 수 있었던 건 그가 임기응변을 할 줄 알았기 때문이다. 그러니 우리도 함께 배워서 도에 나아가고 도를 지키며 임기응변을 할 수 있도록 하자.

포기를 위한 이유는
모두 핑계일 뿐이다

∞

"당체의 꽃이여! 팔랑팔랑 나부끼는구나. 어찌 그대를 그리워하지 않겠는가?
집이 멀기 때문이지."
공자가 말하길 : "그리워하지 않는 것이니 어찌 멀다고 하겠느냐?"

"唐棣之華, 偏其反而. 豈不爾思? 室是遠而."
子曰 : "未之思也, 夫何遠之有?"
"당체지화, 편기반이. 기불이사? 실시원이."
자왈 : "미지사야, 부하원지유?"

『논어』 9편 〈자한〉을 마무리하는 이 문장은 유독 아름답다.

이 문장에서 공자는 『시경』에 있는 시를 인용했는데, 이 시가 무척이
나 고풍스럽다.

'당체唐棣'는 백양나무의 변종이다. 식물, 동물을 통해서 시흥을 일으

키는 건 『시경』에서 가장 쉽게 볼 수 있는 창작 수법이다. 앙증맞은 당체 꽃이 바람에 나풀나풀하는 모습을 보고 싶지 않은 사람이 있을까?

이 시는 여자를 그리워하는 남자의 마음을 묘사하고 있다. 남자가 "아름답고 예쁜 당신이 보고 싶어서 내 마음이 나풀나풀 흔들린다. 그런데 나는 어째서 당신을 보러 가지 못하는 걸까? 다른 이유가 아니라 당신의 집이 너무 멀기 때문이다."라고 말하고 있다.

하지만 공자는 이 남자의 마음을 단박에 간파해냈다. 공자의 "그리워하지 않는 것이니 어찌 멀다고 하겠느냐."라는 건 남자가 여자를 그리워하지 않는다는 의미이다. 남자가 정말 여자를 그리워한다면 먼 거리는 장애가 되지 않을 테니 말이다.

공자는 여러 나라를 돌아다녔던 사람이다. 그는 주로 수레를 타고 주나라 영토에 있는 많은 나라를 돌아다녔다. 당시 중원은 크지 않았고 마을도 아주 작은 규모였다. 남녀가 멀리 떨어져 있다고 해도 기껏해야 마을 하나 거리를 두고 있었을 테니 마음이 있다면 찾아갈 수 있었을 것이다.

'그리워하지 않는 것이니 어찌 멀다고 하겠느냐'라는 구절은 사랑하는 연인들 사이에서 유용하게 쓰일 수 있다. 예를 들어서 연인에게 "정말 내가 그립다면 아무리 먼 거리라도 문제가 될 수 없어. 바다를 건너서라도 나를 보러 와야지."라고 말할 수 있다.

하지만 이 문장을 배우는 과정에 적용해 보면 더 깊은 뜻을 알 수가 있다.

공자를 따라 배움을 구한 사람 중에는 '너무 어렵다', '너무 멀다', '할 수 없다', '타고난 자질이 부족하다', '힘이 부족하다'와 같은 불평을 쏟아내는 경우가 많았다. 이런 핑계들은 남자가 실제로는 좋아하는 마음이 없으면서 여자에게 "네가 좋지만 우리 둘은 어울리지 않아."라는 핑계를 대는 것과 같다. 그래서 공자는 이런 말로 책임을 회피해서는 안 된다고 말했다.

만약 정말 배우고 싶다면 멀다고 할 이유가 있을까? 진정으로 사랑한다면 먼 것이 이별의 이유가 될까? 진심으로 원한다면 거리는 문제가 되지 않는다. 그래서 공자는 "만약 진심으로 바란다면 거리가 얼마나 멀든 노력해 이를 수 있다."라고 말했다.

나는 연인들이 '그리워하지 않는 것이니 어찌 멀다고 하겠느냐'와 같은 아름다운 표현을 사용했으면 좋겠다. 우리가 말을 잘하지 못한다고 고민하는 이유는 뭘까? 공자는 "시를 배우지 않으면 말을 할 수 없다."라고 말했다. 『시경』을 배우지 않는다면 말을 잘할 수 없다는 것이다. 말을 부드럽게 잘한 공자는 심지어 비판할 때도 『시경』의 아름다운 시를 인용할 줄 알았다.

시적 정취와 철학이 가득한 〈자한〉의 마지막 문장을 모두가 좋아했으면 좋겠다.

『논어』에서 답을 얻으니
기쁘지 아니한가?

나는 오디오북, 동영상, 이미지 등을 활용하는 지식 서비스 프로그램
인 '판덩독서樊登讀書'를 2014년부터 시작했다. '판덩독서' 창업 초기에는
예기치 못한 일이 많이 발생해 상당히 힘들었다. 끊임없이 변하는 외부
상황과 곳곳에 가득한 불확실성은 큰 스트레스였다. 갑작스럽게 변한
외부 상황 때문에 '판덩독서' 프로그램이 무용지물이 됐을 때 나는 절망
감에 빠졌다. 하지만 곧 극복할 수 있었다. 공자의 가르침을 떠올렸기
때문이다.

"군자는 자신에게서 잘못을 찾고, 소인은 남에게서 잘못을 찾는
다. 君子求諸己, 小人求諸人."

이 문장의 뜻은 다음과 같다. 군자는 일이 잘못됐을 때 그 원인을 자기 자신에게서 찾는다. 그리고 그가 할 수 있는 범위에서 최선의 노력을 다한다. 하지만 수련하지 않는 소인은 매일 다른 사람의 잘못이라고 탓하며 세상이 불공평하다고 원망한다. 공자의 말을 떠올린 나는 이렇게 생각했다. '그래, 외부 상황이 어떻게 변하든 내가 할 수 있는 범위 내에서 최선을 다하자!'

어려움에 처할 때 나는 그렇게 나 자신을 다독이며 노력했다. 그리고 시간이 지나자 '판덩독서'가 조금씩 성과를 보이기 시작했다. '판덩독서'에 빠져든 사람들은 조금씩 그들의 삶을 바꿔나가기 시작했다. 그래서 사람들은 '판덩독서'가 사회를 위한 공헌을 하고 있다고 평가했다. 물론 듣기 좋은 칭찬만 있던 것은 아니다. 일부의 사람들은 '판덩독서'를 비판했다. '판덩독서'는 완벽하지 않다. '판덩독서'의 부족한 부분을 보았기 때문일 것이다. 이럴 때도 나는 공자의 말을 떠올렸다.

"사람들이 알아주지 않아도 화내지 아니하니 군자답지 아니한가.
人不知而不慍, 不亦君子乎."

인간은 사회적 동물이다. 상대방에게 인정받고 다른 사람들이 내 진심을 알아주기를 원하기 마련이다. 그런데 만약 다른 사람들이 나를 알아주지 않으면 어떻게 해야 할까? 이럴 때 공자의 지혜가 또 필요한 것이다. 사람들이 나를 알아주지 않아도 화내지 않는 마음가짐은 공자의 가르침에서 시작되는 것이다.

　나를 키운 것은 팔 할이 공자의 말씀이다. 대학교 시절부터 지금까지 오랜 시간 동안 공자는 항상 나를 지켜주는 든든한 버팀목이자 인생의 항로를 결정해 주는 선장이었다. 현자의 배에 승선한 나는 일등항해사일까? 아니면 삼등항해사일까? 어쨌든 나는 공자의 배에 오른 선원으로 그 몫을 다하기 위해 노력할 것이다. 그것이 아마도 지금껏 내가 공자에게 진 빚을 갚는 방법이 아닐까? 나는 『논어』에 빠져들수록 주변의 친구들은 물론 다른 모든 사람과 『논어』의 지혜를 공유하고 싶은 마음이 커져 갔다. 그리고 이런 나의 마음을 응원해 주는 지인들이 큰 힘이 되어 주었다. 그렇게 나는 지금까지 읽었던 다른 책들을 종합해 『논어』를 정리해야겠다고 결심했다.

　'『논어』 읽기'는 자신을 성찰하고 문제해결의 실마리를 제공한다. 나는 춘추전국시대 초기에 쓰인 『논어』가 현대인의 삶에 어떤 역할을 할 수 있을지 고민했다. 스마트 기기와 인공지능이 출현한 지금 이 시대에 맞춤하는 『논어』를 어떻게 현대인들과 공유해야 할까? 그리고 무엇보다 『논어』를 정보화시대에 어떻게 응용해야 할까? 만약 우리가 『논어』를 문자 그대로 고지식하게 읽고 있다면 『논어』는 시대착오적이고 경직된 '죽은 학문'이 된다. 아무리 존경받는 공자일지라도 우리에게 죽은 지식은 필요 없다.

　인터넷을 떠도는 『논어』의 해설은 대부분 지나치게 통속적이거나 무미건조하다. 심지어 공자의 뜻에 어긋나거나 가장 진귀한 고갱이를 빠트리는 경우도 있다. 검증되지 않은 『논어』의 잘못된 해설이 하이퍼링크로 연결돼 공유되고 증식하고 있었다. 이대로 두면 안 되겠다 싶은 생각이 들었다. 나는 『논어』의 모든 문장에 담긴 본래의 정수를 복원해야 되겠다고 결심했다!

지금 이 시대에 술술 읽힐 수 있는 『논어』는 어떤 모습일까? 심사숙고를 거듭한 끝에 『논어』를 다른 책들과 융합하기로 했다. 심리학, 물리학, 사회학, 경영학 등 현대의 학문들과 『논어』의 연결점을 찾으려 노력했다. 만약 이 연결이 이루어진다면 『논어』의 현대화도 성공할 수 있다고 나는 확신했다. 필요한 부분에 있어서는 나의 경험과 들었던 이야기들, 그리고 영화들도 소개하며 『논어』를 이야기했다. 지금 이 시대에 『논어』를 살아 움직이게 해야만 했던 것이다. 그것이 바로 이 시대의 올바른 『논어』 읽기의 방법이다.

『단 하나의 논어』는 많은 논쟁을 불러올 수 있다. 『논어』의 간단한 문장 속에는 심오한 여러 가지 뜻이 담겨 있기 때문이다. 해석의 방향도 다양하다. 학자들은 각자의 해석에 정당성을 갖추기 위해 합당한 근거들을 마련한다. 그리고 서로 자신들의 해석이 가장 훌륭하다고 다투는 경우도 있다.

학자가 아닌 나는 이러한 학술적 논쟁에 참여할 생각은 없다. 게다가 『논어』에 대한 학술적 '기준'을 세울 정도로 학문적인 방법론을 갖추지도 못했다. 나는 그저 내가 이해하고 있는 것을 바탕으로 『논어』를 어떻게 응용할 수 있는지, 『논어』가 지금 시대와 어떤 관계가 있는지 설명하려 노력했다. 나의 『논어』 읽기가 현대인의 삶에 더욱 밀접하게 연결되어 깨달음을 줄 수 있기를 바랄 뿐이다. 번뜩이는 아이디어가 필요한 창업자, 자식 교육 걱정에 여념이 없는 부모들, 직업을 선택해야 하는 대학 졸업생들을 비롯한 현대인 누구에게나 『논어』는 길라잡이가 된다. 이것이 내가 『논어』를 대하는 초심이자 원칙이며 목적이자 가치이다.

나는 내 삶이 불안할 때 『논어』를 읽었다. 당신의 삶이 소중하다고 생각된다면, 우리 같이 『논어』를 읽어보자. 제1편 〈학이學而〉에서 제9편 〈자한子罕〉까지. '판덩의 『논어』 읽기'는 그리 어렵지 않을 것이다. 그리고 다 읽은 후에는 아마도 이런 말이 나올 것이다.

『논어』에서 답을 얻으니 기쁘지 아니한가!

혼돈의 시대, 생의 처음이자 마지막 고전

당신이 만나야 할
단 하나의 논어

펴낸날 2024년 1월 30일 1판 1쇄

지은이 판덩
옮긴이 이서연
펴낸이 김영선
편집주간 이교숙
책임교정 정아영
교정·교열 나지원, 이라야, 남은영
경영지원 최은정
디자인 정윤경
마케팅 조명구

발행처 ㈜다빈치하우스-미디어숲
출판브랜드 미디어숲
주소 경기도 고양시 덕양구 청초로 66 덕은리버워크지산 B동 2007호~2009호
전화 (02) 323-7234
팩스 (02) 323-0253
홈페이지 www.mfbook.co.kr
출판등록번호 제 2-2767호

값 18,800원
ISBN 979-11-5874-212-6(03100)

㈜다빈치하우스와 함께 새로운 문화를 선도할 참신한 원고를 기다립니다.
이메일 dhhard@naver.com (원고 및 기획서 투고)